Mattias Edvardsson
Die Bosheit

Autor

Mattias Edvardsson lebt mit seiner Frau und den beiden gemeinsamen Töchtern außerhalb von Lund in Skåne, Schweden. Wenn er keine Bücher schreibt, arbeitet er als Gymnasiallehrer und unterrichtet Schwedisch und Psychologie. Mit seinen Romanen »Die Lüge« und »Der unschuldige Mörder« eroberte er auf Anhieb die Top 10 der SPIEGEL-Bestsellerliste und wurde nicht nur von den Lesern gefeiert, sondern auch von der Presse hochgelobt. Edvardssons Handwerk ist der Grusel im Alltäglichen – in seinem neuesten Roman »Die Bosheit« führt er seine Leser zu einem Schauplatz mit ganz eigener Spannungsnote: die eigene Nachbarschaft.

Von Mattias Edvardsson bereits erschienen
Der unschuldige Mörder · Die Lüge · Die Bosheit

Besuchen Sie uns auch auf www.instagram.com/blanvalet.verlag und www.facebook.com/blanvalet.

MATTIAS EDVARDSSON

DIE BOSHEIT

ROMAN

Deutsch von Annika Krummacher

blanvalet

Die Originalausgabe erschien 2020 unter dem Titel
»Goda Grannar« bei Bokförlaget, Stockholm.

Sollte diese Publikation Links auf Webseiten Dritter enthalten,
so übernehmen wir für deren Inhalte keine Haftung,
da wir uns diese nicht zu eigen machen, sondern lediglich auf
deren Stand zum Zeitpunkt der Erstveröffentlichung verweisen.

Dies ist ein Roman. Alle Übereinstimmungen mit realen Nachbarn
oder Einfamilienhaussiedlungen sind reiner Zufall.

Penguin Random House Verlagsgruppe FSC® N001967

1. Auflage
Copyright der Originalausgabe © 2020 by Mattias Edvardsson
Published by agreement with Ahlander Agency
Copyright der deutschsprachigen Ausgabe © 2021
by Limes in der Penguin Random House Verlagsgruppe GmbH,
Neumarkter Str. 28, 81673 München
Redaktion: Friederike Arnold
Umschlaggestaltung: www.buerosued.de
Umschlagmotiv: mauritius images/Johnér; © Evelina Kremsdorf/
Trevillion Images; www.buerosued.de
JaB · Herstellung: DiMo
Satz: Uhl + Massopust, Aalen
Druck und Bindung: GGP Media GmbH, Pößneck
Printed in Germany
ISBN 978-3-7341-1181-5
www.blanvalet-verlag.de

Good fences make good neighbours.

Robert Frost

1. MIKAEL

Nach dem Unfall
Freitag, den 13. Oktober 2017

Schon als ich die Tür öffne, höre ich die Martinshörner. Ein Grüppchen Schüler, die noch auf dem Schulhof herumlungern, sehen in meine Richtung und winken.

»Schönes Wochenende!«

Ich klemme die Sporttasche auf den Gepäckträger und lege die Laptoptasche in den Lenkerkorb. Als ich in die Unterführung unter der Ringstraße einbiege, nehme ich die Füße von den Pedalen, und der Wind weht mir direkt ins Gesicht. Auf der Bordsteinkante sitzen zwei Mädchen, die ich von Bellas Kindergarten kenne. Sie formen die Hände zu einem Trichter und heulen wie zwei Eulen. Es hallt in der Unterführung wider, die Mädchen lachen.

Bergauf spüre ich meine Oberschenkelmuskulatur, aber ich trete trotzdem in die Pedale, bis mir der Schweiß herabläuft. Ein feuchter Lederball liegt vergessen auf der Gemeindewiese, und auf dem Spielplatz schwingen die leeren Schaukeln im Wind. Ich begrüße eine Frau, deren Pudel gerade an einem Laternenpfahl sein Hinterbein gehoben hat.

Die Martinshörner kommen näher. Ich werfe einen Blick

nach hinten, sehe aber kein Blaulicht. Hier gibt es keine Autostraßen, unser grünes Wohngebiet ist von Gehsteigen und Radwegen umgeben. Das war auch einer der Gründe, der uns dazu bewogen hat, hierher nach Köpinge zu ziehen. Unsere Kinder können zur Schule und zu ihren Freunden mit dem Fahrrad fahren, ohne sich in den Straßenverkehr begeben zu müssen.

Ich atme tief durch und schlucke die frische Herbstluft. Ein Gefühl von Freiheit überkommt mich, ein ganzes Wochenende ohne Verpflichtungen liegt vor uns. Ich habe mich so danach gesehnt, loszulassen und einfach nur das Leben zu genießen. Mit meiner Familie zusammen zu sein. Vielleicht habe ich ein paar Stunden übrig und schneide wie versprochen die Hecke, aber das kann ebenso gut bis zum Frühling warten.

Als ich in den Radweg einbiege, der zu unserer Wohnanlage führt, kommen mir unsere nächsten Nachbarn Åke und Gun-Britt entgegen. Mit raschen Schritten, Arm in Arm spazieren sie den Weg entlang. Es ist einige Tage her, dass ich sie zuletzt gesehen habe. So ist das hier. Vom frühen Herbst bis zum späten Frühling schließen sich alle ein und ziehen sich zurück. Erst Ende April ändert sich das. Wenn der Nachtfrost vorbei ist und sich die Luft mit Pollen füllt, werden die Rasenflächen bevölkert von Roller fahrenden und Ball spielenden Kindern, eingeschmiert mit Sonnencreme und mit Sonnenhüten auf dem Kopf. Der erste Rasenmäher tuckert über das Gras, ein Nachbar stellt seine Leiter auf und reinigt die Dachrinnen, und dann geht es los. In einem Garten nach dem anderen tauchen Smartphone lesende Mütter mit hippen Sonnenbrillen und Väter mit schlaffen Bäuchen und zu kleinen Shorts auf. Für drei Monate verwandelt sich das Wohngebiet in ein Sommerland mit Gartentrampolinen und aufblasbaren Swimmingpools.

Die Lautstärke steigt, die Tage werden immer länger. Bis Ende August, wenn die Schulen wieder anfangen. Wind und Herbstferien. Dunkelheit, Regen und Schweigen. Man vergisst die Blumen und das Sommerleben, und es fällt einem schwer zu glauben, dass das Licht jemals wiederkehren wird.

Sogar die Rentner nebenan schließen die Türen ab, wenn sich die Dunkelheit herabsenkt. Åke macht den Garten winterfest, spritzt die Terrassenplatten ab, reinigt jede Ecke von Spinnweben und packt die Gartenmöbel mit einer Sorgfalt in Plastik ein, die jeden Konservator vor Neid erblassen ließe. Und von Gun-Britt ist fast nur noch das neugierige Gesicht am Küchenfenster zu sehen. Sie ist die Bewacherin des Wohngebiets. Nichts entgeht ihr, nicht einmal eine vorbeiwirbelnde Plastiktüte.

»Hallo«, sagt Gun-Britt, als ich mit dem Fahrrad beinahe auf ihrer Höhe bin.

Ich frage mich, ob ich stehen bleiben und ein paar Worte wechseln oder einfach weiterfahren soll. Am liebsten würde ich direkt nach Hause zu meiner Familie fahren. Aber gerade als ich vorbeifahren will, tritt Åke auf den Radweg und zwingt mich zum Anhalten.

»Hast du den Knall gehört?«, fragt er.

»Wir glauben ja, dass es ein Unfall war«, sagt Gun-Britt.

Ich halte an.

»Ein Unfall?«

»Hörst du nicht die Martinshörner?«, erwidert Åke.

Gun-Britt zeigt in die Luft, als würde der Klang über uns kreisen.

»War es hier in der Nähe?«, frage ich.

»Schwer zu sagen.«

Åke nickt zu unserer Wohnanlage hinüber.

»Es ist aus der Richtung gekommen.«

»Vermutlich von der Ringstraße«, ergänzt Gun-Britt.

So nennen alle die Umgehungsstraße, auf der ein Tempolimit von sechzig Stundenkilometern herrscht und die ringförmig um Köpinge verläuft, vorbei an Ica und dem staatlichen Alkoholgeschäft und weiter zur E6, wo die weiten Ebenen Schonens beginnen, mit dem Turning Torso von Malmö im Westen und dem Dom von Lund im Osten.

»Es kommt näher«, sagt Åke.

Wir lauschen. Er hat recht, das Heulen der Martinshörner wird immer lauter.

»Kein Wunder. Die Leute fahren ja auch wie die Irren«, sagt Gun-Britt. »Aber mach dir keine Sorgen. Bianca und die Kinder sind vor einer halben Stunde nach Hause gekommen.«

Bianca. Die Kinder.

Irgendetwas flattert in meiner Brust.

»Okay«, sage ich und setze mich eilig auf den Sattel.

»Dann ein schönes Wochenende«, sagt Gun-Britt, ehe ich weiterfahre.

Das letzte Stück bis zu unserer Wohnanlage rasen die Gedanken nur so durch meinen Kopf. Bianca wollte den Wochenendeinkauf machen, nachdem sie die Kinder abgeholt hatte, aber sie sind jetzt zu Hause. Zu Hause und in Sicherheit. Vermutlich sitzt William mit seinem iPad auf dem Sofa, und Bella hilft Bianca in der Küche.

Die Martinshörner hallen immer lauter zwischen den Gebäuden wider.

Meine Schenkel sind schwer, die Waden verkrampfen sich. Noch zwanzig Meter bis zu unserer Wohnanlage. Hinter einem

Bretterzaun bellt ein Hund, und im selben Moment registriere ich, dass die Martinshörner verstummt sind.

Als ich um die Ecke biege, blenden mich die kreiselnden Warnleuchten. Der Asphalt, die Hecken und die niedrigen Zäune, alles ist in flackerndes Blau getaucht.

Ich atme nicht. Meine Füße treten und treten. Ich erhebe mich vom Sattel und starre direkt ins gleißende Blaulicht.

Mitten auf der Straße liegt ein rotes Fahrrad. Es sieht zerquetscht aus, die Räder sind deformiert, und der Lenker zeigt senkrecht nach oben. Daneben steht unsere Nachbarin aus der Nummer fünfzehn, Jacqueline Selander. Ihr Gesicht ist weiß. Ein Schrei ist auf ihren Lippen erstarrt.

Der Rettungswagen hat vor unserer Thujahecke angehalten, wo zwei grün gekleidete Sanitäter hocken. Auf dem Asphalt vor ihnen liegt Bianca. Meine geliebte Frau.

2. MIKAEL

Vor dem Unfall
Sommer 2015

Fabian und Jacqueline Selander begegnete ich das erste Mal kurz nach unserem Umzug. Bella hatte an dem Wochenende ihren dritten Geburtstag gefeiert, und ich wollte gerade einen neuen Kindersitz montieren, den ich für einen Spottpreis im Internet ersteigert hatte. Die Sonne verbrannte mir den Nacken, während ich gekrümmt wie ein Erdnussflip halb im Auto hing und am Sicherheitsgurt zerrte, der mehrere Zentimeter zu breit war für das erbärmliche Loch, durch das er laut Gebrauchsanweisung gesteckt werden musste. Zischend entwichen mir Flüche aus Nase und Mundwinkeln. Ich merkte nicht einmal, dass jemand sich hinter mir angeschlichen hatte.

»Das ist das neue R-Design, oder?«

Der Gurt rutschte mir aus der Hand, und der verdammte Kindersitz kippte auf die Seite. Als es mir gelungen war, den Oberkörper aus dem Auto zu schlängeln, und ich mir den schlimmsten Schweiß von der Stirn gewischt hatte, entdeckte ich einen Jungen in Shorts mit Hosenträgern und BMW-Cap. Er stand auf unserer Einfahrt und musterte das Auto.

»Das ist das Sportmodell«, sagte ich.

»War mir schon klar«, konterte der Junge. »R-Design.«

Wie alt mochte er sein? Zwölf, dreizehn?

»Diesel«, sagte er. »Plug-in-Hybrid, oder?«

»Stimmt«, erwiderte ich.

Der Junge lächelte.

»Natürlich stimmt das.«

Ich hatte eigentlich keine Zeit, wollte aber auch nicht unfreundlich wirken.

»Ich heiße Fabian«, stellte sich der Junge vor. »Ich wohne auch hier in der Anlage.«

Das Gebiet am Stadtrand von Köpinge war in kleine Wohnanlagen aufgeteilt. Sie bestanden aus einem asphaltierten Innenhof, um den sich vier mehr oder weniger identische Einfamilienhäuser aus der ersten Hälfte der Siebzigerjahre gruppierten. Jede Wohnanlage hatte einen niedlichen Namen aus der Welt von Astrid Lindgren bekommen: Bullerbü, Lönneberga, Saltkrokan und Kirschblütental. Wir wohnten in der Krachmacherstraße. Genau wie Lotta, hatte ich zu unseren Kindern gesagt, die mich verständnislos angeschaut hatten.

»Dann sind wir ja Nachbarn«, sagte ich zu dem Jungen, der Fabian hieß.

»Okay«, sagte er und streichelte mit der Hand über die Stoßstange, als wäre sie ein Haustier. »Du hättest dir lieber einen BMW kaufen sollen. Da hättest du mehr fürs Geld bekommen.«

Ich lachte, aber er blieb vollkommen ernst.

»BMW 530 Touring«, sagte er. »Der hat zweihundertzweiundsiebzig PS. Wie viele hat deiner hier?«

»Keine Ahnung.«

Für mich ist ein Auto ein Fortbewegungsmittel. Ich brauche nicht viel mehr als eine Lackierung in einer einigermaßen neutralen Farbe und einen ausreichend großen Kofferraum.

»Zweihundertfünfzehn«, sagte der Junge.

Er wirkte sehr überzeugt.

Gerade wollte ich mit dem Kindersitz zurück ins Auto krabbeln, als eine Frau quer über den Innenhof kam.

»Da steckst du also, Fabian!«

Sie war von einem ganz besonderen Glanz umgeben. Die langen Beine in der kurzen Hose waren so sonnengebräunt, dass die zahnpastaweißen Zähne und himmelblauen Augen förmlich leuchteten.

»Er mag Autos«, erklärte sie.

»Das habe ich mir fast schon gedacht.«

»Ich mag BMWs«, präzisierte Fabian.

Die Frau, die die Mutter des Jungen zu sein schien, lachte und streckte ihre Hand mit den langen rosa Fingernägeln aus.

»Dann seid ihr also die Neuen? Nullachter, oder?«

Nullachter? Anscheinend gab es noch immer Leute, die Stockholmer nach ihrer Telefonvorwahl benannten. Dabei kannte ich niemanden, der überhaupt noch ein Festnetztelefon hatte. Bald würden Vorwahlnummern wohl genauso vergessen sein wie Wählscheiben und Bakelithörer.

»Ähm, ja, doch«, sagte ich und rieb mir die Handfläche an der Shorts ab, um die Nachbarin zu begrüßen. »Micke.«

»Ich heiße Jacqueline. Fabian und ich wohnen in der Nummer fünfzehn.«

Sie zeigte auf das Haus hinter einer Einfahrt, wo zwischen den Platten das Unkraut wucherte und der meterhohe Zaun mal wieder einen neuen Anstrich gebraucht hätte. An der Wand neben der Haustür hingen ein Hufeisen und ein Windspiel aus Holz, eine silberfarbene Eins und eine Fünf, die ein bisschen in Schieflage geraten war.

Die Metallziffern von unserer Hausnummer hatte ich schon von der Fassade geschraubt. Bianca hatte eingewilligt, in ein Haus mit der Nummer dreizehn zu ziehen, aber nur unter der Bedingung, dass wir die Unglückszahl gleich von der Wand nähmen.

»Dann hoffe ich, dass ihr euch wohlfühlen werdet«, sagte unsere neue Nachbarin Jacqueline. »Ihr habt auch Kinder, oder?«

Ich nickte. Der Schweiß lief mir von der Stirn, und das T-Shirt klebte in den Achselhöhlen.

»Bella ist gerade drei geworden, und William ist sechs.«

Fabian und seine Mutter wechselten einen Blick.

»Wir müssen weiter«, sagte Jacqueline und winkte. »Man sieht sich!«

Mit großen Schritten überquerte sie den Innenhof, gefolgt von Fabian, der eifrig versuchte, mit ihr mitzuhalten, und beinahe gestolpert wäre. An der Einfahrt zur Nummer fünfzehn drehte er sich um und starrte mich an. Ich antwortete mit einem Lächeln.

Sobald ich den Kindersitz montiert hatte, ging ich ins Haus und erzählte Bianca von unseren neuen Nachbarn.

»Jacqueline Selander? Die hat früher als Model gearbeitet und eine Zeit lang in den USA gewohnt.«

»Woher weißt du das denn?«, fragte ich.

Bianca legte den Kopf schief und sah aus wie in einer dieser Sommernächte vor acht Jahren, als ich ihren Sommersprossen und den Grübchen in den Wangen nicht widerstehen konnte.

»Aus dem Internet, Schatz.«

»Du hast unsere Nachbarn gegoogelt?«

Sie lachte. »Was denkst denn du? Man zieht doch nicht sechshundert Kilometer weit weg, ohne sich vorher zu informieren, was man für Nachbarn kriegt.«

Natürlich. Ich küsste sie in den Nacken.

»Was hat du noch herausgefunden, Lisbeth Salander?«

»Wenig. Die beiden älteren Leute in der Nummer zwölf heißen Gun-Britt und Åke. Sie sind Mitte siebzig und scheinen die typischen Rentner zu sein. Gun-Britt hat als Profilbild bei Facebook eine Blume und mag Schlagermusik. Åke scheint nicht in den sozialen Netzwerken unterwegs zu sein.«

»Aha.«

Ich hatte bis zu diesem Zeitpunkt immer in Wohnungen gelebt und konnte dieses Bedürfnis, alles über seine Nachbarn in Erfahrung zu bringen, nicht ganz nachvollziehen, aber laut Bianca war das in einer Einfamilienhaussiedlung etwas ganz anderes. Hier konnte man seinen Nachbarn nicht so aus dem Weg gehen wie in der Stadt.

»Ich habe ein paar Fotos von Jacqueline Selander gefunden, aber sie war offenbar im Ausland bekannter als hier. Jedenfalls scheint sie allein mit ihrem Sohn in der Nummer fünfzehn zu wohnen.«

»Und in der Nummer vierzehn?«, erkundigte ich mich.

»Da wohnt Ola Nilsson, der im selben Jahr geboren ist wie ich. Über den erfährt man im Netz fast nichts. Allerdings …«

Sie machte eine kurze Pause, ehe sie die Augen aufsperrte, um zu zeigen, dass sie etwas Sensationelles gefunden hatte.

»… habe ich ihn auf Lexbase gefunden.«

»Wie? Ein Krimineller?«

Denn nur dann landete man doch in der Datenbank von Lexbase, oder?

»Vermutlich nicht«, sagte Bianca. »Aber er ist wegen körperlicher Misshandlung verurteilt worden.«

»Und du hast das Gerichtsurteil gelesen?«

»Natürlich. Wir werden eng mit diesen Menschen zusammenleben. Du bist ein Stadtkind, Schatz. Du verstehst nicht, wie es in solchen Wohnsiedlungen läuft.«

»Vielleicht hätten wir uns doch für ein Häuschen in Lappland entscheiden sollen«, sagte ich.

»Meinetwegen gern. Wenn es da nur nicht so verdammt kalt wäre.«

Ich seufzte. Es war so typisch für Bianca, dass sie sich so viele unnötige Gedanken machte, aber sie hatte nun mal ein extremes Sicherheitsbedürfnis. Da war es kein Wunder, dass sie sich noch mehr Sorgen machte als sonst, jetzt, da wir in eine ganz neue Welt hineingeworfen wurden, in der wir kein Schwein kannten.

Aus vielerlei Gründen hatten wir umziehen müssen, und es war meine Aufgabe, für gute Stimmung zu sorgen. Das war ich Bianca schuldig. Und den Kindern.

Schonen war ein Neuanfang. Niemand durfte ihn zerstören, am wenigsten irgendwelche Nachbarn.

»Das wird schon alles«, sagte Bianca und legte ihre Hand auf meine. »Ich will dich nicht beunruhigen. Krachmacherstraße dreizehn. Was kann da noch schiefgehen?«

3. MIKAEL

Nach dem Unfall
Freitag, den 13. Oktober 2017

Der Rettungswagen wendet auf dem Innenhof, und sobald er die Ringstraße erreicht hat, heulen die Martinshörner wieder.

Ich bleibe stehen, umgeben von der gewaltigen Stille, mitten in einem gigantischen Schluckloch, in dem Zeit und Raum verschwinden. Die heulenden Martinshörner rauben alles Licht, und der Himmel verdüstert sich ohne Erklärung. Alles hört auf. Das Einzige, was ich sehe, sind die Blicke der Nachbarn, ausgehöhlt vor Angst, kurz bevor die Panik einsetzt.

»Mama! Mama!«

Vom Gartentor kommen Bella und William in Socken angelaufen. Ich beuge mich zu ihnen hinunter und breite die Arme aus.

»Was ist passiert?«, fragt William. »Wo ist Mama?«

Alles steht kopf. Ich weiß nicht, was ich tun soll.

»Mama ist angefahren worden«, sage ich.

»Was?«

Bella beginnt verzweifelt zu weinen.

»Sie ist jetzt unterwegs ins Krankenhaus«, antworte ich und umarme meine Kinder.

Es schmerzt in meiner Brust, und ich schnappe nach Luft.

Auf der Straße vor uns stehen Jacqueline und Fabian, erstarrt und schockiert. Hinter ihnen kommt Ola angelaufen.

»Mama«, schluchzt Bella. »Mama darf nicht sterben!«

»Sie stirbt doch nicht, Papa?«, sagt William.

Ihr Entsetzen schießt direkt in meinen Körper. Das darf doch alles nicht wahr sein!

»Warum ist sie überhaupt mit dem Fahrrad weggefahren?«

»Sie wollte zu Ica«, sagt William. »Höchstens zehn Minuten wollte sie weg sein. Ich habe versprochen, so lange auf Bella aufzupassen.«

»Ich dachte, ihr wart schon einkaufen?«

»Ja, aber Mama hatte den Schafskäse vergessen.«

Als ich mich erhebe, schwankt die Welt. Ich halte die Hände der Kinder, während ich blindlings aufs Haus zustolpere.

»Wir fahren dem Rettungswagen hinterher«, sage ich.

Den Schlüssel für den Volvo habe ich in meiner Hosentasche.

»Du wirst doch wohl nicht die Kinder mit in die Klinik nehmen?«, sagt Jacqueline.

Sie sollte den Mund halten. Sie hat gerade Bianca angefahren. Ich bringe es nicht fertig, sie anzusehen.

»Lass sie so lange hier«, schlägt Ola vor.

»Nie im Leben.«

Bellas Gesicht ist verzerrt vor lauter Weinen.

»Wir wollen aber mitfahren«, sagt William.

Ich zögere. Ich bin schon mal in Lund in der Notaufnahme gewesen. Es ist ein Ort, den man tunlichst meiden sollte und der sich definitiv nicht für kleine Kinder eignet.

»Ich hab euch lieb«, flüstere ich an ihrem Gesicht. »Ich glaube, es ist am besten, wenn ihr hier zu Hause wartet.«

Ich bin hin- und hergerissen. Einerseits möchte ich, dass sie bei mir bleiben, damit ich sie trösten kann, andererseits geht es ihnen sicher besser, wenn sie nicht mitkommen.

»Ich rufe Gun-Britt an«, sage ich. »Sie und Åke können bei euch bleiben. Ich bin bald wieder hier.«

»Okay«, sagt William und nimmt Bella an die Hand.

»Kommt Mama gleich wieder nach Hause?«, fragt sie beunruhigt.

Ich umarme die beiden und versuche, sie zu beruhigen.

Gerade als ich mich ins Auto gesetzt habe, kommt Jacqueline. Sie bewegt sich unendlich langsam, blinzelt, schluckt, hebt die Hand zum Mund.

»Ich … ich … es ging so schnell. Sie ist ganz plötzlich aufgetaucht, aus dem Nichts.«

Ich mache die Tür zu und starte den Motor. Ich habe ihr nichts zu sagen.

Als ich rückwärts rausfahre, muss Ola einen Schritt zur Seite springen. Ich drehe eine Runde auf dem Hof und sehe im Rückspiegel meine geliebten Kinder, ihre verlorenen Gesichter. Sie winken, während der Volvo hinter der Thujahecke in Richtung Ringstraße davonrast.

Ich trete aufs Gas.

Die Arme zittern, die Beine beben. Ich sehe nur den Asphalt vor dem Auto, alles andere ist schief und verwischt. Aber im Kopf drängt sich der schreckliche Anblick auf. Biancas geschlossene Augen, der blaue Farbton ihrer Lippen, die Wunden, die Schwellungen.

Vornübergebeugt lenke ich den Volvo auf die Autobahn. Hupe verzweifelt einen Fiat an, der auf der Überholspur herumtuckert, bevor ich rechts an ihm vorbeiziehe.

Ich wühle das Handy heraus und rufe Gun-Britt an. Eigentlich unvorstellbar, aber es gelingt mir, ihr zu erklären, was geschehen ist. Es wird still in der Leitung.

»Hallo? Bist du noch dran?«

»Moment«, sagt Gun-Britt.

Sie ruft nach Åke. Dabei muss sie die Hand aufs Mikro gelegt haben, denn ihre Stimme klingt weit entfernt. Ich höre sie sagen, dass sie es ja immer gewusst habe.

Was hat sie gewusst?

»Jacqueline war bestimmt betrunken«, sagt sie dann in mein Ohr.

»Meinst du?«

»Sie muss zu schnell gefahren sein.«

Alle, die in der Krachmacherstraße wohnen, fahren im Schneckentempo auf den Innenhof. Alle außer Jacqueline.

»Mein Gott«, sagt Gun-Britt, »die arme Bianca!«

Ich bitte sie, schnell rüberzugehen, sich um die Kinder zu kümmern und sie von Jacqueline und Ola fernzuhalten. Ich verspreche, mich zu melden, sobald ich mehr weiß.

»Ich werde für Bianca beten«, verspricht Gun-Britt.

Am Kreisverkehr beim Einkaufszentrum Nova wähle ich die Ausfahrt, die in die Innenstadt von Lund führt, und fahre weiter auf dem Nördlichen Ring. Um mich herum bleiben die Leute stehen und fragen sich, was passiert ist. Ein Augenblick der Spannung, eine dramatische Episode in ihrem Alltag. Fünf Sekunden später machen sie weiter wie zuvor, während mein Leben stillsteht.

Wie konnte Jacqueline Bianca nur übersehen? Eigentlich ist es unmöglich, auf unserem kleinen Innenhof jemanden zu übersehen, auch für Jacqueline.

Im nächsten Moment fahre ich selbst zu schnell, verliere die Kontrolle, sodass der Wagen gegen den Bordstein prallt. Die Einparkhilfe piept, und ich fluche.

Vor mir taucht das Schild auf. *Notaufnahme.*

Rasch reiße ich das Lenkrad herum und fahre versehentlich in eine Einbahnstraße. Ein Typ mit Strickmütze und Koteletten bringt sich auf einer Verkehrsinsel in Sicherheit.

Er gestikuliert empört, aber ich habe jetzt keine Zeit, mir darüber Gedanken zu machen. Ich presse den Volvo in eine Parklücke und öffne den Gurt.

Ein Unfall.

Es muss ein Unfall gewesen sein.

4. MIKAEL

Vor dem Unfall
Sommer 2015

Bianca und ich träumten beide von einem Haus. Nach Bellas Geburt wurde die Wohnung in Kungsholmen bald zu eng. Die Stadt lockte uns nicht mehr. Was uns früher gereizt hatte (das Menschengetümmel, das Nachtleben und das urbane Tempo), nervte uns jetzt. Bianca wollte, dass die Kinder in einem friedlichen Wohngebiet auf dem Land aufwuchsen, genau wie sie selbst damals.

Wir schauten uns die Vororte von Stockholm an. Nacka, Bromma, Sundbyberg. Aber überall musste man Millionen von Kronen als Eigenkapital mitbringen, und außerdem hatten wir keine Lust, siebzig Prozent unseres künftigen Monatsbudgets ins Wohnen zu investieren.

Wir kamen auf Schonen zu sprechen. Keiner von uns hatte irgendwelche Verbindungen dorthin, aber die offene weitläufige Landschaft sprach uns an, die Nähe zur übrigen Welt. Irgendwie hatte ich die Vorstellung, dass im Süden des Landes das Tempo ein bisschen langsamer war. Dort standen nicht Selbstverwirklichung und Karriere im Zentrum, dort nahm man sich Zeit, um das Leben zu genießen.

»Schonen?«, meinte Bianca. »Schonen habe ich immer schon gemocht.«

Dass es schließlich das kleine Köpinge wurde, hatte teils mit unserer finanziellen Situation zu tun, teils mit der Arbeit. Die Immobilienpreise in Köpinge waren noch immer erschwinglich, zumindest in den alten Wohngebieten aus den Siebzigerjahren, und gerade als ich arbeitslos wurde, suchte die Köpingeskolan einen Sportlehrer.

Uns hielt nichts in Stockholm. Unsere Eltern waren nicht mehr am Leben, und Arbeit gab es auch woanders. Meine alten Freunde wohnten noch immer in Göteborg, und Bianca hatte schon länger keinen engen Kontakt mehr zu ihrer Schwester. Es war offensichtlich, dass wir als Familie mit Kleinkindern einen Neuanfang brauchten, wir traten in eine ganz neue Lebensphase. Warum sollten wir da nicht umziehen?

Es war wie ein großes Abenteuer. Lass das Alte los, stürz dich in etwas Neues.

Also fuhren wir zu einer Hausbesichtigung in dem schonischen Kaff westlich von Lund, von dessen Existenz ich vierzig Jahre lang nichts gewusst hatte. Das Haus hatte alles, was wir brauchten, und noch mehr. Bianca hatte immer gesagt, dass der Grundriss entscheidend sei, nicht die Quadratmeterzahl. Nach zehn Jahren als Immobilienmaklerin kannte sie sich natürlich aus.

»Vielleicht müssen die Balken ausgetauscht werden«, sagte der Makler, der uns das Haus verkaufte. »Aber es hat schon das Potenzial eines Traumhauses, oder?«

Bianca stimmte ihm zu.

»Und die Nachbarn?«, fragte sie.

»Kein Problem«, erwiderte der Makler lachend.

Er dachte wohl, sie habe einen Witz gemacht.

»Die Bewohner von Köpinge sind sehr bodenständig und unkompliziert.«

Im Auto legte Bianca ihre Hand auf meinen Oberschenkel.

»Wollen wir mitbieten?«

Sie *liebte* das Haus. Natürlich mussten die Küche herausgerissen, die Wände gestrichen und das Fischgrätenparkett im Wohnzimmer abgeschliffen werden. Der Siebzigjährige, der vor uns dort gewohnt hatte, war Besitzer eines Rauhaardackels gewesen, der den Fußboden zerkratzt hatte. Jetzt lag der Hund unter einem kaum sichtbaren Holzkreuz ganz hinten im Garten begraben. Das Herrchen war einige Monate nach ihm gestorben, beim Sturz von einer Leiter, aber der Makler versicherte, dass er nicht auf dem Grundstück begraben sei.

Am Wochenende nach Mittsommer standen die Umzugskisten an den Wänden des Wohnzimmers aufgereiht. Die Kinder schliefen in ihren neuen Zimmern, wo ich Laken vor die Fenster geklebt hatte, als Zwischenlösung, bis wir die Rollos angebracht hätten.

»Wir werden uns hier wohlfühlen«, sagte Bianca und legte die Arme um mich. Wir saßen vor der Terrassentür auf dem Holzdeck.

»Wie still es hier ist«, meinte ich. »Hör nur.«

Keine Autos, keine Stimmen, nur das sachte Rascheln des Windes im Laub.

Als wir uns in dieser Nacht hinlegten, liebten wir uns wie schon seit Ewigkeiten nicht mehr, wie damals, als wir noch keine Kinder hatten. Eine neue Ära würde beginnen. Neues Haus, neuer Ort, neue Luft.

Bianca schrie laut, als sie kam. Ihre grünen Smaragdaugen verschwanden unter den Lidern.

»Du weckst ja die Kinder«, flüsterte ich verschwitzt an ihrem Hals.

»Darauf pfeife ich«, keuchte Bianca.

»Und die Nachbarn?«, sagte ich lachend.

Wir spielten am nächsten Tag Fangen im Garten, als Bella stolperte und hinfiel. Ich pustete auf ihr Knie und rubbelte vorsichtig den Grasfleck mit dem Daumen weg.

»Pflaster«, schluchzte Bella.

Während ich in den Umzugskartons nach dem Verbandszeug suchte, spielte Bianca mit den Kindern weiter auf dem Rasen. Bald hatte ich unseren halben Hausstand erfolglos auf den Kopf gestellt und kehrte leicht genervt in den Garten zurück.

An unserem Gartentor standen unsere neuen Nachbarn. Jacqueline und ihr Sohn.

»Tut mir leid, wenn wir stören. Wir wollten euch nur noch einmal richtig begrüßen.«

Im selben Moment kamen Bella und William um die Hausecke gelaufen, dicht gefolgt von Bianca.

»Hab dich!«, rief meine Frau. »William ist dran mit Kriegen!«

Erst als ich mich räusperte, fiel ihr Blick auf unsere Besucher.

»Oh«, keuchte sie lächelnd und blieb neben mir stehen, sodass William sie fangen konnte.

»Das sind Jacqueline und Fabian«, erklärte ich. »Sie wohnen in der Nummer fünfzehn.«

Bianca grüßte, und Jacqueline überreichte ihr eine Tüte mit Zimtschnecken.

»Von Ica. Ich bin leider die totale Niete beim Backen.«

»Das wäre doch nicht nötig gewesen«, sagte Bianca.

Jacqueline lächelte.

»Warum sagt ihr Kriegen?«, wollte Fabian wissen.

Er trug dieselben Shorts mit Hosenträgern wie letztes Mal, dasselbe verwaschene T-Shirt und die BMW-Cap. Ein starker Kontrast zu Jacquelines kühlem Sommerkleid aus hauchdünnem, beinahe durchsichtigem Stoff.

»Weil das so heißt«, entgegnete William. »Das ist ein Spiel.«

Fabian sah ihn an, als wäre er ein bisschen minderbemittelt.

»Das heißt Fangen.«

»Es gibt unterschiedliche Bezeichnungen«, erklärte Jacqueline.

Ich stimmte ihr zu und sagte: »Als ich klein war, haben wir Haschen gesagt.«

Fabian warf mir denselben Blick zu, mit dem er eben William bedacht hatte.

»So, jetzt wollen wir nicht mehr stören«, sagte Jacqueline.

Ich versicherte, dass sie uns gar nicht störten.

»Wollt ihr denn was verändern?«, fragte sie und ließ den Blick über unseren Garten schweifen.

»Glaube schon«, sagte ich. »Aber das hat Zeit bis zum nächsten Sommer.«

»Na klar. Ihr habt ja eine Menge zu tun, jetzt am Anfang.«

»Es ist unser erstes Haus«, erklärte Bianca. »Wir haben bisher in einer Wohnung gelebt, da ist so ein Garten eine ganz schöne Umstellung. Aber natürlich möchten wir die Dinge nach unseren eigenen Ideen gestalten.«

Fabian deutete auf den Apfelbaum.

»Den dürft ihr aber nicht fällen«, sagte er.

Bianca und ich drehten uns zu dem knorrigen Obstbaum um, der an der Ecke zur Straße hin stand.

»Das war Bengts Lieblingsbaum«, fuhr Fabian fort. »Er hat ihn 1976 gepflanzt, als er das Haus baute. Es ist genauso alt wie meine Mutter.«

Jacqueline errötete leicht. Ich senkte die Augen. Sie war sehr hübsch, sodass ich es kaum wagte, sie in Anwesenheit von Bianca überhaupt anzuschauen. Es gab an ihr keine einzige neutrale Körperstelle, auf der man seinen Blick hätte ruhen lassen können.

»Bengt hat vor euch hier gewohnt. Fabian war sehr vertraut mit ihm«, erklärte Jacqueline. »Er war wie eine Art Opa für ihn.«

»Verstehe«, sagte Bianca.

Fabian sah uns misstrauisch an.

»Warum seid ihr hergezogen?«, fragte er.

»Aber Fabian.« Entschuldigend wandte seine Mutter sich an uns. »Er ist manchmal ein bisschen zu neugierig.«

»Es ist gut, neugierig zu sein«, sagte ich. »So lernt man neue Dinge.«

»Ganz genau«, sagte Bianca und versetzte mir einen Stoß mit dem Ellbogen. Ich zog sie öfter mit ihrem wissbegierigen Herumschnüffeln auf.

»Aber warum seid ihr denn hergezogen?«, wiederholte Fabian ungeduldig seine Frage.

»Ich habe eine Stelle an der Köpingeskolan bekommen.«

Jacqueline strahlte. »Bist du Lehrer?«

»Sportlehrer.«

»Aha.«

Bella rief wieder nach Pflastern. Bianca wusste ganz genau, wo im Umzugschaos sie lagen.

»Trainierst du viel?«, fragte Jacqueline und musterte mich von oben bis unten, bis meine Wangen glühten und ich erneut den Blick senkte.

»Nicht so viel, wie ich gerne würde. Es ist echt schwierig, das im Alltag unterzubringen.«

»Geht mir auch so«, sagte sie.

»Dann bekomme ich dich ja vielleicht als Lehrer«, meinte Fabian. »Hoffentlich.«

»Ja, man weiß nie.«

»Fabian geht ab Herbst in die Köpingeskolan. Er kommt in die Siebte. Unfassbar, mein kleiner Junge auf der weiterführenden Schule.«

Ihre Augen glitzerten.

Sie und Fabian wechselten einen Blick, den ich nicht deuten konnte.

»Jetzt müssen wir aber los«, sagte Jacqueline und öffnete das Gartentor zum Innenhof.

»Einen schönen Tag noch«, wünschte ich.

»Und danke für die Zimtschnecken«, sagte Bianca, die endlich den Umzugskarton mit den Kinderpflastern gefunden hatte.

»Nicht der Rede wert. Bye-bye!«

Jacqueline winkte uns über den Zaun hinweg zu.

»Die wirken nett«, sagte Bianca.

Ich küsste sie auf die Wange.

»Ja. Aber ich hoffe, es bleibt mir erspart, Fabian zu unterrichten. Es ist nicht optimal, der Lehrer des Nachbarjungen zu sein.«

Bianca lachte.

»Ich habe dich gewarnt. So ist das eben in solchen Gegenden. Du kannst nicht anonym bleiben.«

»Ja, ja, jetzt wollen wir mal nicht den Teufel an die Wand malen«, sagte ich.

»Natürlich nicht. Wir werden jetzt die Wände streichen. Drei Schlafzimmer und die Küche.«

Die Malerfarbe stand schon draußen auf dem Holzdeck.

»Wollen wir weiter Kriegen spielen?«, fragte William, der von der Rückseite des Hauses angelaufen kam.

»Papa und ich streichen jetzt«, sagte Bianca. »Ihr müsst eine Weile allein spielen.«

Ich wollte gerade zwei Farbeimer hochheben, als das Gartentor hinter mir wieder geöffnet wurde.

»Hallo und guten Tag.«

Eine Frau Anfang, Mitte siebzig betrat unseren Rasen und sah sich neugierig um.

»Ich wollte euch nur in der Krachmacherstraße willkommen heißen«, sagte sie und hielt mir ihre Hand hin. »Ich heiße Gun-Britt und wohne im Haus gleich gegenüber.«

Dann schüttelte sie Biancas Hand und senkte die Stimme.

»Ich dachte, es ist gut, wenn ihr auch jemand anders aus der Wohnanlage kennenlernt. Es sind nicht alle so wie die beiden.«

Ein Nicken zum Haus, in dem Jacqueline und Fabian wohnten.

»Aber es ist eine sehr nette Wohnanlage«, fuhr Gun-Britt fort. »Mit einem wunderbaren Zusammenhalt. Alle helfen sich gegenseitig und kümmern sich umeinander. Ich bin mir sicher, dass ihr euch wohlfühlen werdet.«

Ich sah Bianca an, die sich bemühte, gute Miene zum bösen Spiel zu machen. Die Situation war ihr sichtlich unangenehm. Nachbarn sind wie russisches Roulette, hatte sie mal gesagt: Man weiß nie, was man kriegt. Vor dem Umzug hatte sie betont, wie wichtig ihr ein Sichtschutz und Privatsphäre seien. Besonders gut an diesem Haus fand sie daher die hohe Thujahecke und das Gartentor.

»Wir haben bisher einen sehr guten Eindruck«, sagte ich und lächelte ein bisschen mehr.

»Ja, jetzt will ich nicht weiter stören«, sagte Gun-Britt. »Mir ist klar, dass ihr jede Menge zu tun habt.«

Dennoch machte sie erst Anstalten zu gehen, als ich die Farbeimer hochhob und ihr wieder den Rücken zukehrte.

»Ja, dann verbleiben wir so«, sagte sie schließlich und trat den Rückzug an. »Bis bald.«

Kaum hatte sie das Tor hinter sich geschlossen, folgte Bianca ihr und untersuchte den Riegel.

»Meinst du, man kann hier ein Vorhängeschloss anbringen?«

5. MIKAEL

Nach dem Unfall
Freitag, den 13. Oktober 2017

Im Wartezimmer der Notaufnahme vibriert die Luft vor ersticktem Frust. Ausweichende Blicke, ein Fuß, der auf den Fußboden trommelt, eine Hustenattacke, die in röchelnde Schluchzer übergeht, ein leises Schniefen hinter einer Serviette.

Eine weiß gekleidete Krankenschwester hält mir die Tür auf.

»Sind Sie Bianca Anderssons Mann?«

»Ja, wo ist sie? Was ist los?«

»Bitte kommen Sie mit«, sagt die Schwester und führt mich durch den Flur in ein enges Zimmer mit zwei schlichten Stühlen.

»Wann darf ich meine Frau sehen?«

»Die Ärzte kümmern sich um sie und werden Sie so bald wie möglich informieren.«

Die Ungewissheit schwelt in mir, es kribbelt und juckt in den Beinen. Wie geht es Bianca? Ich muss doch irgendwas tun können.

»Setzen Sie sich so lange«, schlägt die Krankenschwester vor. »Wollen Sie etwas zu trinken haben?«

Ihre Stimme klingt sanft, aber sie ist gesichtslos. Als sie aus der Tür schwebt, sehe ich nur ihren weißen Kittel, wie ein Gespenst.

Bald kehrt sie mit einem Becher lauwarmem Wasser zurück.

»Bitte sehr.«

Meine Hand zittert so stark, dass die Hälfte auf dem Boden landet. Der Mund ist taub, ich habe meine Lippen nicht mehr unter Kontrolle.

»Sie kommt doch bestimmt durch«, sage ich.

Eigentlich ist es keine Frage.

Die Schwester atmet tief ein, und zum ersten Mal bemerke ich ihre glänzenden, unruhigen Augen.

Noch vor einer Stunde war Bianca ebenso unsterblich wie alle anderen in meiner Umgebung, und der Gedanke, dass es sie auf einmal nicht mehr geben könnte, war völlig abwegig. Jetzt ist es anders. Nur ein Moment – und alles ist verändert.

»Bitte, ich muss erfahren, was los ist.«

Ich stehe auf und gehe auf wackligen Beinen durchs Zimmer.

»Kommen Sie«, sagt die Krankenschwester. »Es ist besser, wenn Sie sich hinsetzen.«

Ich muss mich auf ihr abstützen, ich habe keine Kraft mehr.

»Sie ist mit dem Fahrrad losgefahren, um Schafskäse zu kaufen«, sage ich, als ich wieder auf dem Stuhl sitze.

Die Schwester sieht erstaunt aus.

»Feta gehört wirklich nicht in Tacos«, fahre ich fort. »Ich weiß nicht, wie oft ich ihr das schon gesagt habe.«

Ich verfluche mich selbst.

Was ist eigentlich mit uns passiert?

»Ehrlich gesagt mag ich Tacos mit Schafskäse«, sagt die Krankenschwester mit ihrer milden Stimme.

Ich reibe mir die Schläfen, versuche zu lächeln.

Früher einmal liebte ich die vielen Eigenarten von Bianca. Tacos mit Feta, die Nachtlampe, die angeschaltet sein muss, wenn wir schlafen, aber ausgeschaltet werden muss, wenn wir uns lieben, ihre unerklärliche Vogelphobie und die Angewohnheit, Decken, Taschenlampen, Schwimmwesten und einen Spaten ins Auto zu packen, sobald wir weiter als dreihundert Kilometer fahren, ihre Art, in Tunnels und auf hohen Brücken die Augen zuzukneifen. Ihr ständiges Herumtippen auf dem Handy. Ihre Unart, alles und jedes zu googeln, noch bevor ich meine Frage überhaupt fertig formuliert habe.

Seit wann irritieren mich eigentlich ihre ganzen charmanten Charakterzüge?

Wir hätten nie nach Köpinge ziehen sollen.

So im Nachhinein betrachtet kommen mir einige von Biancas Neurosen erschreckend prophetisch vor. Sie hat gesagt, man sollte gebührenden Abstand zu seinen Nachbarn halten und keine engere Beziehung zu ihnen eingehen, mal davon abgesehen, dass man sie bittet, im Urlaub den Briefkasten zu leeren.

»Wollen Sie jemanden benachrichtigen?«, fragt die Krankenschwester. »Haben Sie Ihr Handy dabei?«

Ich ziehe es aus der Hosentasche.

Sienna natürlich, Biancas große Schwester. Ich muss sie informieren. Aber wie führt man ein solches Telefonat? Mit einer Schwägerin, die ich schon seit Jahren nicht mehr gesehen habe. Die wir zurückgelassen und bei der wir uns ewig nicht gemeldet haben.

»Was, wenn es zu spät ist?«, flüstere ich.

Die Schwester sieht mich mit ernster Miene an.

Es ist so verdammt ungerecht. Das hat Bianca wirklich nicht verdient. Ich habe immer gedacht, dass die Gerechtigkeit siegt. Wer Gutes tut, bekommt Gutes zurück.

Ich presse die Hände aufs Gesicht und hyperventiliere in die Dunkelheit. Es blitzt vor den Augen. Das Bild von Biancas Wange auf dem Asphalt, ihre herabgesunkenen Augenlider und ihr Haarschwall, wie ein goldener Strauß auf dem Schwarz der Straße.

Ich radiere das Bild aus und blinzele es weg, versuche, es durch andere zu ersetzen. Biancas herzförmiges Lächeln und ihr spielerischer Blick. Unsere Vespas auf der Strandsafari durch Sardinien, die vielen Nächte unter dem Sternenzelt. Wie sie sich immer meine Hemden und dicken Pullis gemopst hat. Ihr Duft, wenn ich sie zurückbekam. Die Ringe, die wir kauften, und die Gravur, die wir uns aussuchten: *fürimmer.* Wie lange währt fürimmer?

6. MIKAEL

Vor dem Unfall
Sommer 2015

Es hatte wochenlang nicht geregnet. Die Sonne brannte vom Himmel herab bei mediterranen Temperaturen. Bianca und ich standen auf zwei Klappleitern und strichen die Schlafzimmerwände, während die Kinder draußen auf dem Rasen spielten.

»Mama, Papa! Wann seid ihr fertig?«

Ich schlug vor, ihnen einen aufblasbaren Pool zu kaufen.

»Ich weiß nicht«, sagte Bianca. »Wenn Kinder ertrinken, dann meistens in flachem Wasser.«

Ich musste das googeln, und es stimmte tatsächlich, auch wenn nur wenige Kinder bei Badeunfällen ums Leben kommen. Die meisten Todesopfer von Ertrinkungsunfällen sind Männer in den Siebzigern.

»Trinkt bitte Wasser. Man braucht viel mehr Flüssigkeit, als man denkt«, sagte Bianca und schmierte die Kinder mit Sonnencreme ein, bis sie aussahen wie kleine Geishas.

»Noch zwei Stunden, dann fahren wir zum Strand.«

Bella und William jubelten, und Bianca klatschte mir auf den Hintern, sodass ich auf der Leiter kurz schwankte.

»Los jetzt, Rembrandt. Leg mal einen Zahn zu, eine Viertelstunde noch.«

Sie war so unwiderstehlich in ihrer Latzhose mit den Farbflecken und dem zu großen Trägertop. Ich hatte das untrügliche Gefühl, dass jetzt alles gut werden würde. Als wir uns unter dem Gartenschlauch den Terpentinersatz abspritzten, wurde Biancas Blick plötzlich traurig.

»Mein Vater hätte das alles geliebt. Stell dir vor, er hätte mithelfen können.«

Es war gerade mal ein Jahr her, dass sie ihren Vater verloren hatte. Während der Krebs langsam seinen Körper zerfraß, hatte er im Garten seines Wochenendhauses herumgebuddelt, war aufs Dach geklettert, hatte gehämmert, geschraubt und gestrichen, bis zum Ende.

Mit ihm war eine ganze Generation verschwunden. Sowohl Biancas als auch meine Eltern waren tot, und man konnte nicht mehr die Augen davor verschließen, dass das Leben nicht unendlich ist.

Eines Abends, als die Kinder schon im Bett waren, saßen wir bei Sonnenuntergang vor dem Haus und erfrischten uns mit kühlem spanischem Sekt. Da ging das Gartentor auf, und die Rentner von gegenüber stapften herein.

»Hallo!«, sagte Gun-Britt. »Ihr habt es euch ja gemütlich gemacht.«

»Aber das da«, meinte Åke, »das sieht gar nicht gut aus.«

»Was denn?«

Er sah mich an, als hätte ich einen Witz gemacht.

»Der Rasen ist ja tot.«

Ich betrachtete die gelbe, prärieähnliche Grasfläche. Ich hatte genug anderes zu tun gehabt, als mich um einen grünen Rasen zu kümmern.

»Momentan herrscht doch gerade Bewässerungsverbot«, verteidigte ich mich.

»Na ja, du musst einfach einen eigenen Brunnen bohren«, sagte Åke. »Ich weiß nicht, wie oft ich das zu Bengt gesagt habe, aber er hat nicht auf mich gehört, wie immer.«

»Jetzt hör mal auf«, fiel ihm seine Frau ins Wort. »Man redet nicht schlecht über Tote.«

»Ich hab gehört, dass ihr schon Jacqueline und dem Jungen begegnet seid«, fuhr Åke fort. Er ging um die Garage herum und klopfte gegen die Bretter. »Wir wollten euch nichts über die beiden erzählen und haben gedacht, ihr macht euch besser ein eigenes Bild.«

»Das gehört sich ja auch so«, sagte Gun-Britt.

»Aber dieser Junge«, sagte Åke, »der ist nicht ganz so, wie man sein sollte.«

Bianca verschluckte sich fast an ihrem Cava. Åke hatte seine ganz eigene Art, etwas nicht zu sagen.

»Seid ihr schon Ola begegnet?«, fragte Gun-Britt. »Er wohnt in der Nummer vierzehn. Ein ganz netter Kerl.«

Sie hatte höchstwahrscheinlich nichts von dem Gerichtsurteil auf Lexbase gelesen.

»Die hier musst du jedenfalls austauschen«, sagte Åke und legte die Hand auf die Holzverkleidung der Garage. »Das ganze Zeug muss weg.«

Das war ein Appell an mich.

»Wir wollten die Garage erst mal streichen«, sagte Bianca.

»Das ist ja so, als würde man eine Sau schminken«, brummte Åke.

»Aber das ist gar nicht der Grund, warum wir hergekommen sind«, mischte sich Gun-Britt ein. »Wir wollten euch zum diesjährigen Hoffest einladen.«

Und schon hatte Åke die Garage vergessen und kam zu uns auf die Terrasse.

»Jeden Sommer organisieren Gun-Britt und ich nämlich ein Fest für alle Bewohner der Anlage. Es ist immer sehr schön, wenn wir neue Nachbarn in der Krachmacherstraße begrüßen dürfen. Wir halten hier nämlich zusammen.«

»Danke für die Einladung«, sagte Bianca. »Das klingt ja nett.«

»Das wird es ganz sicher auch«, entgegnete Åke.

Bianca und ich blieben schweigend sitzen und winkten, als die beiden durchs Gartentor verschwanden.

»Wunderbar, wenn man Nachbarn hat«, sagte Bianca und schenkte uns nach.

»Dieses Fest können wir uns vielleicht sparen, oder?«, schlug ich vor.

»Spinnst du? Das wäre sozialer Selbstmord. Wir könnten hier nicht wohnen bleiben.«

»Aber du hast doch gesagt …«

»Du weißt wirklich nicht, wie es funktioniert, Schatz«, sagte Bianca. »Man muss die Nachbarn auf Abstand halten, darf aber keineswegs unsozial oder undankbar wirken. Wir werden zu diesem Nachbarschaftsfest gehen und den Eindruck erwecken, als hätten wir richtig Spaß.«

Ich legte den Kopf auf ihren Schoß und lachte.

»Ohne dich wäre ich keine Woche hier zurechtgekommen.«

Sie fuhr mit den Fingern durch mein Haar.

»Du würdest nirgends ohne mich zurechtkommen, Liebling.«

»Bereust du, dass wir hergezogen sind?«, fragte ich in scherzhaftem Ton, obwohl die Frage durchaus einen ernsten Hintergrund hatte.

Bianca zögerte, und ihre Finger verhakten sich in meinem Haar.

»Natürlich nicht. Ich glaube, wir werden uns hier sehr wohlfühlen.«

Ich atmete erleichtert aus, spürte aber dennoch die Schwere auf meinen Schultern.

Später in derselben Woche saß ich im Schatten auf einem Liegestuhl und versuchte, die Farbflecken von meiner Brust zu kratzen, als William und Bella vom Innenhof angelaufen kamen.

»Papa, Papa! Dürfen wir mit Fabian spielen?«

Sie hüpften mit glitzernden Augen vor mir auf und ab.

»Ja doch.«

»Er hat ein Trampolin«, sagte William.

»Trampolin?«, wiederholte Bianca, die gerade aufs Holzdeck getreten war.

Vor einem halben Jahr hatte William sich einen Besuch in einem Trampolinpark gewünscht, aber dann hatten wir den Plan fallen lassen, nachdem Bianca gelesen hatte, wie viele Beinbrüche jedes Jahr in Schweden durch Trampoline verursacht werden.

Diesmal wollte William allerdings nicht nachgeben.

»Es ist nur ein kleines«, sagte er flehend.

Bianca sah mich an. Sie wusste schon, was ich dachte. Solche Entscheidungen quälten sie, aber ihr war klar, dass sie klein beigeben musste.

»Am besten gehst du mit und schaust es dir an«, sagte sie zu mir.

»Okay.«

Das Trampolin machte mir keine Sorgen. Aber Fabian? Er war eindeutig zu alt, um mit unseren Kindern zu spielen.

»Komm jetzt«, sagte Bella. »Bitte, Papa.«

»Na klar, einen Moment noch.«

Ich zog mir ein T-Shirt über und begleitete die beiden nach drüben zum Garten der Familie Selander, wo Fabian schon auf- und abhüpfte. Bald hatten William und Bella sich die Sandalen ausgezogen und waren bereit, ebenfalls das Trampolin zu entern. Es war wirklich eines der kleinsten Exemplare, das ich je gesehen hatte. Sie mussten sich abwechseln, um überhaupt springen zu können.

»Na hallo!«

Jacqueline trat aus der Terrassentür und wäre fast mit mir zusammengestoßen. Ihr langes Haar hatte sie hochgesteckt, die Augen waren hinter einer schwarzen Sonnenbrille verborgen. Sie hatte nichts am Körper außer einem leuchtend roten Bikini.

»Hallo«, sagte ich und wusste gar nicht, wo ich hinsehen sollte.

Überall so viel Haut.

»Wie nett, dass ihr vorbeischaut. Willst du was zu trinken haben?«

Ohne eine Spur von Verlegenheit schob Jacqueline die Sonnenbrille mit beiden Händen nach oben, wobei ihr perfekt sonnengebräunter Körper noch besser zur Geltung kam.

Ich wich ihrem Blick aus.

»Ihr Ärmsten. Ihr rackert euch ja die ganze Zeit nur ab.«

»Ist es okay, wenn ich die Kinder hierlasse?«, fragte ich.

Sie lachte und nickte.

»Streich nur weiter. Wir kommen schon klar.«

Jacqueline trippelte so dicht an mir vorbei, dass mir der Duft nach Kokosöl kitzelnd in die Nase stieg. Neben einem Liegestuhl auf dem Rasen zog sie ihre Flipflops aus. Sie streckte ihren eingeölten Körper aus und verschränkte die Arme hinter dem Kopf. Ich sollte nicht hinschauen, aber es fiel mir schwer, es bleiben zu lassen.

»Ich hole euch in einer Stunde ab«, sagte ich zu William und Bella. »Sonst findet ihr ja auch allein nach Hause.«

Sie hatten keine Zeit zu antworten.

Als ich über den Hof zurückging, hing die Sonne tief über den Dächern, eine gigantische Feuerkugel. Der Schweiß lief mir von der Stirn, und ich sah Glitzersterne und Wolken in roten und gelben Farbtönen. Um nicht geblendet zu werden, musste ich den Blick abwenden, der rein zufällig auf dem linken Haus landete. Nummer vierzehn, wo Ola Nilsson wohnte, der Mann, der wegen körperlicher Misshandlung verurteilt worden war.

Als ich blinzelnd den Kopf nach oben zum Dachfirst wandte, sah ich ihn, wie er vom Giebelfenster aus auf mich herabstarrte. Ein scharfer, intensiver Blick.

Es dauerte nicht länger als ein oder zwei Sekunden. Sobald er merkte, dass ich ihn gesehen hatte, war er weg.

7. JACQUELINE

Nach dem Unfall
Freitag, den 13. Oktober 2017

Ich stehe noch immer in der Einfahrt, während Micke dem Rettungswagen hinterherfährt. Vor mir auf der Straße liegt Biancas rotes Fahrrad mit dem verbogenen Lenker und dem eingedrückten Rad.

»Bitte«, sage ich zu Fabian. »Ich kann das nicht sehen.«

Er hebt das Fahrrad hoch, und Ola hilft ihm, es durch das Gartentor zur Nummer dreizehn zu tragen.

»Was sollen wir machen?«, fragt Fabian.

Am liebsten würde ich einfach losschreien. Gerade als alles sich wieder einrenkte. Vor mir steht der BMW mit einer kaputten Stoßstange. Warum nur habe ich dieses beschissene Auto gekauft?

William und Bella sehen mich an. Ich würde sie am liebsten in den Arm nehmen und ihnen tröstliche Worte zuflüstern, aber sie entziehen sich, halten zusammen, sind auf der Hut.

»Muss Mama sterben?«, fragt Bella.

»Warum hast du sie angefahren?«, will William wissen.

Ich stottere, kann kaum antworten.

»Das war ein Unfall. Wir sind zusammengestoßen, ich konnte nicht mehr bremsen.«

William zieht seine Schwester mit sich, und ich folge ihnen zum Haus.

»Komm!«, rufe ich Fabian zu, der noch mit Ola auf der Einfahrt steht und ins Leere starrt.

»Ich will nach Hause.«

Seine Stimme ist dünn und schwach.

»Wir warten nur, bis Gun-Britt und Åke kommen«, sage ich und mache kehrt, um ihn zu holen. »Komm jetzt!«

»Ich sollte vielleicht auch mit reinkommen«, sagt Ola.

»Das brauchst du nicht.«

Ich will ihn nicht mehr sehen. Will nichts mit ihm zu tun haben.

»Sicher?«

Als er einen Schritt vorwärts macht, packe ich Fabian am Arm und eile zum Haus, wo William an der Tür steht und versucht, seine verzweifelte Schwester zu trösten.

Ola lungert noch immer in der Einfahrt herum und glotzt.

Nach fünf Minuten, den fünf längsten meines Lebens, stürzen Gun-Britt und Åke ins Haus der Familie Andersson.

»Was ist passiert?«

Gun-Britt wiegt die Kinder in ihren Armen. William schnieft und schluchzt, während Bellas Weinen mir bis ins Mark geht.

»Die Polizei ist da«, sagt Åke.

Durch das Fenster sehe ich zwei junge Männer in Uniform. Sie unterhalten sich, zeigen auf den Innenhof und halten Ausschau.

»Auf so etwas habe ich nur gewartet«, sagt Gun-Britt.

Sie streicht den Kindern übers Haar. Die Hände trösten, aber ihr Gesicht ist eine einzige Anklage.

»Hör auf«, erwidere ich. »Nicht jetzt.«

»Dass es so weit kommen musste«, sagt Gun-Britt.

Ich muss mir auf die Zunge beißen. Wegen der Kinder. Wegen Fabian.

Im Flur lässt Åke die Polizisten ein, die uns mit ernsten Mienen begrüßen. Schwarze Stiefel und schwere Gürtel mit Schlagstock und Pistole.

Gun-Britt und Åke stellen sich vor.

»Wir sind die Nachbarn. Mikael Andersson hat uns gebeten, dass wir uns um die Kinder kümmern.«

Der eine Polizist mustert mich.

»Und Sie?«

»Ich bin auch eine Nachbarin.«

Fabian hat sich im Wohnzimmer auf einen Sessel gesetzt und spielt mit seinen Händen, so wie er es immer macht, wenn er nervös wird. Er dreht, wendet und knetet sie.

Vorsichtig, nicht zu nah, hocke ich mich neben ihn.

»Das wird schon wieder, Schatz.«

»Und was, wenn sie es nicht schafft?«, fragt er.

Ich atme ganz langsam.

»Denk nicht dran.«

Aus dem Flur höre ich die tiefen Stimmen der Polizisten. Unter ihren Stiefeln knarrt die Türschwelle.

»Jacqueline Selander?«, sagt der eine. »Wir müssten mal mit Ihnen sprechen.«

Sie starren Fabian auf dem Sessel an. Der andere Polizist beugt sich vor.

»Und wie geht es dir?«

Fabian schweigt. Er knetet noch immer seine Hände.

»Das ist mein Sohn«, erkläre ich. »Er steht unter Schock. Er hat neben mir im Auto gesessen.«

»Braucht er ärztliche Hilfe?«

Ohne Vorwarnung streckt der Polizist seine Hand aus.

»Fassen Sie ihn nicht an!«, sage ich.

Die Hand bleibt in der Luft hängen, und der Beamte starrt mich an.

»Er mag keinen Körperkontakt.«

Der Polizist zögert eine Weile, ehe er seine Hand zurückzieht.

»Verstehe. Nehmen Sie sich die Zeit, die Sie brauchen, dann unterhalten wir uns später.«

Sie lassen uns allein im Wohnzimmer zurück. Fabian atmet immer heftiger und knetet die Hände immer hektischer.

»Die Polizei!«, zischt er mir zu.

»Ich weiß. Ganz ruhig.«

Er zittert am ganzen Körper.

»Du kannst im Gefängnis landen.«

Am Ende muss er sich auf seine Hände setzen, um sie zur Ruhe zu bringen.

»Nein«, sage ich. »Es war ein Unfall.«

Der Polizist notiert sich meine Aussagen. Wir sitzen uns gegenüber am Küchentisch der Familie Andersson.

»Leider müssen wir das Auto beschlagnahmen.«

»Okay«, sage ich. »Aber warum? Was müssen Sie denn prüfen?«

»Reine Routine. Wir müssen eine technische Untersuchung machen.«

Ich betrachte ihn eine ganze Weile. Er hat ein nettes Gesicht mit freundlichen Augen.

Auf der anderen Seite der Tür höre ich Bellas aufgeregte Stimme, Williams verzweifelte Fragen und Gun-Britt, die keine Antworten weiß.

All das stürmt auf mich ein, und es kommt zum Totalcrash, als die Gefühle und Gedanken aufeinandertreffen und mir Tränen in die Augen treten.

»Wissen Sie, wie es Bianca geht? Ist es ernst?«

»Dazu habe ich leider keine Informationen«, sagt der Polizist.

»Verdammt! Was hab ich nur getan?«

Er gibt mir ein Glas Wasser und ein paar Taschentücher.

»Ich verstehe, dass es schwer für Sie ist, aber ich muss Ihnen ein paar Fragen stellen. Was ist passiert? Woran erinnern Sie sich?«

Ich schließe die Augen und bohre meinen rechten Zeigefinger in die dünne Haut der linken Handfläche.

»Ich habe sie nicht gesehen.«

»Wir glauben, dass sie in dem Moment mit dem Fahrrad aus der Einfahrt gekommen ist, als Sie auf den Hof einbogen.«

»Ja.«

So muss es gewesen sein.

»Aber Sie haben sie nicht gesehen?«

»Nein.« Das stimmt nicht. »Oder doch, ich habe sie gesehen, ich habe das Fahrrad gesehen, irgendwas Rotes, aber da war es schon zu spät. Ich habe zu spät gebremst.«

Der Knall hängt noch immer als Echo in meinem Kopf.

»Ich habe geschrien. Ich weiß noch, dass ich geschrien habe. Dann habe ich gebremst.«

Der Polizist macht sich weitere Notizen auf seinem Block.

»Hatten Sie es eilig?«

»Nein, gar nicht.«

»Wie schnell sind Sie gefahren? Ist ja eine ziemlich enge Kurve, wenn man auf den Hof einbiegt.«

»Ich habe nicht auf den ... den ...«

»... den Tacho geschaut?«

»Ja, nein, ich weiß es nicht mehr.«

Der kalte Schweiß läuft mir unter der Bluse entlang. Es kommt mir so vor, als würde ich meinen Körper verlassen, hinauf an die Decke schweben und von dort auf das Geschehen hinunterschauen. Jemand ganz anders sitzt dort und beantwortet die Fragen des Polizisten.

»Ich versteh das nicht. Wie konnte ich sie nur anfahren?«

Der Polizist schreibt weiter. Ich versuche, ruhiger zu atmen, aber jedes Mal, wenn ich Luft einsauge, brennt es in der Brust.

»Ihr Sohn war auch im Auto. Fabian, oder?«

»Ja.«

»Wie alt ist er?«

»Fünfzehn.«

Der Polizist nickt und schreibt. Ich frage mich, was ich ihm über Fabian erzählen soll.

»Sie müssen nicht mit ihm reden, oder?«, will ich wissen. »Ich weiß nicht, ob er das packt. Er steht unter Schock.«

»Das wird wohl nicht nötig sein«, entgegnet der Polizist.

Ich schließe die Augen und sehe wieder Bianca auf dem Fahrrad vor mir, höre die quietschenden Bremsen und den Knall.

»Und was ist, wenn sie ...«

Die Angst schreit in mir.

»Wissen Sie …«, setzt der Polizist an.

»Es war meine Schuld«, schniefe ich.

»Manchmal passieren schreckliche Dinge, ohne dass jemand daran schuld sein muss«, sagt er.

Ich weiß nicht, ob er selbst daran glaubt.

»Dürfen wir jetzt nach Hause gehen?«

Er windet sich ein bisschen.

»Nur noch ein paar Fragen. Schaffen Sie das?«

Ich nicke. Es ist gut, es gleich hinter sich zu bringen.

»Was haben Sie für eine Beziehung zu Bianca Andersson?«, fragt der Polizist.

»Beziehung?« Das klingt irgendwie seltsam. »Wir sind Nachbarn.«

»Haben Sie viel Kontakt zu Ihren Nachbarn?«

»Na ja, ein bisschen. Das ist wohl so in solchen Wohngegenden.«

Der Polizist nickt.

»Das heißt, Sie haben sich öfter mit der Familie Andersson getroffen?«

Er spricht das Wort so aus, als würde es eigentlich etwas anderes bedeuten.

»Manchmal«, antworte ich knapp.

Worum geht es hier eigentlich?

»Wie würden Sie Ihr Verhältnis beschreiben?«, will er wissen.

»Keine Ahnung.«

Wie beschreibt man ein Verhältnis? Vor zwei Jahren hätte ich geantwortet, dass die Anderssons die besten Nachbarn der Welt sind. Seitdem hat sich so viel verändert.

»Waren Sie gut mit Bianca befreundet?«

Ich sehe ihn an. Frage mich, was er gehört hat.

»Das kann man nicht gerade behaupten.«

»Und Biancas Mann? Mikael?«

Ich schaudere. Nur ein ganz kleines bisschen, kaum spürbar, aber ein geübtes Polizistenauge merkt es bestimmt.

»Was soll mit Micke sein?«

Möglichst beiläufig lasse ich ein paar Haarsträhnen vors Gesicht fallen.

»Was haben Sie für ein Verhältnis zu ihm? Sehen Sie sich oft?«

Ich halte inne. Bestimmt hat Gun-Britt mit ihm gesprochen.

»Ehrlich gesagt verstehe ich nicht, was das mit dieser Sache zu tun hat. Ich gebe doch zu, dass ich Bianca angefahren habe. Ich war unvorsichtig, ich bin bestimmt zu schnell gefahren.«

»Ja, sicher, ich versuche mir nur einen Überblick zu verschaffen. Über den Hintergrund des Geschehens.«

»Es gibt keinen Hintergrund. Es war ein Unfall.«

Ein Augenblick, in dem ich weggeschaut habe, eine Hundertstelsekunde. Mehr braucht es nicht, um ein Leben zu zerstören.

»Es ist Ihnen doch klar, dass es ein Unfall war?«, hake ich nach.

Der Polizist antwortet nicht. Er legt ein schwarzes Gerät auf den Tisch.

»Ich möchte Sie bitten, hier hineinzupusten.«

Es ist ein Alkoholtestgerät.

Ich schaudere erneut, und diesmal herrscht kein Zweifel, dass der Polizist es bemerkt hat.

8. JACQUELINE

Vor dem Unfall

Noch bevor die Familie Andersson in die Krachmacherstraße einzog, hatten Fabian und ich den Makler gesehen, wie er in einem schwarzen Porsche angerauscht kam und ein orangenes *Zu verkaufen*-Schild ins Blumenbeet vor der Nummer dreizehn rammte. Seit Bengts Tod war Fabian unglücklich gewesen, und dieses hässliche Schild machte es nicht besser. Wie oft steht nicht eine Tragödie hinter einem Hausverkauf! War es da nicht niederträchtig, im Anzug und Porsche herzukommen und ein orangenes Schild aufzustellen? Als wäre das Haus nur eines von vielen Gebäuden, die zum Verkauf standen, ein Ungetüm aus Ziegel und Holz. Als wäre es nicht von Menschen gebaut worden und bewohnt gewesen, in diesem Fall von einem Mann, der von der Leiter gefallen und gestorben war. Zurück blieb ein Junge, der zugleich seinen Nenn-Opa und seinen allerbesten Freund verloren hatte.

Als Micke und Bianca mit ihren Kindern einzogen, veränderte sich Fabian rasch. Er hatte wieder Appetit, und die Farbe auf seinen Wangen kehrte zurück. Immer öfter verließ er das Zimmer und ging hinaus in die Sommerwärme. Ein Hoffnungsfunke glomm auf, dass sich alles zum Guten wenden würde.

Es ist ganz leicht, ein Leben aufzugeben, viel leichter, als die meisten Leute denken. Einfach aufbrechen und von vorn anfangen. Ich habe das mehrmals getan. Man hört auf, ans Telefon zu gehen, wenn es klingelt, man sagt alle Termine ab. Die Leute vergessen einen schneller, als man denkt. Es gibt so viele andere Menschen, um die man sich kümmern kann.

Als ich nach zehn Jahren die USA verließ, zog ich erst nach Hause zu meiner Familie in Tidaholm. Es war ein Albtraum. Woanders auf der Welt war ein Jahrzehnt vergangen, aber in Tidaholm hatte alles stillgestanden. Die Mädelsclique saß noch immer im Frasses, nur ein bisschen fetter und faltiger, umgeben von Kinderwagen statt von Jungs, aber mit demselben Blick wie damals in der Schule: *Komm bloß nicht her und glaub, dass du was Besseres bist.* Mama nörgelte genauso herum wie früher, und Papa schwieg wie immer.

Ich nahm Fabian mit auf eine Odyssee Richtung Süden. Mit Zwischenstationen in Jönköping (zu viele Pfingstler), Landskrona (zu viele Gangster) und Sölvesborg (zu viele Rassisten).

Als Fabian vier war, fiel mir das Haus in der Krachmacherstraße quasi in den Schoß. Ich musste Köpinge erst mal bei Google Maps eingeben, aber es sollte sich als die beste Entscheidung meines Lebens herausstellen. Ein Gutachter hatte das Haus bei der Immobilienbewertung viel zu niedrig angesetzt, deshalb konnte ich es zu einem echten Schleuderpreis kaufen.

Es wurde also Köpinge. Dieses Astrid-Lindgren-Land, wo immer die Sonne scheint und die Türen nicht abgeschlossen werden.

Und da war Bengt. Ein großartiger Mann, der sich wirklich um Fabian kümmerte, der sich immer Zeit nahm und uns nie enttäuschte. In seiner Gegenwart blühte Fabian auf, und wenn Fabian glücklich ist, bin ich es auch.

Aber ich fand keinen Anschluss an Gleichaltrige. Es gab keine Jobs, keine Orte der Begegnung, und Fabian forderte mich vierundzwanzig Stunden sieben Tage die Woche.

Durch die Elternberatungsstelle landete ich in einer Müttergruppe. Die Kinderkrankenschwester mit den zu langen Ponyfransen und den großmütterlichen Augen erklärte, dass es eine Gruppe von Müttern mit Kindern gebe, die 2002 geboren seien, genau wie Fabian, und es fänden nach wie vor regelmäßige Treffen statt.

»Ich werde mal mit denen reden. Sie haben bestimmt noch Platz für eine weitere Mutter.«

Wie damals, als meine Lehrerin die beliebten Mädchen unserer Klasse zwang, mich beim Langseilspringen mitmachen zu lassen. Das war, bevor meine Beine und Brüste wuchsen und meine Mitschülerinnen mich aus ganz anderen Gründen zur Hölle wünschten.

Fabian und ich trafen uns beinahe ein Jahr lang jeden Freitag mit der Müttergruppe. Die Mutter der Zwillinge Keanan und Kit dachte sich sogar einen Namen für unsere Gruppe aus: *Mummies & Yummies*. Sechs Frauen zwischen fünfundzwanzig und fünfunddreißig, die mit ihren Kindern herumprahlten und schlecht über ihre Männer redeten. Über eine schlichte Liste war geregelt, wer jeweils die anderen einlud, die Bewirtung hingegen war alles andere als schlicht. Selbst gebackenes Sauerteigbrot, aus Italien importierte Crostini oder fantasievoll dekorierte Cupcakes. Von Latte macchiato ging man schon bald zum Wein über. Die Kinder, vier Jungs und drei Mädchen, spielten meistens problemlos miteinander. Wir trafen uns bei

Familien, die ihr Geld lieber in Spielsachen steckten als in die Rückzahlungen ihres Baudarlehens.

Nach jedem Treffen der Müttergruppe war ich fest entschlossen, nicht mehr hinzugehen. Ich hielt es nicht länger aus mit diesen Menschen, ihren Häusern, ihren Kleidern, ich kam nicht klar mit dem, was sie sagten und wie sie es sagten. Trotzdem wurde mir bei jeder SMS-Einladung zum nächsten Treffen warm ums Herz. Es kam mir so vor wie damals in der Schule. Wieder war ich das Mädchen, das am Telefon saß und wartete.

Als irgendwann keine SMS mehr kam, fühlte ich mich zuerst ganz leer. Dann wurde ich wütend. Schließlich redete ich mir ein, dass solche Sachen irgendwann im Sande verliefen. *Mummies & Yummies* war Geschichte.

Trotzdem begann ich, sie zu vermissen. Die Mütter mit den Rotweinlippen und den Rawfoodballs, die Kinder, die wie Wirbelwinde durch die Wohnzimmer von Köpinge tobten. Immer wenn der Freitag näher rückte, spürte ich diese Sehnsucht, und schließlich schickte ich allen eine SMS mit einer Einladung. Ich war zwar nicht an der Reihe, aber ich sah es als den letzten Versuch. Es kam keine Antwort.

Nach zwei Tagen rief die Mutter der Zwillinge an.

»Ach, hallo!«, sagte ich, vielleicht ein bisschen zu begeistert.

»Hm, hallo.«

»Wie geht's?«

Die Frage blieb in der Luft hängen.

»Ja, also …«

Vermutlich hatten sie Stein, Schere, Papier gespielt, um auszulosen, wer anrufen sollte. So wurden bei ihnen Entscheidungen getroffen.

»Wir haben für Freitag schon ein Treffen vereinbart. Ein

paar von den anderen Mädels waren der Meinung, dass es mit Fabian nicht mehr funktioniert. Deshalb haben wir euch nicht eingeladen.«

»Nicht … funktioniert?«

Die Worte blieben mir im Mund stecken.

»Es hat so viele Zwischenfälle mit Fabian gegeben«, sagte die Zwillingsmutter. »Ich habe versucht, die anderen umzustimmen, aber es ist mir nicht gelungen. Tut mir leid, ehrlich. Aber wir sehen uns bestimmt mal in der offenen Eltern-Kind-Gruppe oder woanders.«

Das Telefon in meiner Hand wurde schwer. Die Zwillingsmutter verabschiedete sich, dann klickte es in der Leitung.

Ich schenkte mir ein Glas Wein ein und ging zu Fabian, der auf dem Boden lag und einen Turm aus Bauklötzen baute.

»Du bist das tollste Kind, das man sich als Mama nur wünschen kann«, sagte ich und setzte mich neben ihn.

Erstaunt sah er mich an. Als ich den Arm um ihn legte, stieß er ihn weg.

Was gab es eigentlich für einen Grund zu trauern? Die Wahrheit war, dass ich *Mummies & Yummies* gehasst hatte, und es war ein Wunder, dass ich es so lange ausgehalten hatte mit den ängstlichen Müttern, die glaubten, ihre Kinder seien ein Geschenk des Himmels, auserwählt zu Rettern der Menschheit, entstanden durch Jungfrauengeburten und Kaiserschnitte, gestillt mit Prosecco. Von solchen Typen hatte ich in den USA schon mehr als genug kennengelernt.

Ach, wenn es doch nur die *Mummies & Yummies* gewesen wären!

Wenn es nur dabei geblieben wäre!

9. JACQUELINE

Vor dem Unfall
Sommer 2015

Zum ersten Mal freute ich mich auf das jährliche Hoffest in der Krachmacherstraße. Bianca und Micke schienen richtig nett zu sein, und ich hoffte darauf, sie näher kennenzulernen. Nicht zuletzt wegen Fabian. In der vergangenen Woche hatte er ununterbrochen von William und Bella gesprochen.

»Kommen die denn gar nicht?«, fragte Fabian, als wir bei Åke und Gun-Britt auf der Terrasse standen und unsere neuen Nachbarn eine Minute über der Zeit waren.

»Sie sind bestimmt gleich hier«, flüsterte ich.

Und da kamen sie schon – mit Blumen und Schokolade als Gastgeschenk. Fabian zog William gleich mit sich. Åke klopfte mit einem Löffel gegen sein Glas und räusperte sich.

»Willkommen bei uns in der Nummer zwölf«, sagte er. »Großartig, dass alle Anwohner bei unserer traditionellen Feier anwesend sind, die für uns so wichtig geworden ist. Gun-Britt und ich sind ein bisschen eigen, was das betrifft, vermutlich ganz und gar unzeitgemäß, aber wir pflegen gerne gewisse Traditionen. Nächstes Jahr ist es das vierzigste Mal in Folge, dass wir euch einladen.«

Ein Raunen war auf der Terrasse zu vernehmen, und auf Olas Initiative hin erklang ein schüchterner Applaus.

»Inzwischen sind nur noch Åke und ich übrig«, ergänzte Gun-Britt. »Von den ursprünglichen Nachbarn hier, meine ich.«

Åke lachte.

»Die Alten und Müden haben das Handtuch geworfen.«

Typisch Åke. Dabei wusste er ganz genau, wie viel Bengt für Fabian bedeutet hatte.

»Wir sollten vielleicht eine Vorstellungsrunde machen«, schlug Gun-Britt vor. »Jetzt, da neue Nachbarn dazugekommen sind.«

»Gute Idee«, meinte Ola, der gerade Micke und Bianca die Hand geschüttelt hatte. Sie waren sich offenbar zum ersten Mal begegnet.

»Ich kann anfangen«, sagte Åke und ließ eine Maschinengewehrsalve los: »Jahrgang sechsundvierzig, genau wie Seine Majestät, siebenundvierzig Jahre bei der Bahn, mittlerweile Rentner. Zwei Kinder, die ins Exil in die Hauptstadt gegangen sind, fünf Enkel, eine Frau. Die da.«

Er zeigte auf Gun-Britt.

»Die da?«, konterte sie lachend. »Also, das bin ich. Na ja, ich war viele Jahre mit den Kindern zu Hause. Wir sind aus Malmö hierhergezogen, bevor sie eingeschult wurden. Åke hat das Haus selbst gebaut.«

Sie drehte sich zu ihrem Mann, der gleich einige Zentimeter wuchs.

»Beeindruckend«, sagte Micke.

In der nächsten Sekunde bat er die kleine Bella, die zwischen Blumenbeeten und Nippes herumsauste, vorsichtig zu sein.

Ich hatte sie vorgewarnt. Bei Åke und Gun-Britt war es wie in einem Museum. Anschauen, aber ja nichts anfassen. Jedes Stück hatte seinen festen Platz. Fabian hatte es auf die harte Tour lernen müssen.

»Ja, ja«, sagte Gun-Britt. »Als die Kinder älter waren, habe ich Arbeit bei Ica gefunden, und da bin ich bis zur Rente geblieben. Åke und ich haben immer sehr gern hier gewohnt, und wir sind so froh über die nette Nachbarschaft.«

»Es gibt nichts Wichtigeres«, sagte Åke. »Die Makler reden über Quadratmeter und die Lage und offene Küchen und so ein Zeug. Aber nichts geht über richtig gute Nachbarn. Oder was meinst du, Bianca? Du bist doch Maklerin, oder?«

Bianca wusste anscheinend nicht, was sie antworten sollte.

»Das ist wohl so«, sagte sie schließlich. »Nachbarn sind zweifellos wichtig.«

Wir sahen uns alle an, nickten und lächelten und erhoben die Gläser und prosteten uns zu. Es war so verlogen, das reinste Theater. Ich fragte mich, ob Bianca und Micke es durchschauten.

»Jetzt bist du dran«, sagte Åke und zeigte mit dem Glas auf mich.

»Okay.«

Was sagt man, ohne als völlig bekloppt dazustehen?

»Tja, ich heiße Jacqueline, das wisst ihr ja.«

»Wie lange wohnst du schon hier?«, fragte Micke.

»Wir haben das Haus vor acht Jahren gekauft, als Fabian fünf war. Ich habe zehn Jahre in den USA gewohnt, bin dann aber nach Schweden zurückgekehrt, als Fabian auf die Welt kam.«

»Sie war Fotomodell«, sagte Åke.

Ich trank einen Schluck und sah weg. Eigentlich sollte ich stolz auf meine Karriere sein, aber ich wusste, was die Leute dachten.

Klar, viele waren beeindruckt, aber sobald sich die erste Faszination gelegt hatte, blieb nur noch Verachtung.

Model? Man weiß ja, was das für Frauen sind.

»Aber du arbeitest nicht mehr als Model?«, wollte Bianca wissen.

Das klang eher nach einer krassen Feststellung.

»Nein«, entgegnete ich lachend. »Jetzt bin ich zu alt und zu hässlich für so was.«

Alle protestierten lautstark, während ich auf Ola zeigte.

»Du bist dran.«

Er biss sich auf die Unterlippe und trat von einem Fuß auf den anderen.

»Also, ich heiße Ola. Ich bin vor ... wie lange mag es her sein ... vor zwei Jahren hergezogen. Ich wohne in der Nummer vierzehn gleich nebenan, und, ja, ich arbeite in der Bank.«

Åke klopfte ihm auf die Schulter.

»Wenn ihr einen Kredit braucht, müsst ihr euch also an ihn wenden.«

Ola sah mich an und verdrehte diskret die Augen.

»Was soll ich noch sagen? Ich war mal verheiratet, wohne jetzt aber mit zwei Katzen zusammen, Hugin und Munin. Viel einfacher zu haben als Frauen, wenn ihr mich fragt.«

Micke und Bianca lachten pflichtschuldig.

»Ola fällt der Umgang mit denkenden Individuen etwas schwer«, bemerkte ich.

»Ha! Meine Katzen haben einen höheren IQ als die meisten Menschen, die ich kenne.«

Wie zufällig musste Bianca niesen. Sie fuhr sich mit der Hand über die Nase und blinzelte mehrmals.

»Keine Sorge, es sind keine Freigänger«, sagte Ola lachend.

»Merkt ihr was?«, sagte ich. »Er schließt sogar seine Mitbewohnerinnen ein.«

Ich weiß, wie Ola tickt. Auf gar keinen Fall wollte ich ihm die Gelegenheit bieten, sich als Unschuldslamm zu präsentieren.

Er öffnete den Mund, um etwas zu erwidern, doch Gun-Britt unterbrach ihn.

»Jetzt möchten wir alles über euch erfahren, Micke und Bianca. Wir sind sehr neugierig.«

Bianca sah sich nach ihrem Mann um. Micke lief gerade Bella nach, die hinter Gun-Britts Rosenbeet verschwunden war. Bianca versuchte, seine Aufmerksamkeit zu erregen, sah aber ein, dass er sie ihrem Schicksal überlassen hatte.

»Ich weiß gar nicht, ob wir so interessant sind«, sagte sie. »Wir kommen aus Stockholm, wie ihr schon wisst.«

»Hauptstadttiere«, bemerkte Åke und lachte laut.

»Und warum Köpinge?«, fragte Ola. »Wie habt ihr überhaupt hierhergefunden?«

»Wir haben mitten im Stadtzentrum gewohnt. Mit den Kindern hat sich das nicht mehr gut angefühlt. In Stockholm passiert so viel.«

»Jede Menge Mist«, sagte Åke unerschütterlich.

Ola rieb sich mit der Hand übers Kinn.

»Und dann seid ihr bis nach Schonen gezogen?«

»Wir haben Schonen schon immer gemocht.«

»Man kriegt hier mehr Haus fürs Geld«, bemerkte Åke.

»Genau. Micke hat Arbeit in der Schule bekommen, und

wir haben uns in das Haus verguckt. Und in die nette Wohngegend. Das ist alles ziemlich schnell gegangen.«

»Wirklich mutig«, fand Gun-Britt.

Ich konnte ihr nur zustimmen. Ich weiß ja, wie es ist, woanders hinzuziehen.

Ich weiß auch, dass meistens irgendwas dahintersteckt. Irgendwas, wovor man flieht.

»Und du bist also Maklerin?«, fragte Gun-Britt.

»Genau«, sagte Bianca. »Ich werde versuchen, mich jetzt in den schonischen Markt einzuarbeiten.«

»Es gibt hier in Köpinge ein Maklerbüro«, sagte Åke. »Die Weiber dort könnten ein bisschen Stockholmer Esprit gebrauchen.«

Biancas Lippen lächelten, aber in ihren Augen lag ein Unbehagen. Als sich unsere Blicke trafen, schüttelte ich rasch den Kopf, um zu signalisieren, dass ich sie verstand. Bianca kam mir nicht so vor, als würde sie sich damit begnügen, Nachlässe auf dem Land zu verkaufen.

Gun-Britt versetzte ihrem Mann einen kleinen Hieb in die Seite. Åke sah sie an und räusperte sich.

»Dann sollten wir jetzt einen Toast auf unsere neuen Nachbarn ausbringen«, sagte er und erhob wieder sein Glas. »Mikael und Bianca, William und ... Bella. Willkommen in der Krachmacherstraße!«

Bald hatten alle sich auf die Terrassenstühle gesetzt, und Åke legte Nackensteaks auf den Grill.

»Hier in Schonen sagen wir Schweinehals«, erklärte er.

Ich verzog mein Gesicht.

»Ich finde, Nackensteak klingt leckerer.«

Åke stimmte das bekannte Trinklied *Helan går* an, und wir anderen fielen zögernd ein. Schon bald wurde Gun-Britt albern und verschüttete Kaffee auf der Tischdecke. Ola schenkte Micke Whisky ein, und das Dessert war ein Traum aus Sahne, Schokolade und Eis.

In der Dämmerung schlief Bella auf Biancas Arm ein, und ich genoss es, Fabian dabei zuzusehen, wie er mit William auf dem Rasen spielte. Ihm hatte wirklich ein Spielkamerad hier in der Gegend gefehlt. William war zwar ein paar Jahre jünger, aber solange sie sich mochten und gut verstanden, war das zweitrangig. Allerdings hatte ich Fabian eingeschärft, dass Bella zu klein sei. Ich hätte ihn nicht mit ihr allein gelassen.

Während Micke und Ola über Darlehen und Zinsen diskutierten, füllte Åke ihre Gläser nach. Bianca und ich unterhielten uns über verschiedene Kindergärten und Schulen in Köpinge und ihren Ruf, ihre Vorzüge und Nachteile. Irgendwann schien Bianca mir nicht mehr zuzuhören, sondern spähte über meine Schulter hinweg in den Garten.

»Was ist?«, fragte ich.

Da stand sie auf und sah sich auf der Terrasse um.

»Wo steckt William? Habt ihr gesehen, wo er abgeblieben ist?«

Die Gespräche am Tisch verstummten.

»Ich dachte, ihr hättet ihn im Blick«, sagte Micke.

Bianca sah ihn wütend an.

»William!«, rief sie.

»Er ist bestimmt mit Fabian unterwegs«, sagte ich. »Kein Grund zur Sorge.«

Aber Bianca lief schon durch den Garten und suchte völlig planlos nach ihrem Sohn.

»Wir gehen rein und schauen nach«, schlug Gun-Britt vor und öffnete ihr die Terrassentür.

Ich sah Micke auf der gegenüberliegenden Tischseite an. »Sie sind bestimmt zu uns nach Hause gegangen. Ich gehe eben rüber und sehe nach.«

Als ich aufstand, schwankte die Welt für einen Moment. Hatte ich wirklich so viel getrunken?

»Dann komme ich mit«, meinte Ola.

Ich brachte es nicht fertig zu protestieren.

Die einsame Laterne auf dem Hof leuchtete, und der Himmel war mit Sternen gesprenkelt. Nichts war zu hören außer dem Klappern meiner Absätze auf dem Asphalt.

»Warte«, sagte Ola.

Erst an der Einfahrt holte er mich ein. Ich spürte seinen keuchenden Atem im Nacken, als ich vor der Haustür stand.

Er folgte mir in den Flur. Es war dunkel und eng. Mein Finger lag auf dem Lichtschalter, aber ich schaltete das Licht nicht ein. Ich schauderte, als ich seinen Duft wahrnahm, seine Wärme spürte, als er meine Schulter leicht berührte, Haut an Haut. Wir standen viel zu dicht beieinander. Sein Atem an meinen Lippen und die Hand, die vorsichtig meine Hüfte berührte.

»Hör auf«, sagte ich.

Aber es klang nicht so, als würde ich das auch so meinen.

Olas Hand an meinem Rücken. Er presste sich an mich.

»Komm schon.«

»Geh nach Hause«, sagte ich. »Du bist besoffen.«

Ola grinste.

Sein Kuss war hart und hungrig.

Auf einmal ging die Flurlampe an. Im gleißenden Licht vor uns standen Fabian und William.

10. MIKAEL

Nach dem Unfall
Freitag, den 13. Oktober 2017

Im Besucherraum der Intensivstation sind die Wände kahl. Es zieht vom Fenster her, und der Stuhl knarrt, als ich mich setze und im Infoheft blättere. Doch ich schaffe es nicht, darin zu lesen, es hätte ebenso gut auf Griechisch sein können.

»Wo ist meine Frau?«, frage ich.

Die junge Schwesternhelferin, die mich von der Notaufnahme über verwinkelte Flure und Treppen hierher begleitet hat, sieht mich mitleidig an.

»Sobald die Ärzte mehr sagen können, werden sie mit Ihnen sprechen.«

Mein Finger zittert, als ich auf dem Handy nach Siennas Nummer suche. Ich kenne sie kaum. Fünf Jahre und sechshundert Kilometer liegen zwischen Bianca und ihrer Schwester, und soweit ich weiß, haben sie sich nie wirklich nahegestanden.

Wann haben wir uns zuletzt gesehen? Es muss auf dem Begräbnis meines Schwiegervaters gewesen sein. Sienna mit einem neuen Mann, neuen Lippen und zwei Kindern im Teeniealter. Während der Trauerfeier weinte sie kaum. *Typisch Sienna*, sagte Bianca später.

»Hallo?«, sage ich, als es im Hörer knackt. »Ist da Sienna?«

»Micke? Ist was passiert?«

Warum sollte ich sonst anrufen?

»Bianca ist angefahren worden und vom Rad gefallen.«

Sienna verstummt.

»Ist sie verletzt?«, fragt sie dann.

»Ich weiß so gut wie nichts. Die Ärzte untersuchen sie gerade. Ich bin eben erst in die Klinik gekommen.«

»Was genau ist passiert?«

»Bianca wurde von einer Nachbarin angefahren. Sie war bewusstlos, als der Rettungswagen eintraf.«

Sienna saugt die Luft zwischen den Zähnen ein.

»Und die Kinder?«

»Die sind unverletzt. Bianca wollte nur eben mit dem Rad zum Supermarkt fahren.«

»Ich ... ich komme.«

Erst verstehe ich nicht, was sie meint.

»Ich nehme das nächste Flugzeug.«

»Willst du nicht erst mal abwarten, was die Ärzte sagen?«

Eine Weile herrscht Schweigen.

»Ich komme«, wiederholt sie dann.

Die Schwesternhelferin sieht in regelmäßigen Abständen nach mir. Sie fragt, wie es mir geht, ob sie etwas für mich tun kann. Ich sage, dass ich nur wissen will, was mit meiner Frau ist.

Nach einer Minute oder zehn oder hundert, die Zeit ist mir entglitten, summt das Telefon in meiner Hand, und eine neue Nachricht erscheint auf dem Display. Alles um mich herum wird unscharf.

Es tut mir leid!! Mir ist klar, dass das armselig klingt, aber ich

weiß nicht, was ich sonst schreiben soll. Bitte verzeih mir!! Ich ver-
stehe nicht, wie das passieren konnte. Sie ist ganz plötzlich vor mir
abgebogen. Ich wünschte, ich wäre an ihrer Stelle. Das werde ich
mir nie verzeihen. Wie konnte das nur passieren?

Ich lese die Nachricht noch einmal. Beginne, eine Antwort zu schreiben, aber lösche sie wieder. Schließlich stecke ich das Handy ein. Was gibt es da noch zu sagen?

»Jetzt ist der Arzt da«, informiert mich die Schwesternhelferin.

Der Arzt ist ein Mann in meinem Alter mit einer Boxernase, die er sich irgendwann gebrochen haben muss. Er sieht mir direkt in die Augen, als wir uns die Hände schütteln, und stellt sich als Dr. Arif vor.

»Ihre Frau hat leider eine Gehirnblutung. Es ist sehr ernst.«

Mir wird schwarz vor Augen. Die Worte hallen in meinem Kopf wider, und meine Füße fühlen sich taub an.

»Sie ist jetzt unterwegs zum OP«, sagt der Arzt.

Langsam verliere ich das Gefühl in den Beinen. Gleich werde ich zusammenbrechen.

»Wieso OP? Sie wird doch wieder gesund?«

Die sanften braunen Augen des Arztes weichen meinem Blick aus. Dr. Arif atmet tief ein, blinzelt ein paar Mal, und als er die Luft aus der Lunge bläst, scheint der ganze Boxerkörper zu schrumpfen.

»Es tut mir leid, aber in der momentanen Situation kann ich nicht viel mehr sagen. Wir werden versuchen, jetzt die Blutung zu stoppen.«

Er sieht an mir vorbei an die Wand.

Ich weiß nicht mehr, was anschließend passiert, aber ich glaube, die Schwesternhelferin nimmt meinen Arm, damit ich nicht rücklings umkippe.

Noch immer befinde ich mich mitten im Nebel, verwirrt und zitternd, als das Handy erneut vibriert. Gun-Britt ruft an.

Ich erzähle, dass Bianca operiert werden muss.

»Ach nein. Die liebe, nette Bianca.«

»Wie geht es den Kindern?«

»Sie stehen unter Schock. Machen sich Sorgen.«

Obwohl ich kaum ein Wort herausbringe, muss ich mit ihnen reden.

»Kannst du das Telefon auf Lautsprecher stellen?«

Am anderen Ende der Leitung höre ich Gun-Britts schweren Atem. Es klingt so, als würde sie eine Tür öffnen.

»Die Polizei hat Jacqueline laufen lassen«, sagt sie. »Die haben sie hier in der Küche kurz vernommen, dann durfte sie nach Hause gehen. Wenigstens das Auto haben sie beschlagnahmt.«

Ich sage nichts dazu, schaffe es einfach nicht.

»Das Wichtigste ist jetzt, dass Bianca wieder gesund wird.«

»Ja, natürlich.«

Es knistert, und die Akustik verändert sich, als sie die Lautsprechertaste drückt. Ich versuche, mich zu sammeln.

»Papa?«, sagt William.

»Mein Kleiner.«

Ein Kloß wächst in meinem Hals, und ich bemühe mich, die Tränen zurückzuhalten.

»Ist deine Schwester auch da?«

Bella antwortet selbst.

»Kommt ihr jetzt nach Hause? Hat der Doktor Mama wieder heil gemacht?«

»Bald«, flüstere ich durch meine enge Kehle. »Die müssen sie erst operieren. Dann darf Mama nach Hause kommen.«

»Dauert das lange?«, fragt Bella.

»Ich weiß es nicht.«

William wirkt nervös.

»Wo müssen sie sie denn operieren?«

»Im Kopf.«

Ich will nichts vor ihnen verbergen, aber wie viel Informationen können Kinder eigentlich aushalten?

»Der Arzt ist wirklich gut. Er wird Mama wieder gesund machen.«

»Versprochen?«, fragt Bella.

»Versprochen.«

Ich verspreche es ihnen hoch und heilig. Ich kann nichts anderes tun.

»Ich komme jetzt nach Hause«, sage ich dann.

Ich will keine Minute mehr ohne sie sein.

»Ich hab euch lieb.«

Gun-Britt stellt die Lautsprecherfunktion aus und schließt die Tür hinter sich.

»Das ist der reinste Albtraum, Micke.«

»Ich weiß. Es gibt ohnehin nichts, was ich hier tun kann. Ich fahre nach Hause zu den Kindern.«

»Åke und ich sind hier. Das weißt du.«

»Biancas Schwester kommt auch«, sage ich.

»Sienna? Ich habe gedacht, die beiden haben gar keinen Kontakt.«

Das hatte ich auch gedacht. Woher weiß Gun-Britt überhaupt, wie sie heißt?

»Du.« Sie senkt die Stimme.

»Ja?«

»Das ist alles deine Schuld. Das ist dir klar, oder?«

11. MIKAEL

Vor dem Unfall
Sommer 2015

An einem der letzten Sommertage wurde ich morgens von einer Stimme im Erdgeschoss geweckt.

»Hallo? Ist jemand zu Hause?«

Bianca lief die Treppe in Unterwäsche hinunter, während ich mich über das Geländer lehnte. Im Flur stand Fabian in verwaschenem T-Shirt und Bermudashorts, die kurz geschnittene Nicht-Frisur noch zerzauster als sonst.

»Was macht ihr?«, fragte er und sah zu mir hoch.

»Wir haben geschlafen«, erklärte Bianca.

»Noch immer? Darf ich reinkommen …?«

Als würde er nicht schon im Hausflur stehen.

Ich schnaufte genervt, während Bianca sich in ein Badehandtuch hüllte und an ihm vorbei in die Küche eilte.

»Wie viel Uhr ist es jetzt?«

»Keine Ahnung«, sagte Fabian.

»Wie bist du eigentlich ins Haus reingekommen?«, rief ich die Treppe hinunter.

Er wandte mir das Gesicht zu und lachte aus vollem Hals.

»Durch die Tür natürlich.«

»War die denn nicht abgeschlossen?«, fragte Bianca.

Beide sahen mich an.

»Ich weiß. Ich werde mich zusammenreißen.«

Seit wir nach Köpinge gezogen waren, hatte ich rasch die schlechte Angewohnheit angenommen, die Haustür nicht abzuschließen. In Stockholm wäre das undenkbar gewesen, aber hier war das etwas ganz anderes. Es schien so unnötig, die Tür zu- und wieder aufzuschließen.

»Es gab keine Klingel«, erklärte Fabian.

»Nein.« Ich seufzte.

Sie lag noch immer unausgepackt in einer der vielen Bananenkisten im Wohnzimmer. Ich bekam Migräne, wenn ich nur daran dachte.

»Darf ich hierbleiben?«, wollte Fabian wissen. »Ich kann euch beim Streichen helfen. Oder mit William spielen.«

Bianca sah flehend in meine Richtung.

Wir waren uns einig, dass Fabian zu alt war, um mit William zu spielen, aber keiner von uns brachte es übers Herz, etwas zu sagen.

»Du musst noch etwas warten«, sagte Bianca und sah auf ihr Handy. »Es ist erst Viertel nach acht.«

»Okay«, sagte Fabian. »Wann geht es denn?«

»Komm in ein paar Stunden zurück.«

»Ein paar Stunden?«, wiederholte er. »Geht das ein bisschen genauer?«

Bianca verkniff sich ein Seufzen.

»In *zwei* Stunden«, sagte sie. »Komm in zwei Stunden zurück.« Fabian kam zurück. Er kam immer zurück.

Ständig tauchte er in unserem Garten auf, an der Einfahrt, in der Garage, auf unserer Terrasse. Sobald man ihm den Rücken zukehrte, konnte man sicher sein, dass der Junge bald dastand wie Kai aus der Kiste und sich räusperte, um Gehör zu finden.

»Wie ein verdammtes Gespenst«, sagte ich zu Bianca. »Der taucht hier auf wie aus dem Nichts.«

»Dabei scheint er nicht mal Interesse daran zu haben, mit William zu spielen«, meinte Bianca.

»Nein, nein, der hat es auf *uns* abgesehen.«

Wir lachten, und es tropfte von meinem Farbroller auf den Boden.

»Verdammt! Überall Farbe!«

»Glaubst du, er hat irgendeine Störung?«, fragte Bianca.

»Bestimmt. Heutzutage kriegst du schneller eine Diagnose verpasst, als dass die Post einen Brief pünktlich zustellt.«

Sie lachte und spritzte mit ihrem Pinsel Farbe in meine Richtung.

»Sei nicht so negativ. Es ist doch wunderbar, wenn Menschen Hilfe bekommen. Und wenn man erfährt, warum es einem nicht so gut geht.«

»Natürlich. Aber es kann auch zu viel des Guten sein. Muss man denn auf jede Persönlichkeit ein Etikett kleben?«

»Vielleicht nicht«, entgegnete Bianca. »Aber was hat Fabian deiner Meinung nach? Asperger?«

»Keine Ahnung.«

»In manchen Themen ist er sehr belesen«, sagte Bianca. »Ich glaube, er ist auch ziemlich clever. Er spricht erwachsener als ein normaler Dreizehnjähriger.«

»Mangelnde Intelligenz ist sicher nicht das Problem«, erwiderte ich.

»Was ist dann mit ihm, was meinst du?«, beharrte Bianca. »Wenn du einen Tipp abgeben müsstest.«

Ich schwieg eine Weile.

»Wir haben viele Schüler mit IWSN«, sagte ich schließlich.

Bianca dachte nach.

»IWSN?«

Ich lächelte etwas verlegen.

»Irgendwas stimmt nicht.«

An diesem Montag begann meine neue Arbeit als Sportleh-rer an der Köpingeskolan. Der Morgen landete weich auf den Hausdächern, und die Sonne strahlte hinter einem dünnen Wolkenschleier, während ich am Fluss entlangfuhr.

Ich hatte schon mehrmals den Arbeitsplatz gewechselt, aber alle Schulen hatten im Stockholmer Stadtgebiet gelegen, und ich war nie sonderlich nervös gewesen. Diesmal hatte ich Magenschmerzen, als ich das Fahrrad abschloss und auf den Eingang zuging.

Alles war neu. Im Lauf des Sommers war ich bislang nur dem Direktor begegnet. Ein netter Mann um die fünfzig, der nicht nur den Lyriker Tomas Tranströmer mochte, sondern auch Tottenham Hotspur. Das gesamte Kollegium saß im Leh-rerzimmer und starrte mich an, als ich eintrat. Der Neuan-kömmling. Der Nullachter.

Eine Woche später kamen die Schüler aus den Ferien zu-rück. Höflich, wohlerzogen und insgesamt tolle Kinder, auch wenn ich manchmal Schwierigkeiten hatte, ihren Dialekt zu verstehen. Der Großteil von ihnen war auf Hochglanz polierte weiße Mittelklasse mit Pullovern von Gant und engen Jeans. Köpinge war aber auch die nächste Kreisstadt für alle, die vom Land kamen. In Crocs und Basecaps, die sie verkehrt herum trugen, wurden sie per Schulbus aus den umliegenden Dörfern wie Ålstorp und Hofterup herangekarrt und aus anderen Ortschaften, die so winzig waren, dass man im Handumdrehen an ihnen vorbeigefahren war.

Meine anfängliche Nervosität war bald wie weggeblasen. Mir gefiel die Köpingeskolan. Der Zusammenhalt war stark, obwohl ich das Gefühl nicht ganz loswurde, dass ich in einer geschlossenen Welt gelandet war, in der alle anderen alles übereinander zu wissen schienen. Die Lehrer hatten den kompletten Durchblick, was ihre Schüler betraf.

Der da wohnt dort.

Das da ist der Enkel von dem. Er spielt in derselben Fußballmannschaft wie der, und ich kenne seine Mutter noch aus meiner Kindheit.

»Das ist oft so in einer Kleinstadt«, sagte die Englischlehrerin Majros, als wir eines Tages mit einem Cappuccino aus dem Automaten in der Teeküche saßen.

Der Musiklehrer Roine mit dem Walrossbart erklärte, dass dies sogar eine Strategie des Direktors sei.

»Er stellt nur Bewerber ein, die in Köpinge wohnen.«

Deshalb also war es dem Direktor so wichtig gewesen, dass ich mich nicht etwa in Lund oder Malmö niederließ.

Für den Schulsport hatten wir eine große Turnhalle, einen Fußballplatz und ein Hockeyfeld zur Verfügung, außerdem ein Basketballfeld, Laufbahnen und eine Weitsprunggrube. Der Geräteraum war mit dem modernsten Equipment ausgestattet, und viele Schülerinnen und Schüler trieben in ihrer Freizeit Sport: Sie spielten Fußball, Handball und Golf, ritten und trainierten fürs Wettkampfschwimmen. Es war ein Unterschied wie Tag und Nacht, verglichen mit den Vorortschulen in Stockholm, wo ich früher gearbeitet hatte.

An einem Freitag im September machte ich am Ende der Stunde mit der neunten Klasse ein Jagdspiel, bei dem sich jeder ein Band in den Hosenbund steckte und versuchte, seinen Mitschülern das Band zu stibitzen.

Ich musste schon seit der Mittagspause pinkeln und hatte es mir verkniffen, aber jetzt ging es nicht mehr. Ich übergab die Verantwortung an zwei vernünftige Mädchen, die nicht mitmachen konnten, weil sie Schnupfen hatten.

»Es dauert maximal fünf Minuten.«

Da die Jungenumkleide am nächsten lag, bog ich rasch um die Ecke, mitten hinein in den Geruch von verschwitzten Unterhosen und pubertären Körperausdünstungen.

Ich hielt den Atem an, als ich die Tür aufzog.

»Was zum Teufel …?«

Da war jemand.

»Fabian!«

Er stand ganz hinten bei den Duschen und hatte die Hand tief in eine silberfarbene Jacke gesteckt, die an der Garderobe hing.

»Was machst du da?«

Fabian rührte sich nicht vom Fleck, als ich auf ihn zustürmte.

»Es ist nicht so, wie du denkst«, sagte er. »Ich … ich …«

Ohne nachzudenken, packte ich ihn am Arm, und als er die Hand aus der Tasche der glänzenden Markenjacke zog, fiel eine Schere heraus.

»Was hast du getan?«

Ich zog ein wenig an der Jacke und stellte fest, dass er sie zerschnitten hatte. Ein großer Riss mitten durch den teuren Stoff.

»Ich hab aber nicht angefangen«, sagte Fabian. »Ich räche mich nur.«

Ich war so schockiert, dass ich vergaß, wie dringend ich aufs Klo musste.

»Was meinst du damit? Hat jemand etwa *deine* Klamotten ruiniert?«

Ich betrachtete ihn von oben bis unten. Die BMW-Cap, die Hose mit den Hosenträgern und die abgerockten Schuhe, die früher einmal weiß gewesen waren.

»Sie haben jede Menge anderes Zeug gemacht«, sagte er.

»Zum Beispiel?«

Er sah mich abweisend an. Wenn sie ihm irgendetwas angetan hatten, würde er es auf keinen Fall preisgeben.

»Was auch immer passiert ist, es rechtfertigt nicht dein jetziges Verhalten, Fabian. Wenn jemand gemein zu dir ist, musst du zu uns Lehrern gehen oder zu deiner Mutter. Rache ist nie richtig. Dadurch gerät man nur in einen Teufelskreis.«

»Tut mir leid«, sagte er. »Ich bin so irre wütend geworden.«

»Wessen Jacke ist das?«, fragte ich und zog an dem zerschnittenen Silberstoff. »Du musst dich entschuldigen. Dann müssen wir deine Mutter anrufen. Ihr werdet sie ersetzen müssen.«

»Nein! Nicht meine Mutter anrufen. Ich kann die Jacke selbst bezahlen.«

Er hielt seine Hände flehend in die Höhe.

»Bitte, Micke. Meine Mutter muss wirklich nichts davon erfahren. Sie hat ohnehin so wenig Geld.«

Mir tat es in der Seele weh, ihn so zu sehen. Aber ich hatte keine andere Wahl. Oder doch?

Er hatte schließlich eine Jacke zerschnitten, verdammt noch mal!

»Ich gebe zu, dass ich es war, und entschuldige mich«, versprach Fabian. »Bis Montag organisiere ich das Geld. Wenn du bloß meine Mutter aus der Sache raushältst.«

Er tat mir wirklich leid, aber ich erzählte ihr trotzdem davon.

12. FABIAN

Vor dem Unfall
Herbst 2015

Menschen sind wie Rätselfragen, und Rätselfragen habe ich noch nie leiden können. Die Antworten sind immer ganz weit hergeholt und ziemlich albern. *Was läuft und läuft und kommt doch nicht zum Ziel?* Hahaha!

So was nervt mich.

Nie habe ich dieselben Dinge gemocht wie andere in meinem Alter. Während die anderen im Kindergarten Mama, Papa, Kind spielten, saß ich daneben und habe mich gefragt, ob ich wohl auf dem falschen Planeten gelandet war.

In der Grundschule haben die übrigen Jungs Fußball gespielt. Ich hasse Sport. So was Albernes. Während die Mädchen Seil gesprungen sind oder gebastelt haben, saß ich in meiner Ecke und habe gelesen.

Ich hasse den ESC und musical.ly. Das ganze Gequatsche und Gelaber in den sozialen Netzwerken. Ich lese lieber und lerne was. Keine ausgedachten Geschichten, mich interessiert die Realität.

Ich mag Autos und Computer. BMW und Counter Strike.

Für Gefühle und so bin ich nicht zu haben. Die Menschen

plappern zu viel. Ständig soll man reden und diskutieren und sich aussprechen. Was spricht denn gegen Stille und Einsamkeit?

Die meisten Leute glauben, ich bin blöd im Kopf. So bescheuert, dass ich nicht kapiere, dass ich anders bin. Eigentlich sind die anderen blöd im Kopf. Idioten, die behaupten, dass Vielfalt so wichtig sei und dass alle das Recht haben sollen, genau so zu sein, wie sie sind. Nichts als Gerede. Leere Worte.

Ich stehe eher auf Autos und Computer.

Und Tiere.

Wenn meine Mutter nicht solche Angst vor Hunden hätte und wenn wir reicher wären, dann hätte ich bestimmt einen. Entweder einen Boxer oder einen Labrador. Angeblich ist der Hund der beste Freund des Menschen. Treu und loyal.

Die schlimmste Bestrafung für einen Hund ist es, wenn man ihn vom Rudel ausschließt. Nicht, wenn man ihn ausschimpft, schlägt oder hungern lässt. Am allerschlimmsten ist es, wenn der Hund ausgeschlossen wird und nicht mitmachen darf.

Menschen sind in vielerlei Hinsicht auch Tiere. Wir bilden uns nur ein, dass wir etwas Besonderes sind.

Ich habe an verschiedenen Orten gewohnt, aber ich kann mich nicht an einen einzigen davon erinnern. Das macht nichts. Ich bin in Kalifornien geboren, in den USA, jenseits des Atlantiks. Eines Tages werde ich dorthin zurückkehren.

Köpinge ist ein Kuhdorf. Zehntausend Menschen in einem Rudel. Wie Ratten. Meine Mutter hat häufig an solchen Orten gewohnt. Sie sagt, dass es überall dasselbe ist.

Früher hatte ich wenigstens Bengt, aber jetzt ist Köpinge leer. Völlig sinnlos.

Nicht mal fünf Jahre bis zum Führerschein. Danach haue

ich sofort ab. Zurück nach Kalifornien, zur Autowerkstatt meines Vaters. Ich werde in der Garage arbeiten, und meine Mutter wird auf der Veranda vor der Fliegengittertür sitzen und Root Beer trinken.

Ich werde Köpinge nicht vermissen. Nein, ich werde keinen Gedanken an dieses Kaff verschwenden.

Erst dachte ich, es würde besser werden, als Micke und die anderen hierherzogen. Ich habe mir die hoffnungsvollen Ideen meiner Mutter angehört, obwohl ich genau wusste, was sie vorhatte.

Und natürlich machte Micke einen ganz guten Eindruck. Ich irre mich selten in solchen Dingen, normalerweise merke ich schnell, wenn jemand nicht ehrlich ist. Aber nach der Sache mit Rubens Silberjacke habe ich ihn durchschaut.

Meine Mutter saß weinend am Küchentisch, als ich nach Hause kam. Tausendzweihundert Kronen für eine Jacke. Sie würde sich Geld leihen müssen.

Wie konnte ich nur? Sie war so traurig. *Enttäuscht.*

Ich hasse es, sie so zu sehen.

Wenn Micke nur den Mund gehalten hätte! Ich hätte das Geld schon irgendwie rangeschafft.

»Warum muss so was immer wieder passieren, Fabian?«, fragte meine Mutter.

Ich wünschte, ich hätte eine Antwort darauf gewusst. Nichts hätte ich lieber gewollt, als ihr zu versprechen, dass es nie wieder passieren würde, aber ich gebe keine Versprechungen ab, wenn ich nicht zu hundert Prozent sicher bin, dass ich sie auch halten kann.

Später an diesem Freitag machte ich eine krasse Entdeckung. Ich hörte meine Mutter im Schlafzimmer. Die Tür war geschlossen, draußen vor dem Fenster war es schon dunkel. Ich hatte die ganze Zeit vor dem Rechner gesessen.

Erst begriff ich es nicht. Irgendetwas war anders. Ich schlich zur Tür und lauschte. Meine Mutter flüsterte und lachte. Telefonierte sie?

Die Geräusche verrieten ihn. Die dunkle, dumpfe Stimme, obwohl er flüsterte. Ein Mann kann nicht auf dieselbe Art flüstern wie eine Frau. Er lachte sogar anders.

Mir wurde innerlich ganz warm, und ich spürte, wie das Blut durch meinen Körper pulsierte.

Ich erkannte seine Stimme. Sie war in meinem Kopf gewesen, seit wir Kalifornien verlassen hatten. Ein Fötus kann die Stimmen seiner Eltern schon vor der Geburt identifizieren.

Er war hergekommen, um uns zu holen.

13. JACQUELINE

Vor dem Unfall
Herbst 2015

Was macht man, wenn man begreift, dass mit dem eigenen Kind irgendwas nicht stimmt?

Man verschließt die Augen. Hofft, dass alles in Ordnung ist, dass es nur Einbildung ist, eine Phase, die wieder vorübergeht. Man sagt sich, dass alle Menschen verschieden und einzigartig sind, dass es keine Vorgaben gibt, wie man sein muss.

Aber er ist mein Kind. Man will immer das Beste für sein Kind, und das Beste ist wohl in den meisten Fällen, so zu sein wie alle anderen, nicht zu sehr aus der Menge hervorzustechen, nicht sonderbar oder anders zu sein.

Wann habe ich es allmählich begriffen? Viel früher, als ich es mir eingestehen wollte. Schon als ich das Haus kaufte, wusste ich es. Als wir hierher nach Köpinge zogen.

Fabian war fünf Jahre alt, und ich wollte ihm möglichst gute Voraussetzungen bieten. Ich konnte mir keinen besseren Ort zum Aufwachsen vorstellen. Köpinge, wo sich alle grüßen, wo man mit dem Rad durch den Ort fahren kann, ohne eine einzige Straße zu überqueren, wo die Schulen in allen Bewertungen Spitzennoten bekommen und wo es in jeder noch so

81

kleinen Ecke sauber und ordentlich ist. Kein Ort gleicht einer Bullerbü-Welt mehr als Köpinge.

Der Makler beschrieb das Haus als »Familientraum«. Natürlich waren es ein paar Quadratmeter zu viel für Fabian und mich, aber zu diesem Zeitpunkt ging ich nicht davon aus, dass wir zehn Jahre lang nur zu zweit hier wohnen würden.

Als Bengt von der Leiter stürzte und sich das Genick brach, hatte ich das Gefühl, als sei zugleich auch ein Teil von Fabian gestorben. Er verstummte und zog sich mehrere Tage zurück. Er weinte nicht, weigerte sich aber, darüber zu sprechen. Als ich vorschlug, zu einem Psychologen zu gehen, schlug er so fest gegen den Türrahmen, dass die Knöchel bluteten.

Allmählich wurde es besser, aber nicht mehr so wie vorher. Fabian lächelte selten. Er saß am Rechner oder mit einem Buch da, und antwortete nur knapp, wenn ich ihn ansprach.

Es gibt nichts Schlimmeres, als mit ansehen zu müssen, wenn es dem eigenen Kind schlecht geht.

Erst zum Sommer hin, als Micke und Bianca einzogen, begannen sich die Dinge zu verändern.

Eines Freitags im September, nachdem ich in Lund im staatlichen Alkoholgeschäft gewesen war, drückte ich versehentlich ein bisschen zu fest aufs Gas. Ich hatte die Stereoanlage im Wagen voll aufgedreht und sah den schwarzen Volvo erst, nachdem er mich in einem wilden Manöver überholt und kurz vor mir abgebremst hatte. Was für ein Idiot! Ich wollte gerade hupen, als das Blaulicht anging.

Ich hielt am Straßenrand. Während sich der Polizist näherte, wühlte ich ein Kaugummi aus der Tasche und kurbelte das Seitenfenster herunter.

»Das war aber ein bisschen sehr schnell. Haben Sie es eilig, oder wie?«

Der Polizist beugte sich ins Auto.

»Sorry, Herr Wachtmeister.«

Er starrte in meinen Ausschnitt. Natürlich hätte ich wütend werden können, aber ich beschloss, stattdessen die Situation für meine Zwecke zu nutzen.

»Peter«, sagte er.

»Bitte?«

»Ich heiße Peter. Du musst mich nicht Wachtmeister nennen. Den Führerschein, bitte.«

Ich stellte meine Handtasche auf die Knie und beugte mich extra weit vor. Ließ mir viel Zeit bei der Suche nach dem Portemonnaie.

»Jacqueline Eva Selander«, las er von meinem Führerschein ab. Musterte mich so, wie Männer mich immer mustern.

»Jacqueline reicht«, sagte ich.

»Da drüben liegt eine Schule, *Jacqueline reicht*. Du solltest besser den Fuß vom Gas nehmen.«

Ich machte mich klein und klimperte mit den Wimpern.

»Tut mir leid … Peter.«

Er trat einen Schritt zurück. Uniformen haben schon ihren ganz eigenen Reiz. Außerdem schien Peter viele Stunden im Fitnessstudio verbracht zu haben.

»Also wirklich, ich habe mich bisher nie besonders schwerfüßig gefühlt.«

Das war ein Satz, den ich aus einem Film geklaut hatte, und sofort löste sich alles Strenge bei Peter in Wohlgefallen auf. Sein Gesicht erhellte sich, und er lächelte, als er mir den Führerschein zurückgab.

So viel Mann. Adern und Muskeln, die unter dem Hemd spielten.

»Ich glaube, ich muss mir deine Nummer notieren«, sagte er.

Noch ein Beweis, dass ich nicht an Wert verloren hatte. Ab und zu braucht man solche Bestätigungen.

Binnen vierundzwanzig Stunden hatte Peter mir eine SMS und Fotos geschickt. Und nach achtundvierzig Stunden waren wir miteinander im Bett gewesen.

14. JACQUELINE

Nach dem Unfall
Freitag, den 13. Oktober 2017

Als ich aus Biancas und Mickes Küche trete, kommt es mir so vor, als wäre die Temperatur um einige Grade gesunken. Auf dem Sofa sitzt Åke und liest die Teletext-Nachrichten. Gun-Britt hat die Kinder mit nach oben genommen. Die Stille ist voller verborgener Fallen.

Ich ziehe die Strickjacke enger um mich, als ich zu Fabian gehe, der in einem Sessel sitzt.

»Komm jetzt. Wir gehen nach Hause.«

Er sieht mich nicht einmal an. Ich wünschte, ich könnte ihn packen, ihn schütteln, ihn streicheln und umarmen. Das tun, wofür eine Mutter da ist.

Stattdessen sage ich: »Komm jetzt.«

Der Polizist in der Türöffnung starrt uns an. Åke ebenso.

»Verhaften Sie sie denn nicht?«, fragt Gun-Britt.

Sie steht mitten auf der Treppe und hat das Geländer so fest umklammert, dass es vibriert.

»Sie ist Alkoholikerin«, bringt sie hervor.

Gun-Britt hat ihre Verachtung noch nie vor mir verborgen, aber das hier überschreitet alle Grenzen.

85

»Du hast nur Unglück über uns gebracht, seit du hergezogen bist. Sieh doch nur, was du getan hast! Hast du das gewollt?«

Die Polizisten starren mich an. Ich muss schweigen, mich zusammenreißen. Was ich auch sage, man wird es gegen mich verwenden.

»Jetzt beruhige dich mal ein bisschen«, sagt Åke zu seiner Frau.

»Aber verstehst du nicht? Bianca wacht vielleicht nie wieder auf.«

Sie kleidet das schlimmste Grauen in Worte.

Ich habe versucht, es von mir fernzuhalten, aber jetzt bricht die Wirklichkeit über mich herein. Gun-Britt hat recht. Das alles ist meine Schuld.

»Es ist ein Schock für uns alle«, sagt Åke.

Aber Gun-Britt macht immer weiter.

»Stell dir doch mal vor, vielleicht hast du sie umgebracht! Wie konntest du nur?«

Halt die Fresse!, will ich schreien, aber es gelingt mir, mich zu beherrschen. Ich wende mich ab.

»Es war ein Unfall«, ist alles, was ich hervorbringe.

Doch Gun-Britt gibt nicht auf.

»Du bist ein einziger Unfall, Jacqueline.«

Sie weint hysterisch, und Åke eilt zu ihr und legt den Arm um sie.

»Ist ja gut, ist ja gut.«

Ich ertrinke gleich. Am liebsten würde ich nachgeben und mich in die Tiefe fallen lassen, bis alles vorbei ist. Ich packe Fabians Hand und ziehe ihn aus dem Sessel hoch. Er wehrt sich erst, als wir in den Flur gehen.

»Wir sind genauso verzweifelt wie ihr«, sage ich.

Gun-Britt befreit sich aus Åkes Armen und wendet sich gestikulierend an die Polizisten.

»Warum tun Sie nichts? Halten Sie sie auf!«

Der Polizist, der mich vernommen hat, versucht, sie zu beruhigen, und antwortet, dass ich einen Alkoholtest gemacht habe, der negativ ausgefallen ist.

»Ich bin seit dem 22. August nüchtern«, versichere ich.

Mein Versprechen an Fabian sitzt fest wie ein Spanngurt um meinen Kopf. Ich kann ihn nicht schon wieder verletzen.

15. JACQUELINE

Vor dem Unfall

Bestimmt geht es den meisten Mädchen so. Du bekommst zu hören, wie niedlich du aussiehst. Überall wird von dir erwartet, dass du hübsch und niedlich bist. Das sagen nicht nur die Eltern, sondern auch die Erzieherinnen im Kindergarten, die Lehrer, Schwimmtrainer, Verwandte, Bekannte und Nachbarn. Am Ende kennst du es nicht anders.

Und natürlich die Freundinnen. Wir haben damit unsere Freundschaften gehegt und gepflegt.

Wie hübsch du heute aussiehst.

Wow, deine Haare! Deine Nägel!

Ich LIEBE dein neues Oberteil.

Und die Jungs. Wir haben ihnen erlaubt, uns nach diesen Kriterien zu bewerten.

Echt verdammt sexy. Was für ein Arsch!

Was bist du hässlich! Jacqueline mit den Minititten.

Der Unterschied zwischen Glück und Verderben, zwischen Erfolg und Untergang. Na, kleines Mädchen, bist du hübsch oder hässlich?

Die Grenze ist hauchdünn. Ein einziges Wort, und alles ist anders.

Ich weiß, dass ich meinem Körper viel zu verdanken habe. Ich sollte mich nicht beschweren. Für mich war das Aussehen wichtiger als der beste Abschluss. Mein Lebenslauf bestand aus meinem Gewicht, meinen Maßen, dem gewölbten Hohlraum zwischen meinen Oberschenkeln. Alles, was ich erleben durfte, habe ich meinem Äußeren zu verdanken. Alle Menschen, denen ich begegnet bin, das Essen, das ich gegessen, und die Drinks, die ich getrunken habe. Die Abende, an denen ich getanzt und geliebt habe.

Ich war siebzehn, als ich Schweden verließ – mit einem Angebot, das ich nicht ablehnen konnte. Das sagten jedenfalls alle. Eine der besten Agenturen der Welt, hunderttausende von Kronen, um in Outfits fotografiert zu werden, von denen ich bis dahin nur hatte träumen können, mein Gesicht auf Plakatwänden, in Magazinen und im Fernsehen. Mehrere Jahre beschritt ich die Laufstege in New York und Los Angeles.

Ich machte Karriere, aber noch ehe ich dreißig war, hatte ich keine Aufträge mehr. Ich saß allein mit einem Baby in einem Hotelzimmer in Manhattan und hatte Heimweh.

Eigentlich habe ich immer Heimweh gehabt.

»Was können Sie?«, fragte die Mitarbeiterin der Arbeitsvermittlung in Tidaholm, die mich in die Datenbank eintrug.

Es wollte mir nicht in den Kopf, wie diese Frau, die so durchschnittlich war mit ihrer fettigen Haut und dem strähnigen Haar, so glücklich lächeln konnte.

»Keine Ahnung«, sagte ich düster. »Ich kann nichts.«

Die Lippen schürzen, auf den Zehenspitzen stehen und mit dem Blick die Kamera vögeln. Das waren meine Talente.

»Das glaube ich nicht«, sagte die Arbeitsvermittlerin, die offenbar nicht aus Tidaholm kam.

In meinen Armen schrie Fabian wie ein wildes Tier.

»Ist der süß«, sagte die Frau.

Wenn ihre Nase nicht ohnehin schon schief gewesen wäre, hätte ich ihr eine rechte Gerade verpasst.

Drei Wochen später zogen Fabian und ich nach Jönköping. Ein weiterer Sermon von meiner Mutter zum Thema, was für eine schlechte Mama ich sei, hatte das Fass zum Überlaufen gebracht. Ich bat sie und meinen Vater, zur Hölle zu fahren, und zog in ein Einzimmerapartment mit Kochnische bei einem jungen Betonbauer, mit dem ich auf Spray Date gechattet hatte.

Eigentlich hatte ich eine Entscheidung getroffen und mir selbst ein Versprechen abgenommen, als ich die USA verließ. Ich würde nicht noch mehr beschissene Beziehungen führen, würde mich nicht mehr kopfüber in schäbige Bettgeschichten stürzen. Damit hatte ich abgeschlossen. Wenn ich mich jemals wieder mit einem Vertreter des männlichen Geschlechts abgeben würde, dann wäre es entweder eine schnelle Bettgeschichte, am besten anonym. Oder aber ich würde es langsam angehen lassen. Vor meinem inneren Auge sah ich eine warmherzige und tiefschürfende Freundschaft zu einem Seelenverwandten, mit dem man alt werden konnte und der Fabian und mich gleichermaßen verstand.

Der Betonbauer war untenrum gut ausgestattet, aber in der Hirnregion unterentwickelt. Als ich im Kühlschrank neben der Säuglingsnahrung Anabolikaspritzen entdeckte, begann ich mich nach etwas Besserem umzuschauen.

Diesmal sollte es in der Wohnung am besten kein einziges Y-Chromosom geben, mal abgesehen von dem, womit der kleine Fabian gestraft worden war.

Mein Leben ist selten so gelaufen, wie ich es mir vorgestellt habe. Doch ich nehme an, das geht den meisten so.

16. MIKAEL

Vor dem Unfall
Herbst 2015

Bald hatte der Herbst Schonen in den Würgegriff genommen. Unwetterwarnungen im Radio, Stürme, die das Haus zum Knacken und die Dachziegel zum Fliegen brachten. Der Rasen verwandelte sich in ein braunes Meer aus vertrocknetem Laub.

Die Tage wurden von Woche zu Woche kürzer. Strömender Regen. Es war dunkel, wenn man morgens ging, und dunkel, wenn man abends nach Hause kam.

Wir brachten die Kinder früh ins Bett, ich zündete Kerzen an und machte eine Flasche Wein auf.

»Du weißt, was ich darüber denke«, sagte Bianca und deutete mit dem Kopf auf die flackernden Kerzen.

Ihre Katastrophengedanken hatten niemals Feierabend.

»Ich verspreche, sie auszupusten, bevor wir einschlafen«, sagte ich und krabbelte auf dem Sofa näher zu ihr.

»Wann streichen wir den Rest?«, fragte Bianca.

Nur noch unser Schlafzimmer fehlte.

»Am Wochenende«, schlug ich vor.

Der bloße Gedanke widerstrebte mir. Die Arbeit in der Schule forderte meine gesamte Energie. Bei den meisten Schülern klappte es mit dem Sportunterricht wie von selbst, aber in jeder Klasse gab es ein paar Herausforderungen. Jugendliche, die aus irgendwelchen Gründen eine negative Einstellung zu diesem Schulfach oder zu Bewegung und Gesundheit im Allgemeinen hatten. Diejenigen, die ständig ihre Sportsachen vergaßen, jede Woche Regelschmerzen hatten oder während des Lauftrainings hinter einem Hügel saßen und rauchten. Die wollte ich erreichen. Inspirieren. Bekehren. Wenn es mir gelang, dass es einem einzigen Schüler besser ging, dann hatten sich die ganze Arbeit und die ganze Grübelei gelohnt.

»Du musst nicht die Welt retten«, hatte Bianca immer wieder gesagt, als ich noch in Stockholm gearbeitet hatte. Aber darum ging es mir gar nicht. Ich konnte nur nicht mit ansehen, wie es einem jungen Menschen schlecht ging, ohne etwas dagegen zu unternehmen. Es war meine verdammte Pflicht. Das war der eigentliche Grund, warum ich Lehrer geworden war.

»Ich liebe dich«, sagte Bianca, als wir auf dem Sofa saßen.

Sie konnte den Blick nicht von den Kerzen abwenden. Schließlich pustete ich sie aus.

»Ich habe ein Vorstellungsgespräch«, verkündete sie.

»Wie? Das sind ja großartige Neuigkeiten! Wie schön, Liebling!«

»Ist nicht gerade meine Traumfirma, aber ganz okay. Bezahlung rein auf Provisionsbasis, aber ich darf zumindest eine gut etablierte Gegend in Lund übernehmen.«

Perfekt. Alle Makler arbeiten auf Provisionsbasis, und sie konnte natürlich nicht damit rechnen, sofort eine Führungsposition zu bekommen, wenn sie den Markt in Schonen kaum kannte.

»Eigentlich wäre ich am liebsten noch ein bisschen mit den

Kindern zu Hause geblieben. Jetzt, da alles noch so neu ist. Ich werde die ganze Zeit mit Bauchschmerzen herumlaufen.«

»Der Kindergarten hier soll sehr gut sein«, beruhigte ich sie.

»Das ist er sicher auch. Aber du weißt doch, dass es damit nichts zu tun hat.«

»Du wirst es mit Bravour schaffen, Liebling.«

Als sie nach der Elternzeit mit William wieder angefangen hatte zu arbeiten, war das Chaos ausgebrochen. William und ich hatten keine ruhige Minute. Bianca rief ständig an, fuhr zwischen Meetings und Besichtigungsterminen nach Hause, bis ich wahnsinnig wurde und mich als Elternteil infrage gestellt fühlte. Bianca hatte einen Zusammenbruch, doch nach einigen Wochen hatten sich die schlimmsten Ängste gelegt. Bis die Eingewöhnung in der Krippe anstand. Sie hielt es kaum aus, ihn allein zu lassen, blieb vor dem Gebäude stehen und spähte durch die Fenster hinein. Legte all ihre Besichtigungstermine aufs Wochenende, um William unter der Woche früh abholen zu können. Und bald begann sie von einem Geschwisterchen zu sprechen.

Ich betrachtete Bianca dort auf dem Sofa und wurde von Zärtlichkeit ergriffen.

»Ich weiß, dass es schwierig für dich ist, aber wir schaffen es zusammen«, sagte ich.

Sie warf ihren blonde Mähne nach hinten und zog ihr Zopfgummi heraus, worauf die Haare aufs Sofakissen fielen.

»Ich habe es satt, immer nur zu Hause zu sein. Es wäre nett, jemanden hier aus der Gegend kennenzulernen.«

»Du hast doch … wie heißt sie noch … Lisa?«

Lisa war eine gute Freundin, die Bianca von der Maklerausbildung kannte und die bereits vor einem Jahr hergezogen war.

»Die wohnt doch in Malmö. Ich meine hier in Köpinge. Im Sommer war wenigstens draußen was los. Jetzt ist es die reinste Geisterstadt.«

Da hatte sie recht. Sobald der Herbst in Schonen Einzug gehalten hatte, waren alle Innenhöfe und Straßen leer, die Fernsehgeräte leuchteten hinter heruntergelassenen Jalousien, und die Leute eilten zwischen Auto und Haus hin und her, während sie Einkaufstüten, Aktentaschen und heulende Kinder auf dem Arm trugen. Wenn es hochkam, winkte man sich mal über die Schulter hinweg zu oder nickte grüßend durchs Küchenfenster. Die Wochen bestanden nur aus Arbeit, die Wochenenden waren mit Aktivitäten gespickt. Es mussten im Fitnessstudio und in der Schwimmschule trainiert und Familienfeiern veranstaltet werden.

»Ich glaube, das wird super«, sagte ich. »Du findest sicher jede Menge Freunde in der neuen Firma.«

Sie hielt ihre gedrückten Daumen hoch.

»Ich habe den Job ja noch nicht.«

»Als ob sie dich ablehnen würden.« Ich küsste sie.

»Danke für deine Unterstützung, mein Herz. Du bist so lieb.«

Zwei Tage später hatte sie den Arbeitsvertrag unterschrieben. Es war eine kleine selbstständige Maklerfirma, von der keiner von uns je etwas gehört hatte, mit Sitz in einem heruntergekommenen Büro außerhalb von Lund. Bianca war nicht ganz so überzeugt, aber ich bemühte mich, sie zu ermutigen. Es würde sicher alles gut werden. Köpinge würde der Neuanfang werden, den wir geplant und auf den wir gehofft hatten. Es würde nicht über Nacht geschehen, aber auf längere Sicht.

17. MIKAEL

Vor dem Unfall
Herbst 2015

An einem Freitagabend beschloss ich, wieder mit dem Laufen anzufangen. Ich bekam die Lauftights kaum über den Hintern und verwendete mindestens eine halbe Stunde darauf, mich mit Stirnlampe, Pulsuhr und einer atmungsaktiven Mütze auszurüsten. Als alles an seinem Platz war, trommelte der Regen hartnäckig ans Wohnzimmerfenster.

»Ich will jetzt raus, verdammt«, sagte ich. »Selbst wenn nur Kleiderschwimmen draus wird.«

Bianca saß auf dem Sofa und lachte.

»Du kannst dir immer noch eine Jahreskarte fürs Fitnessstudio kaufen.«

»Nein, kann ich nicht. Das Zeug hier hat schon den kompletten Gesundheitszuschuss meines Arbeitgebers aufgefressen.«

Mit einer ausladenden Bewegung deutete ich auf die Ausrüstung, die unverzichtbar schien, als ich sie gekauft hatte.

»Es ist noch niemand an ein bisschen Regen gestorben«, erklärte ich und klopfte mir mit den Händen auf die Oberschenkel.

»Das ist aber nicht *ein bisschen Regen*. Das sind die Niagara-fälle.«

Ich öffnete die Haustür und machte einen zögerlichen Schritt nach draußen. Das Wasser strömte nur so vom Himmel, aber ich würde jetzt keinen Rückzieher machen. Also ging ich zwei weitere Schritte nach draußen und wäre beinahe mit jemandem zusammengestoßen.

»Tut mir leid.« Fabian stand am Fuß der Treppe und blinzelte angesichts der Wassermassen. Er hatte die Hände in die Hosentaschen und die Basecap in die Stirn geschoben.

»Warum stehst du hier?«, rief ich durch den Wolkenbruch.

Fabian spielte mit seinen Händen.

»Ich habe geklingelt. Ich habe es genauso gemacht, wie ihr gesagt habt, und habe geklingelt.«

Probehalber drückte ich auf den Klingelknopf. Nichts geschah.

Dabei hatte es mich einen halben Tag gekostet, die bescheuerte Türglocke anzubringen.

»Da stimmt irgendwas nicht«, stellte ich fest, nachdem ich wieder und wieder auf die Klingel gedrückt hatte.

»Wo willst du hin?«, fragte er und musterte mich unverhohlen. Dann hielt er sein Gesicht in den Regenguss.

»Laufen gehen«, sagte ich.

»Warum?«

Das war eine durchaus berechtigte Frage. Ich hatte keine Antwort parat.

»Ist Bianca zu Hause? Und William und Bella?«, fragte er. »Darf ich reinkommen?«

»Nicht jetzt«, sagte ich. »Es ist zu spät.«

»Amen.«

Er schob die Unterlippe vor und war eingeschnappt.

»Warum bist *du* bei diesem Wetter unterwegs?«, wollte ich wissen.

»Ich halte es zu Hause nicht aus. Meine Mutter ist so anstrengend.«

»Komm«, sagte ich und öffnete das Gartentor. »Ich bringe dich nach Hause.«

Wir hüpften nebeneinander über die Wasserpfützen auf dem Hof. Meine Kondition war in einem schlechteren Zustand, als ich geglaubt hatte. Der Puls war bald dreistellig, und es fiel mir schwer, mit Fabian Schritt zu halten.

Als wir vor der Nummer fünfzehn standen, war die Haustür abgeschlossen. Fabian klopfte eifrig, und die Tür wurde bald geöffnet, aber nicht von Jacqueline. Ein Mann stand vor mir. Groß und breitschultrig.

»Was machst du eigentlich, verdammt?«, sagte er zu Fabian, der den Kopf einzog und sich an ihm vorbei ins warme Haus verdrückte.

»Hallo. Ich wohne in der Nummer dreizehn dort drüben«, erklärte ich.

Er glotzte mich an, als wäre ich aus dem nächstgelegenen Irrenhaus ausgebrochen.

»Warum rennt ihr bei diesem verfluchten Unwetter draußen herum?«

»Fabian hat bei uns geklingelt«, antwortete ich. »Die Klingel hat allerdings nicht funktioniert.«

Der große Mann blinzelte in den Regen hinaus.

»Ich mach jetzt die Tür zu«, sagte er dann. »Es wird hier sonst klitschnass.«

Verblüfft blieb ich stehen, bis auf die Haut durchnässt und

mit einer sauteuren Laufmütze, die atmungsaktiv hätte sein sollen, in Wirklichkeit aber eher spannte und drückte.

Ich schaffte es halbwegs zur Fußgängerunterführung, am Spielplatz und der Gemeindewiese vorbei, bis ich mir den Oberschenkelmuskel zerrte und wieder zurückhumpeln musste.

Ich stapfte ins Haus. Verletzt und durchnässt. Das Sinnbild eines missglückten Freizeitsportlers.

Im Wohnzimmer war der Fernseher an.

»Hallo, Schatz!«, rief ich.

Keine Antwort.

Ich ging in den Hauswirtschaftsraum, pellte mich aus den Tights und dem Laufpulli und zog mir eine trockene Jogginghose an. Als ich in den Flur trat, hörte ich eine unbekannte Stimme.

»Hallo?«, sagte ich erneut. »Liebling?«

Ich schaute ins Wohnzimmer, wo Bianca auf dem Sofa saß und lachte.

»Hallo«, sagte ich zum dritten Mal.

Sie zuckte zusammen und richtete sich auf.

»Hallo, mein Herz! Bist du nass geworden?«

Auf dem Sessel gegenüber saß Ola, der Nachbar aus der Nummer vierzehn. Er hatte die Beine überkreuzt und die Brille abgesetzt.

»Es ist etwas Schreckliches passiert«, sagte Bianca.

Ihr Gelächter war verstummt und wurde durch schweres Kopfnicken ersetzt.

»Ola ist überfallen und ausgeraubt worden.«

»Wie? In der Bank?«

»Nein«, antwortete Ola. »Vor der Gerdahallen in Lund.«

»Heute?«

»Gestern Abend.«

»Er ist beim Training gewesen«, erzählte Bianca. »Da haben ihn zwei Typen überfallen.«

Ola nickte. »Komplett unmaskiert. Sie haben meine Geldbörse und mein Handy mitgenommen.«

»Waren sie bewaffnet?«, fragte ich.

»Soweit ich gesehen habe, nicht. Aber sie hätten ja sonst was dabeihaben können. Messer, Pistolen. Ich habe ihnen die Sachen gegeben, ohne mich zu wehren.«

»Das tut mir leid. Nicht zu fassen, was heutzutage alles passieren kann.«

Ich klopfte ihm auf die Schulter und konnte mir gut vorstellen, wie schlimm so etwas war. In Stockholm hatte ich einen Schüler gehabt, der von ein paar älteren Jungs gefilzt und gedemütigt worden war. Der Arme konnte mehrere Monate nicht in die Schule gehen.

»Der Arzt hat mich krankgeschrieben«, berichtete Ola. »Ich habe ein Rezept für ein Beruhigungsmittel bekommen.«

Den letzten Satz murmelte er nur, als fiele es ihm schwer, so etwas zuzugeben.

»Ich bin bei Einbruch der Dunkelheit ein bisschen ängstlich geworden«, räumte er ein. »Da hab ich mir gedacht, ich gehe mal rüber und rede ein bisschen mit euch.«

»Wozu hat man sonst Nachbarn?«, entgegnete Bianca.

Ola lächelte. Gut, dass er nicht wusste, was sie eigentlich über ihn dachte.

»Ich werde jetzt unter die heiße Dusche steigen«, kündigte ich an.

»Und ich gehe nach Hause«, sagte Ola und erhob sich. »Ich fühle mich schon viel besser. Danke für die nette Gesellschaft.«

Bianca berührte ganz sacht seinen Arm.

»Hoffe, du kannst heute Nacht schlafen.«

Ich ging mit in den Hausflur. Ola stieg in seine Schnürstiefel und zog Mantel und Mütze an.

»Pass auf dich auf«, sagte ich.

Er nickte dankbar, und Bianca drückte ihn.

»Er tut mir so leid«, sagte sie, als er gegangen war. »Er kommt mir ziemlich einsam vor.«

Es wäre mir lieber gewesen, wenn sich jemand anders seiner erbarmt hätte, aber es wäre wohl zynisch gewesen, das laut zu sagen. Nachdem ich mich im Badezimmer ausgezogen hatte, ging ich zu Bianca, mit nur einem Frottierhandtuch um die Hüften.

»Willst du mit mir duschen?«

Sie lächelte und schob die Hand unter mein Duschhandtuch. Küsste mich aufreizend.

»Komm schon.«

Wir quetschten uns gemeinsam in die Dusche. Das heiße Wasser strömte und rieselte auf uns herab.

»Weißt du, was? Drüben bei Jacqueline war ein Mann zu Besuch«, sagte ich. »Als ich Fabian heimgebracht habe, hat uns ein Mann die Tür geöffnet.«

»Ja und?«, entgegnete Bianca. »Dachtest du, Jacqueline wäre eine Nonne, oder wie?«

»Nein, aber …«

Ich wusste selbst nicht, was los war. Aber dieser Mann hatte so ein schroffes Auftreten gehabt.

»Wusstest du, dass Ola eine Zeit lang ziemlich viel mit Jacqueline zusammen war?«, erwiderte Bianca.

»Was meinst du mit *zusammen* war?«

Ich konnte sie mir wirklich nicht als Paar vorstellen.

»Ja, was glaubst du?«, meinte sie lächelnd. »Ola sagt, es hätte was Ernsthaftes zwischen ihnen werden können, wenn nicht Fabian gewesen wäre.«

»Wie?«

»Ola kann ihn nicht ab.«

Das klang wie eine schlechte Ausrede. Jacqueline hatte wohl einfach kein Interesse an jemandem wie Ola.

»Offenbar war Fabian gemein zu Olas Katzen«, sagte Bianca. »Er hat sie getreten und am Schwanz gezogen. Die Katzen sind für Ola wie Kinder.«

Ich lachte, bis ich Wasser in den Mund bekam und husten musste.

»Ein erwachsener Mann mit Katzenkindern.«

Bianca kniff mich in die Seite, und ich rutschte aus, erwischte ihre Schultern und fand das Gleichgewicht wieder. Ihre Nasenspitze kitzelte an meinem Kinn.

»Hoffentlich kommt Ola nicht ständig hierher«, sagte ich.

»Mach dir keine Gedanken«, meinte Bianca. »Er macht einen netten Eindruck. Und es war wirklich schön, ein bisschen Gesellschaft zu haben.«

»Auch wenn es ein *Nachbar* ist?«

Sie verzog den Mund zu einem Lächeln.

»Im Grunde genommen will ich das nicht. Aber ich habe den Eindruck, Ola ist ganz in Ordnung.«

»Wer bist du eigentlich?«, fragte ich. »Und wo ist meine Frau abgeblieben?«

18. MIKAEL

Nach dem Unfall
Freitag, den 13. Oktober 2017

In rasendem Tempo fahre ich über die E 6 von der Klinik nach Hause. Direkt vor dem Kreisverkehr, der nach Köpinge führt, vollführe ich ein lebensgefährliches Überholmanöver. Als ich das Auto auf dem Parkplatz abstelle, kommt Ola auf den Innenhof.

»Wie geht es ihr?«

Ich schließe den Volvo ab, ohne Ola anzusehen. Dann eile ich zum Gartentor.

»Hallo!«, ruft er. »Ich will wissen, wie es ihr geht.«

Ich mache das Gartentor hinter mir zu, doch Ola folgt mir und späht durch einen Spalt zwischen den Brettern hindurch.

»Sie wird gerade operiert«, sage ich. »Mehr wissen wir auch nicht.«

Ola reißt die Augen auf.

»Das klingt ja wirklich ernst.«

Ich drehe mich um und gehe. Ich will von ihm nichts wissen.

Sobald ich ins Haus komme, stürzen sich die Kinder auf mich, und bald liegen wir zusammen auf dem Sofa und weinen.

»Wann dürfen wir Mama sehen?«

»Hat sie dann eine Narbe am Kopf? Werden sie ihr die Haare abrasieren?«

Bella und William feuern eine Frage nach der anderen ab, und ich versuche, sie zu beruhigen, obwohl ich keine richtige Antwort parat habe.

»Ihr könnt jetzt ruhig nach Hause gehen«, sage ich zu Gun-Britt und Åke. »Vielen Dank für eure Hilfe.«

»Wir bleiben gern, wenn wir gebraucht werden«, entgegnet Gun-Britt.

Sie werden nicht gebraucht. Ich will mir nicht ihre bizarren Anschuldigungen anhören. Ich muss mich um meine Kinder kümmern. Ihre Mutter liegt auf dem Operationstisch, und die Zukunft liegt im Nebel.

»Biancas Schwester ist auf dem Weg hierher«, sage ich. »Wir fahren zum Krankenhaus zurück, sobald wir etwas zu Abend gegessen haben.«

»Wie lange wird die Operation dauern?«, fragt Åke.

»Steht noch nicht fest. Bestimmt mehrere Stunden. Dann dauert es noch, bis sie aufwacht.«

Ich frage die Kinder, ob sie sich an ihre Tante Sienna erinnern.

William schüttelt den Kopf.

»Komischer Name«, meint Bella. »Hat sie Kinder?«

»Sie sind schon groß. Mindestens fünfzehn.«

»Wie Fabian«, sagt Bella.

Ja doch. Aber trotzdem nicht ganz so wie Fabian. Aber das sage ich natürlich nicht laut.

»Ich glaube, ich kann mich doch an sie erinnern«, sagt William. »Warum kommt sie her?«

»Weil sie Mamas Schwester ist. Sie macht sich Sorgen um Mama.«

»Ich auch«, sagt Bella.

Ich umarme sie.

»Das tun wir alle, mein Herz.«

Ich gehe in den Flur, wo Gun-Britt sich gerade ihren Mantel anzieht.

»Wie konntest du nur zulassen, dass so was passiert?«, fragt sie.

Åke tritt hinaus auf die Vortreppe und lässt den kühlen Wind zur Tür herein.

»Hör auf«, sage ich.

Eigentlich müsste ich mich nicht dazu herablassen, mit ihr zu reden, aber es juckt mich in den Fingern, und ich balle die Hände zu Fäusten.

»Bianca wusste mehr, als du denkst«, sagt Gun-Britt. »Man hat ja beinahe das Gefühl, als hätte sie geahnt, dass etwas passieren würde. Im Sommer hat sie gesagt ...«

»Sei still jetzt!«

Ich werde nicht darüber reden. Bianca macht sich immer Sorgen. Sie ist neurotisch, seit ich sie kenne. Das hat nichts mit Jacqueline zu tun.

»Es war ein Unfall«, sage ich mit gedämpfter Stimme.

Gun-Britt schließt den obersten Knopf ihres Mantels. Sie tritt auf mich zu und sieht mir in die Augen.

»Glaubst du das wirklich?«

19. FABIAN

Vor dem Unfall
Herbst 2015

Es war gar nicht mein Vater, der sich an diesem Abend im Schlafzimmer meiner Mutter versteckt hat. Manchmal denke ich zu viel an ihn, und meine Sehnsucht wird so stark, dass ich mir Dinge einbilde. Dann glaube ich, dass ich ihn sehe, seine Stimme erkenne. Einmal bin ich bei IKEA auf einen Mann zugestürmt und war felsenfest davon überzeugt, dass es mein Vater war. Als er sich umdrehte und ein wildfremdes Gesicht auf mich herabblickte, war ich so enttäuscht, dass ich geschrien habe, bis die Security gekommen ist.

Peter sieht aus wie viele andere Männer, die meine Mutter im Schlafzimmer versteckt hat. Große Muskeln und etwas Gefährliches im Blick. Als würden sie nicht begreifen, dass das Leben einfacher wäre, wenn sie etwas netter aussehen würden.

Sie versteckt sie nur eine Woche oder so. Immer dasselbe. Sie sagt, sie will nicht, dass es zu schnell geht. Aber dann nehmen ihre Gefühle überhand. *Diesmal wird es anders.* Das fühlt sie im ganzen Körper.

Sie sollte mehr denken und weniger fühlen.

Man wird leicht zum Opfer, wenn man seine Gefühle nicht beherrscht.

Ich weiß nicht, was ich von Peter halten soll. Vermutlich ist er kein bisschen besser als die anderen.

Im Windfang unseres Hauses hängen jetzt zwei gelbe Sterne von der Decke, und man muss sich ducken. Peter hat sie dort aufgehängt.

»Weil ihr die Sterne in meinem Leben seid.«

Er will sich bestimmt einschleimen, aber meine Mutter ist wie verzaubert und findet alles, was er macht, *so romantisch*.

Peter arbeitet als Polizist, und ich darf seine Pistole anfassen. Sie ist schwerer, als man denkt.

»Hast du schon mal auf jemanden geschossen?«, frage ich.

»Nur ins Bein.«

»Was hatte er getan?«

»Er hat ein Kind mit einem Messer bedroht.«

Peter sieht mich todernst an.

»Später habe ich erfahren, dass er psychisch krank war.«

Ich wiege die Waffe in der Hand.

»Könntest du jemanden töten?«

»Wenn ich müsste«, sagt Peter. »Man kann in Situationen geraten, in denen man keine andere Wahl hat.«

Ich glaube nicht, dass er zögern würde. Und ich habe eine gute Menschenkenntnis. Ich frage mich, ob meine Mutter dieselben Dinge sieht wie ich.

Sie mag es jedenfalls nicht, wenn er in Uniform herkommt und seine Waffe dabeihat. Die Nachbarn könnten denken, sie sei kriminell.

Darüber lacht Peter nur.

»Mein Stern«, sagt er und küsst sie auf den Hals.

Dann stelle ich mir vor, dass er mein Vater ist. Ich ersetze das grobe Gesicht und den harten Blick durch die runden Wangen und das breite Lächeln meines Vaters. Er hat Öl an den Fingern, einen Inbusschlüssel in der Hand und Flecken an den Knien. Mein Vater verbringt die Hälfte seines Lebens unter einem aufgebockten Auto oder mit dem Kopf unter der Motorhaube eines Chevys oder Studebakers.

Ich bewahre zwei Fotos von ihm in einem verschlossenen Kästchen in meinem Zimmer auf.

»Dein Vater liebt Cabrios«, sagt meine Mutter eines Abends, als sie kommt, um Gute Nacht zu sagen.

Wir sitzen auf der Bettkante und schauen uns die Fotos an.

»Sogar als es regnete, mussten wir mit offenem Verdeck fahren.«

Ich kann es vor mir sehen. Das Haar meiner Mutter, das im Wind flattert, sie umfasst die Hand meines Vaters auf dem Schaltknüppel. Highway One in prallem kalifornischem Sonnenschein.

»Warum konnte er nicht mit nach Schweden kommen?«, frage ich.

Meine Mutter wird immer traurig, wenn ich zu viel darüber spreche.

»Er hatte seine Werkstatt. Außerdem war seine Mutter so alt.«

Er ist geblieben, weil er sich um meine Großmutter kümmern wollte. Meine Mutter sagt, ich hätte meine Musikalität von ihr geerbt.

»Sie saß meistens in einem Schaukelstuhl auf der Veranda und hat Mundharmonika gespielt und Countrysongs gesungen.«

Ich mag auch Country. Und deutschen Synthiepop.

Peter mag nur Hardrock. Wenn er abends herkommt, dreht er die Musik voll auf. Åke und Gun-Britt haben sich schon beschwert.

»Ein bisschen müssen die das schon aushalten«, findet Peter. »Das ist doch kein verdammtes Altersheim hier.«

Da stimme ich ihm zu.

Åke und Gun-Britt beschweren sich ständig. Nur weil sie am längsten von allen in der Wohnanlage leben, glauben sie, dass sie die Eigentümer sind. Bengt hat immer über sie gelacht und sie als alte Käuze bezeichnet. Das war witzig, weil Bengt und Åke gleichaltrig waren. *Nur auf dem Papier*, sagte Bengt dann.

Ich habe gewisse Zweifel, was Peter betrifft, aber meine Mutter sagt, ich muss ihm eine Chance geben. Es ist jedenfalls cool, dass er Polizist ist. Ich darf im Polizeiauto mitfahren, einem V70 mit 245 PS.

An einem Mittwoch komme ich von der Schule nach Hause und höre meine Mutter herumbrüllen. Im Windfang hängen die Sterne von der Decke, aber Peters Auto steht nicht vor dem Haus. Vielleicht telefonieren sie gerade? Nach ein paar Wochen klingt das normalerweise so.

»Kannst du kein Nein akzeptieren? Ich will nichts mehr mit dir zu tun haben. Es ist vorbei!«

Vorsichtig ziehe ich meine Jacke aus und schleiche in den Flur hinaus. Als meine Mutter mich entdeckt, verstummt sie. Nicht Peter steht mit verschränkten Armen vor ihr, sondern unser Nachbar, Ola.

»Hallo, mein Schatz«, sagt meine Mutter.

»Hallo«, sagt Ola.

Ich starre ihn wütend an.

Hat er noch immer nicht kapiert, dass er sich von meiner Mutter fernhalten soll?

»Ola soll gehen«, sagt sie.

Ich sage überhaupt nichts, sondern folge ihm mit dem Blick. An der Haustür hält er kurz inne und nickt meiner Mutter zu, ehe er geht.

»Wo ist Peter?«, frage ich dann.

In erster Linie, damit sie ihn nicht vergisst.

Denn wenn Peter und Ola zur Auswahl stehen, dann fällt die Entscheidung nicht schwer.

Ola ist ein Idiot.

20. JACQUELINE

Vor dem Unfall
Herbst 2015

Meine Eltern haben mir beigebracht, wie man ein braves Mädchen wird, dass man ruhig sein und stillsitzen, einen Knicks machen und lächeln soll. Sie haben mir beigebracht, wie wichtig es ist, lieb und nett zu sein und sich niemals zu streiten. Aber sie haben mir nichts über die Liebe beigebracht.

»Woher weiß man, dass man in jemanden verliebt ist?«, fragte ich meine Mutter, als ich in die dritte Klasse ging.

Meine Mutter hatte eine besondere Art, mich anzusehen, so vollkommen verblüfft, als würde sie gar nicht begreifen, wer ich war oder was ich eigentlich hier machte.

»Das merkst du dann schon«, sagte sie. »Sorg dich deswegen nicht.«

Bis dahin hatte ich mir keine Sorgen gemacht, ich war in erster Linie neugierig gewesen, aber jetzt wurde mir klar, dass ich mir darüber durchaus Gedanken machen sollte.

Also versuchte ich, mich im dritten Schuljahr zu verlieben.

Als mich die erste Verliebtheit packte, war ich gerade zehn Jahre alt geworden. Es war wie eine Krankheit. Nachdem ich mich angesteckt hatte, verging kaum eine Woche, ohne dass es so wunderbar in meinem Körper kribbelte. Ein Blick, ein Wort, die Art, wie er sich mit der Hand durchs Haar fuhr. Jede noch so kleine Kleinigkeit entfachte einen Sturm in meinem Inneren.

Ich lernte schon bald, die Verliebtheit zu lieben. Aber niemand brachte mir etwas über wahre Liebe bei.

Und jetzt war ich fast vierzig und schon wieder verliebt.

Peter war urplötzlich in meinem Leben aufgetaucht und veränderte alles.

»Wieso zu schnell?«, fragte er. »Man kann nicht alles planen. Wenn man sich verliebt, dann passiert das einfach so.«

Er bombardierte mich mit SMS: große Worte und jede Menge Herzchen. Er lud mich in ein griechisches Restaurant in Lund ein und hielt vom Mårtenstorget bis zum Bahnhof Händchen. Küsste mich, als wollte er mich aufessen.

»Aber wenn du meine Gefühle nicht teilst …«

»Das tue ich doch«, versicherte ich mit seinen Händen auf meinen Hüften. »Ich fühle genau wie du.«

Ich war wie im Rausch. Peter gab mir das Gefühl, lebendiger zu sein, als ich es seit Jahren gewesen war. Ich musste den Fuß von der Bremse nehmen, mich wieder trauen, hier und jetzt. Zu meinem wahren Ich zurückfinden, zu meiner DNA. Manche Menschen brauchen mehr als andere, um zu spüren, dass sie leben. Ich brauche alles.

Peter nahm mich mit zu einem Ausflug ans Meer. Wir spielten Minigolf und teilten uns ein Softeis. Ich mochte es, wie er meine Hand ein bisschen zu fest hielt, als hätte er Angst, mich wieder zu verlieren. Wie er den Arm um mich legte, sobald ein anderer Mann mich ansah.

Fabian und Peter schienen sich ganz gut zu verstehen. Unsere Beziehung war noch in der Anfangsphase, aber es sah zumindest vielversprechend aus.

»Mama«, sagte Fabian eines Morgens, »ich mag Ola nicht.«

Die Äußerung kam wie aus dem Nichts.

»Wie kommst du jetzt auf Ola?«

Wir saßen am Küchentisch und konnten über den Zaun zu Olas Grundstück hinübersehen. Vielleicht lag es daran?

»Ich denke an ihn, weil ich ihn nicht mag. Es ist schwierig, Menschen aus dem Kopf zu verbannen, die man nicht leiden kann.«

Manchmal gingen seine Überlegungen über meinen Horizont hinaus.

»Ich mag Ola auch nicht besonders«, sagte ich aufrichtig. »Mach dir keine Gedanken über ihn.«

Es war von Anfang an ein Fehler gewesen, etwas mit einem Nachbarn anzufangen. Wie naiv! Schon früh waren Ola und Fabian auf Kollisionskurs gegangen.

»Peter ist besser«, sagte Fabian.

Mir wurde innerlich ganz warm. Die Hoffnung lebte.

»Ja, das finde ich auch.«

Fabian aß sein Frühstück auf, hängte sich die Schultasche über die Schulter und fuhr mit dem Fahrrad davon.

Am Nachmittag desselben Tages bekam ich einen Anruf aus der Schule.

Im Lauf der Jahre hatte es so viele Anrufe, Briefe und Gesprächstermine gegeben, dass ich ehrlich gesagt die Hoffnung aufgegeben hatte. Es war schlimm, als Schuldige ausgemacht und infrage gestellt zu werden.

Ein Streit mit einem Mädchen in der Klasse, sagte der Direktor, als er anrief.

Das ist doch eine Angelegenheit, die *Sie* klären sollten, hätte ich am liebsten geantwortet.

»Ich komme mit zum Gesprächstermin«, sagte Peter, als er sah, wie empört ich war.

Ich fragte Fabian, der mit den Schultern zuckte.

»Okay«, sagte er und warf Peter einen Blick zu. »Gehst du in Uniform hin?«

Er ging in Hemd und Sakko. Es war das erste Mal, dass ich ihn so sah. Am liebsten hätte ich ihm die Sachen vom Leib gerissen, begnügte mich aber damit, meine Zunge in sein Ohr zu schieben, als wir vor der Köpingeskolan parkten.

Peter drehte sich um und sah Fabian an, der auf dem Rücksitz saß.

»Bist du nervös?«

»Nicht direkt«, sagte Fabian.

»Du kannst ganz beruhigt sein. Wir klären das schon.«

»Hallo«, sagte der Direktor und begrüßte mich mit Handschlag.

Er erinnerte mich an Brad Pitt in *12 Years a Slave*. Langhaarig und bärtig, aber er sah gut aus. Kein typischer Direktor.

Peter stellte sich vor und schüttelte ihm ebenfalls die Hand.

Der Direktor führte uns in den Besprechungsraum. *Lehre & Liebe* stand auf einem Plakat. Am Tisch saß Micke Andersson und spielte mit einem Kugelschreiber herum.

»Hallo«, sagte er.

Fabian hatte erzählt, dass es in der Sportstunde einen Streit gegeben habe, aber ich war trotzdem nicht darauf gefasst, dass Micke an dem Treffen teilnehmen würde.

»Wir sind uns schon mal begegnet«, sagte er, als Peter sich vorstellte.

»Ach, habe ich Sie vielleicht mal eingebuchtet?«

Nur Peter und Fabian lachten.

»Er ist Polizist«, erklärte ich.

»Ich weiß, ich habe das Auto gesehen«, erwiderte Micke. »Ich wohne in derselben Wohnanlage wie Jacqueline und Fabian.«

Peter zog mich näher zu sich. Schob ein paar Locken aus meinem Gesicht und küsste mich auf die Wange. Es kam mir unpassend vor, allzu intim, aber ich sagte nichts.

»Und das hier sind Lilly und ihre Eltern«, stellte der Direktor die anderen vor.

Wir grüßten höflich.

Das Mädchen hatte ein Oberteil an, das so knapp war, dass man es für einen BH hätte halten können. Darüber eine bunte Jacke von Fila und eine Hose mit großen Löchern an den Knien.

»Bitte nehmen Sie Platz«, sagte der Direktor.

Sie setzten sich. Lillys Eltern sahen aus, als hätten sie in den vergangenen fünfundzwanzig Jahren jeden Tag zehn Stunden gearbeitet.

»Heute in der Sportstunde gab es einen Zwischenfall, an dem Lilly und Fabian beteiligt waren«, sagte der Direktor. »Und solche Fälle müssen wir umgehend klären.«

Ich hatte ihn noch nie so streng erlebt und fühlte mich wie ein kleines Mädchen, das auf einen Verweis wartete. Als hätte *ich* etwas falsch gemacht.

»Dieses Verhalten ist völlig inakzeptabel«, fuhr der Direktor fort.

Ich bekam einen kleinen Schock. Laut Fabian war es gar

nicht so schlimm gewesen. Lilly hatte auf ihm herumgehackt, ihn verhöhnt und so gereizt, dass er sich zur Wehr gesetzt hatte.

»Wenn ich richtig informiert bin, hat Lilly angefangen«, sagte Peter. »Sie hat Fabian verbal angegriffen. Und zwar ohne Anlass.«

Der Direktor schob die Brust vor und unterbrach ihn.

»Ich finde, wir sollten uns zuerst anhören, was die Jugendlichen selbst dazu sagen.«

Ich griff unter dem Tisch nach Peters Hand. Er war angespannt. Ich merkte, dass ihm die Art des Direktors nicht gefiel. Er war es wohl gewohnt, selbst die oberste Autorität zu sein.

»Ja, ich gebe es zu«, sagte Lilly. »Es war fies, Fabian als fett, hässlich und zurückgeblieben zu bezeichnen. Aber alle machen das. Die meisten sind nur zu feige, es ihm ins Gesicht zu sagen.«

»Aber warum?«, fragte Lillys Vater und rutschte auf seinem Stuhl herum. »Warum sagst du so gemeine Sachen zu einem Mitschüler?«

»Ich hab mich doch entschuldigt. War blöd von mir. Aber es gibt ihm trotzdem nicht das Recht, so etwas zu tun. Was werden die Leute jetzt reden!«

Peter wandte sich an Fabian.

»Was hast du denn getan?«

Erst jetzt ging mir auf, dass es etwas wirklich Schlimmes sein musste.

»Sie hat es verdient«, sagte Fabian.

Ich spürte, wie Micke mich von der Seite beobachtete, und die Scham überwältigte mich. Er musste mich für eine völlig unfähige Mutter halten.

»Erzähl mal, was du getan hast«, sagte der Direktor zu Fabian.

»Ich hab sie mit dem Handy fotografiert. Sie hat ganz von allein so rumgepost. Ich hab sie nicht dazu gezwungen.«

»Darf man denn nicht aussehen, wie man will?«, konterte Lilly und wischte sich über die Augen.

»Du solltest dich schämen«, sagte ihr Vater zu Fabian.

»Sehen Sie, was er getan hat?«, sagte ihre Mutter zu mir.

Ich spürte, wie Peters Hand unter dem Tisch zuckte, aber ich drückte sie wieder nach unten und warf ihm einen warnenden Blick zu.

»Fabian hat Fotos von Lilly in einer aufreizenden Pose gemacht«, sagte der Direktor. »Die hat er dann in einem pornografischen Forum im Netz hochgeladen.«

Nicht auch das noch! Ich wäre am liebsten im Erdboden versunken.

»Fabian!«

Wieso hatte ich so komplett versagt? Seit seiner Geburt habe ich versucht, ihm beizubringen, dass er Mädchen respektieren soll. Wo kam dieses Verhalten nur her?

Fabian durfte von mir aus gern anders sein. Ich akzeptierte und liebte ihn, aber für frauenfeindliches Verhalten würde ich niemals Verständnis aufbringen.

»Ist das wahr?«, fragte Peter. »Hast du die Fotos auf einer Pornoseite hochgeladen?«

Er lachte beinahe.

»Sie hat angefangen«, wiederholte Fabian.

Lilly zog die Nase hoch und trocknete die Tränen ab.

»Ich hab dich doch nur ein bisschen gemobbt«, sagte sie. »Jetzt glaubt die ganze Schule, dass ich eine Hure bin.«

»Du musst sofort diese Fotos löschen«, wandte ich mich an Fabian.

»Okay.«

»Diese Sache ist alles andere als harmlos«, meinte Micke.

Es war das erste Mal, dass er sich überhaupt äußerte.

Peter starrte ihn an, als wollte er sagen: Was hast du hier eigentlich zu melden?

»Natürlich wird er die Fotos löschen«, sagte Peter. »Aber wir kommen nicht um die Tatsache herum, dass Lilly angefangen hat. Man sollte nachdenken, bevor man etwas sagt. Manche Dinge haben eben Konsequenzen.«

Der Direktor und Micke tauschten einen kritischen Blick aus und sahen dann Peter an.

»Wir ermutigen unsere Schüler nicht dazu, sich aneinander zu rächen«, betonte der Direktor. »Das tun Sie hoffentlich auch nicht, oder?«

»Nein, nein, nein«, versicherte ich.

»Natürlich nicht«, meinte Peter. »Man sollte nur aufpassen und nachdenken, bevor man etwas sagt.«

Fabian sah mich an.

»Ich kann die Fotos auch gleich löschen.«

»Das musst du«, entgegnete der Direktor. »Was du getan hast, ist kriminell.«

Peter gab ein zischendes Geräusch von sich, als wäre er anderer Meinung. Ich drückte seine Finger unter dem Tisch.

»Ich glaube, der Junge hat seine Lektion gelernt«, sagte er.

»Es tut mir so leid«, versicherte ich und suchte Lillys Blick.

Ihre Eltern starrten mich an, als sei ich der Teufel höchstpersönlich.

»Das, was einmal im Netz ist, lässt sich niemals vollkommen löschen«, sagte der Direktor zu Fabian. »Das verstehst du doch, oder?«

Fabian nickte.

In solchen Situationen zeigte er nie irgendwelche Gefühle. Ich glaube, ich habe in diesem Punkt als abschreckendes Beispiel gedient. Sobald du Schwäche zeigst, schnappen sie nach deiner Kehle.

In der Dämmerung gingen wir zurück zum Auto.

»Eine Pornoseite«, sagte Peter. »Das ist ja kreativ.«

»Hör auf«, sagte ich. »So was kann das Leben eines jungen Mädchens für immer zerstören.«

»Und Fabian? Was glaubst du, wie es sich anfühlt, als fett und hässlich bezeichnet zu werden? Ich denke, Lilly hat kapiert, dass sie ihn künftig besser in Ruhe lässt.«

Ich schluckte meine Einwände hinunter. Vielleicht war Peter doch nicht der Mann, für den ich ihn gehalten hatte? Es war zwar schön, dass er Fabian verteidigte, aber die Art, wie er es tat, sagte auch etwas über sein eigenes Frauenbild aus.

Er öffnete das Auto per Fernbedienung, und Fabian setzte sich auf die Rückbank. Als die Scheinwerfer angingen, erblickten wir Lilly direkt vor uns in ihren kaputten Jeans und dem Minioberteil. Ihre Eltern standen vor einem braunen Saab und hatten sich jeder eine Zigarette angezündet.

»Sie hat gekriegt, was sie verdient hat«, sagte Fabian.

Mir lief ein kalter Schauer über den Rücken.

21. MIKAEL

Nach dem Unfall
Freitag, den 13. Oktober und
Samstag, den 14. Oktober 2017

Im Flur der Intensivstation nehme ich Bella und William an die Hand.

»Ich habe euch so lieb, das wisst ihr, oder? Alles wird wieder gut.«

Ich drücke sie fest an mich, während ich die Tür öffne und zu dem Bett gehe, in dem Bianca schläft. Die Decke reicht ihr bis zur Brust, die Maschinen neben ihr rauschen und brausen.

Sie sieht blass aus. Mitgenommen. Gleichzeitig hat ihr geschlossener Mund etwas Friedliches an sich.

Ich denke an unser Wellnesswochenende in Ystad. Den Duft von Meer und Herbst. Wie wir in Bademänteln vor dem Kaminfeuer lagen und uns ganz tief in die Augen blickten.

Die Operation ist gut verlaufen. Man hat die Blutung im Gehirn stoppen können, aber man kann noch nicht sagen, wie schwerwiegend die Schäden sind.

»Wir können nur abwarten«, sagt Dr. Arif.

Das klingt so schicksalsergeben. Wir müssen hier sitzen, stundenlang, und einfach nur warten.

Bella weint laut. Etwas in ihr ist zerbrochen, und die Tränen strömen ihr über die Wangen.

Ich hocke mich vor sie hin und umarme sie.

»Warum wacht Mama nicht auf? Ich will, dass sie aufwacht!«

Bellas Augen haben sich in rote Schlitze verwandelt. Normalerweise wäre längst Schlafenszeit.

»Das will ich doch auch, mein Schatz. Wenn du jetzt eine Weile schläfst, dann ist Mama nachher bestimmt wach.«

»Ist sie dann auch gesund?«, fragt William.

»Das wissen wir nicht. Es kann eine Weile dauern, bis Mama wieder wie immer ist. Das Gehirn ist der wichtigste Teil des Körpers.«

»Nein!«, sagt Bella. »Das Wichtigste ist das Herz.«

»Wenn das Herz stehen bleibt, stirbt man«, fügt William hinzu.

Bella schluchzt und legt die Arme wieder um meinen Hals. Presst ihre kleine Nase an meine Wange.

»Ich will nicht, dass Mama stirbt. Bitte, Papa, sag, dass sie nicht stirbt.«

Da zerbricht auch in mir etwas. Die Tränen laufen, und meine Stimme ist rau.

»Das wird sie nicht. Mama wird nicht sterben.«

»Versprochen?«

»Ja«, antworte ich. »Versprochen.«

Denn als Vater sagt man das.

Bella schläft in meinen Armen ein, und bald werden auch Williams Atemzüge langsamer und schwer. Ich hingegen kann kein Auge zutun.

Jede Minute ist eine Bergbesteigung. Sorgfältig liebkose ich mit meinem Blick jede Falte und jeden Zug in Biancas Gesicht.

Obwohl die Jahre Spuren auf ihrer Haut hinterlassen haben, kenne ich doch jedes Detail von Anbeginn an, als es nur uns beide gab, als uns alle Türen offen standen und keine Träume zu groß waren.

Fürimmer.

Das hatten wir gesagt.

Zwei Wörter, die zu einem verschmolzen waren. Genau wie wir.

Am frühen Samstagmorgen bekomme ich eine SMS von Sienna.

Sitze im Taxi.

Ich antworte mit einem hochgereckten Daumen und gebe ihr eine kurze Wegbeschreibung.

Gerade als ich auf *Senden* drücke, bewegt sich Bianca. Ein kleines Zucken in der einen Schulter, das sich nach oben fortpflanzt, worauf sie den Kopf zur Seite wirft. Wie ein elektrischer Schlag. Sie verzieht ihren Mund und sieht gequält aus.

Sofort bin ich bei ihr und taste nach ihrer Hand.

»Liebling? Hörst du mich?«

Ihre Lippen werden schmaler, und sie ruht wieder friedlich auf dem Kissen.

»Liebling?«

Ich will, dass sie aufwacht. Ich vermisse sie.

Das Seltsame ist, dass ich sie schon so lange vermisse. Seit mehreren Jahren, scheint es mir. Ich vermisse ihre Ausgelassenheit und ihre Sorglosigkeit, in die ich mich einmal bis über beide Ohren verliebt habe und wofür ich mein Leben gegeben hätte.

Die Kleinkindjahre. So hieß unser Sündenbock. In dieser Hinsicht waren wir uns vollkommen einig.

Das wird später besser, überzeugten wir uns gegenseitig. *Man muss es nur durch die anstrengenden Kleinkindjahre schaffen.*
Fürimmer bedeutet für immer.

Ich erkenne Sienna kaum. Wahrscheinlich hat sie sich die Haare gefärbt. Sie ist sicher zehn Zentimeter größer als Bianca, schlank und sehnig, und hat braune Augen. Nicht nur die Persönlichkeit und die Interessen der beiden Schwestern unterscheiden sich.

Langsam lässt sie ihre Hand an Biancas Arm entlanggleiten.

»Wie geht es ihr? Ist die Operation gut verlaufen?«

Ich versuche, ihr zu vermitteln, was die Ärzte gesagt haben: Man konnte die große Blutung stoppen, aber es gibt noch immer kleinere Blutungen, die sich nicht operieren lassen.

»Sie können momentan noch nicht viel sagen. Erst wenn sie aufwacht, merkt man, ob das Gehirn geschädigt worden ist.«

Sienna seufzt tief.

»Kleine Bianca«, sagt sie und streicht ihrer Schwester über die Wange. »Wie konnte das nur passieren? Wie konntest du direkt vor dem Haus angefahren werden?«

»Ich weiß es nicht. William hat gesagt, dass sie mit dem Rad zu Ica fahren wollte. Wir wollten Tacos essen.«

Sienna dreht sich um.

»Ist das öfter so, dass sie die Kinder einfach allein zu Hause lässt?«

Es klingt vorwurfsvoll. Ich hoffe, dass sie nicht hergekommen ist, um Ärger zu machen.

»Es sind nur fünf Minuten bis zu Ica«, sage ich. »Außerdem war ich auf dem Heimweg von der Arbeit.«

Sienna legt sich die Hand auf die Stirn.

»Dabei hatten wir gerade wieder zueinandergefunden.«

Ich verstehe nicht, was sie meint.

»Wir haben uns im Sommer öfter geschrieben«, fährt sie fort.

Das hat Bianca mit keinem Wort erwähnt.

»Eigentlich weiß ich gar nicht, warum wir so lange nichts voneinander gehört haben. Erst ist unser Vater gestorben, und dann seid ihr nach Schonen gezogen.«

»Stimmt.«

Sienna fand es gar nicht gut, dass wir umgezogen sind, das weiß ich wohl.

»Du hast gesagt, dass eine Nachbarin sie angefahren hat?«, hakt sie nach.

Ich schlucke.

»Ja, sie biegt immer so schnell auf den Innenhof ein.«

»Sag nicht, dass es diese Jacqueline war.«

Sienna fixiert mich. Was weiß sie über Jacqueline?

»Habt ihr über sie gesprochen?«

Sienna schnappt nach Luft, als Bianca sich plötzlich wieder bewegt. Die Schultern zittern, und ihr Kopf fällt zur Seite.

»Liebling!«

Biancas Lippen öffnen sich, und ihre Augenlider zucken. Sie blinzelt.

»Bianca?«

Ich nehme ihre Hand. Das Gesicht verzieht sich zu lauter kleinen spastischen Zuckungen, und nach einigen Sekunden sehe ich direkt in ihre Smaragdaugen.

»Liebling? Hörst du mich?«

Sie sieht mich an, aber irgendwie auch nicht. Ihre Augen flackern, ihr Blick scheint keinen Halt zu finden.

»Liebling?«, sage ich. »Bianca?«

22. FABIAN

Vor dem Unfall
Winter 2015

Peter versteht mich.

»Lass dir nichts gefallen«, sagt er.

Meine Mutter kapiert gar nichts. Sie will mich bestrafen.

»Zwei Wochen kein Internet«, droht sie. »Was du dem Mädchen angetan hast, war wirklich schlimm.«

»Komm schon«, sagt Peter. »Jetzt bist du aber unfair. Das Mädel hat doch angefangen.«

Ich sage, dass es mir nichts ausmacht, wenn Mama das Internet abdreht. Ich weiß doch, wie sie ist. Schon morgen wird es ihr leidtun, und sie wird mit mir reden wollen, und dann dauert es nicht lang, ehe sie den Router wieder angeschaltet hat.

»Wie läuft es eigentlich in der Schule?«, will sie wissen.

Dieselbe alte Frage. Wie oft soll ich eigentlich noch darauf antworten?

»Gut, Mama. Es läuft.«

Denn man will ja seine Mutter nicht beunruhigen. Man kann nicht erzählen, dass die Schule die Hölle auf Erden ist, ein Weltkrieg, wie immer schon. *Alles gut.*

Tief in ihrem Inneren weiß sie es. Sie muss es wissen. Aber manche Sachen schweigt man am besten tot.

Drei Wochen sind Standard. Nach drei Wochen fangen sie an, sich zu streiten. Oft habe ich nur darauf gewartet, mich vielleicht sogar ein bisschen danach gesehnt, aber mit Peter ist das etwas anderes. Ich kann ihn immer besser leiden.

»Ich warne dich«, sagt meine Mutter. »Misch dich nicht in die Erziehung meines Sohnes ein.«

Dann dauert es nur wenige Minuten, bis sie heult und Peter sich entschuldigt.

Mama ist *empfindlich*.

»Du selbst wolltest doch, dass ich zum Gespräch mitkomme«, erwidert Peter.

Er steht hinter mir. Das habe ich bisher nur selten erlebt.

»Ich weiß. Tut mir leid.«

Als Peter ihr übers Haar streicht, verwischen sich die Konturen seines Gesichts und verwandeln sich in die meines Vaters. Meine Mutter sagt, dass sie ihn mag. Noch besteht Hoffnung.

Ich setze meine Kopfhörer auf und tauche in den Computer ab.

Eine Woche später schneit es, als ich mit dem Rad in die Schule fahre.

Ein paar Jungs haben sich hinter den Büschen in der Unterführung versteckt. Sie beschießen mich mit Schneebällen, ich ducke mich und trete bergauf in die Pedale, so fest ich kann. Sie laufen mir hinterher und treffen mich am Rücken und im Nacken.

Als ich das warme Schulgebäude betrete, steht Micke im Eingangsbereich. Er trägt einen blauen Trainingsanzug.

»Ist das ein Wetter, was?«

Ich funkele ihn wütend an. Er hat doch gesehen, dass ich eben aus dem Schneegestöber hereingekommen bin, das Unwetter ist direkt vor seiner Nase.

Auf dem Weg zu meinem Schließfach gehe ich an Lilly und der Mädelsmafia vorbei. Sie tun so, als würden sie mich nicht bemerken, aber ihre Stimmen verändern sich, sie wispern und tuscheln.

Das war schon immer so, ich bin es gewohnt.

Wenn ich wüsste, wie es anders geht, wie ich etwas verändern könnte, dann würde ich es tun, ohne mit der Wimper zu zucken. Ich versuche, mir einzureden, dass es mir egal ist, dass ich auf sie pfeife, dass sie doch denken sollen, was sie wollen, aber es geht nicht. Ich mache mir etwas vor. Es tut weh, unbeliebt zu sein.

Und ich weiß, dass alles meine Schuld ist. Das habe ich schon früh gelernt.

Kein Rauch ohne Feuer.

Zum Streiten gehören immer zwei.

Ich versuche, aufrecht durch den Flur zu gehen. Mich nicht umzudrehen.

Als ich mich vorbeuge, um mein Schließfach zu öffnen, schlägt mir jemand von hinten die Basecap vom Kopf. Ein paar Jungs aus der Neunten lachen. Ich ignoriere ihre Blicke, sammele die Cap auf und setze sie wieder auf.

Ich träume von Kalifornien. Mein Vater und ich im Blaumann vor der Werkstatt. Meine Mutter auf der Veranda. Und meine Oma spielt Mundharmonika.

Am Morgen des 13. Dezember sitzen meine Mutter und Peter auf dem Sofa. Er hat hier übernachtet. Ich trinke heißen Kakao, während im Fernsehen der Lucia-Umzug durch die Morgendämmerung schreitet.

»Ich wollte Weihnachten bei meiner Mutter in Piteå feiern«, sagt Peter. »Es wäre schön, wenn ihr mitkommen würdet.«

Meine Mutter sieht mich an. Ich kann ihre Gedanken lesen.

»Ich weiß nicht recht. Es ist ja ziemlich frisch.«

»Ach, meine Mutter ist total entspannt. Mach dir keine Gedanken. Wir sind nicht so traditionell drauf. Bisschen Hering und Schnaps, ganz schlicht, keine große Familienfeier oder so.«

»Hm.«

Mama spielt mit ihren Fingern herum, dreht an ihren Ringen.

»Es ist ziemlich weit nach Piteå.«

»Wir fliegen natürlich«, sagt Peter.

Vorsichtig schlürfe ich die heiße Schokolade. Meine Mutter weiß, dass ich auf gar keinen Fall zustimmen würde.

»Was meinst du?«, sagt Peter. »Soll ich Flugtickets buchen?«

Meine Mutter windet sich.

Im Fernsehen erklingt das traditionelle Lied *Staffan var en stalledräng.*

»Weiß nicht. Lass uns doch noch etwas warten.«

»Warten? Es ist nur noch eine gute Woche bis Weihnachten.«

Peter steht so heftig auf, dass er gegen den Sofatisch stößt und Kaffee auf den Teppich läuft. Sofort kniet meine Mutter mit Haushaltspapier auf dem Boden.

Es tut mir weh, wenn ich sie ansehe. Ich wünschte, ich wäre normal, ein besserer Sohn, einer, der nicht alles kaputtmacht. Aber fliegen, das geht nun mal nicht.

»Du?«, sagt meine Mutter und folgt Peter in die Küche. »Fabian ist noch nie geflogen, und er...«

»Na und? Irgendwann ist immer das erste Mal. Fliegen ist doch nichts Gefährliches.«

»Aber nicht jetzt«, sagt meine Mutter. »Wir haben alle Zeit der Welt. Wir müssen doch nichts überstürzen.«

Peter murmelt, meine Mutter flüstert. Ihre Stimmen werden butterzart und dutzi-dutzi-mäßig, und ich höre, wie sie sich gegenseitig abschlabbern. Ich halte es nicht länger aus und drehe den Fernseher voll auf.

Der Chor singt *Goder afton*.

Wir wünschen euch allen ein fröhliches Fest.

»Dreh die Lautstärke runter!«, ruft meine Mutter.

Bald erklingen dröhnende Schritte im Flur. Aber nicht meine Mutter kommt herein, sondern Peter.

»Was ist bloß mit dir los?«, brüllt er.

Er reißt mir die Fernbedienung aus der Hand und drückt hektisch auf allen möglichen Tasten herum, bis der Bildschirm schwarz wird und der Gesang erstirbt.

23. JACQUELINE

Vor dem Unfall

Elternsein ist die schwierigste Aufgabe im Leben. Der geringste Fehler kann verheerende Folgen haben. Es gibt keine Handbücher, und Ratschläge reichen nicht aus. Für manche scheint der Übergang zum Elternsein dennoch etwas Natürliches zu sein. Wie eine Art Update der Persönlichkeit, eine Umformatierung des Gehirns, das jetzt auf *Eltern* eingestellt ist.

Während der neun Monate, als ich Fabian im Bauch hatte, wartete ich ständig darauf, dass es passieren würde. Sogar noch auf dem Weg in den Kreißsaal drückte ich mir die Daumen. Bald, bald. *Umformatierung beendet. Einheit wird neu gestartet.* Aber alles, was ich von der Entbindungsstation mit nach Hause bekam, war ein Faltblatt mit einer Anleitung, wie man die Milchbildung anregt und wie man das Baby hinlegt, um dem Plötzlichen Kindstod vorzubeugen. Kein Hinweis, wie man einem anderen Menschen beibringt, ein Mensch zu sein.

Fabian ist ein wunderbarer Mensch. *Er* war nie das Problem.

Kurz nachdem wir nach Köpinge gezogen waren, fand ich einen Vertretungsjob als Briefträgerin bei Bring, und Fabian bekam einen Platz im Kindergarten an der Gemeindewiese, fünf Minuten zu Fuß von der Bråkmakargatan.

Einerseits brauchte Fabian genau das: den sozialen Umgang mit gleichaltrigen Kindern. Er war fünf Jahre alt und immer zu Hause bei seiner Mama gewesen. Andererseits hatte ich große Angst, dass er im Kindergarten nicht zurechtkommen würde.

Aber es stellte sich bald heraus, dass ich mir keine Sorgen zu machen brauchte. Die Eingewöhnung verlief erstaunlich gut, und bald hatte Fabian seinen Lieblingserzieher gefunden, Göran, den einzigen Mann in der Einrichtung.

Vorsichtshalber erklärte ich Göran, dass Fabian ein bisschen eigen war. Rückschläge frustrierten ihn schnell, und er musste sich manchmal zurückziehen, wenn es zu wild wurde.

»Machen Sie sich keine Gedanken«, meinte Göran. »Das wird schon alles glattgehen.«

Ich befürchtete, dass er mich nicht richtig verstanden hatte, sondern mich als weitere neurotische Mutter abtat, die ihr Kind für einzigartig hielt.

»Alles prima gelaufen heute«, sagte Göran jeden Nachmittag, wenn ich schweißgebadet mit dem Fahrrad am Kindergarten eintraf, um Fabian rechtzeitig abzuholen.

Vielleicht sah ich ja doch nur Gespenster? Und sorgte mich wie alle Eltern jeden Tag und überall auf der Welt.

Jeden Morgen quengelte Fabian herum. *Beeil dich, Mama.* Er sehnte sich nach dem Kindergarten und mochte Göran so gern. Es war offensichtlich, dass Fabian eine Vaterfigur suchte. Er erkundigte sich oft nach seinem eigenen Papa in den USA, und ich fragte mich, wie viel ich preisgeben konnte, ohne ihn zu enttäuschen.

Wochenlang war alles gut gegangen, als Göran eines Nachmittags anrief. Ich war mit dem Postfahrrad unterwegs und hatte gerade bei einem alten Mann mit einem wütenden Terrier einen Mahnbrief abgeliefert. Görans Stimme erinnerte mich an das Bellen des Hundes.

»Sie müssen umgehend herkommen.«

Ich warf mich aufs Fahrrad und trat in die Pedale, bis ich meine Beine nicht mehr spürte. Im Eingangsbereich des Kindergartens zog ich eilig meine Schnürstiefel aus, während mir das Herz bis zum Hals schlug. Die Türen zu den Gruppenräumen waren geschlossen. Am Kaffeeautomaten standen zwei Erzieherinnen mit dem Rücken zu mir.

»Fabian hat einem Mädchen in den Arm gebissen«, berichtete Göran. »Sie musste ins Krankenhaus gebracht und genäht werden.«

Ganz hinten im Kuschelraum saß Fabian, komplett angezogen mit Overall und Mütze. Vor dem Fenster spielten die anderen Kinder.

»Was war denn los?«

»Es gibt manchmal Konflikte«, sagte Göran. »Fabian muss noch lernen, mit anderen Kindern zu spielen. Insbesondere mit Mädchen. Es fällt ihm schwer zu begreifen, wo die Grenzen sind.«

Der Schmerz loderte in mir auf. Alles war doch so gut gewesen.

»Warum haben Sie nichts gesagt?«

Ich versuchte, die Arme um Fabian zu legen, doch jeder Muskel seines Körpers widersetzte sich.

»Man darf nie jemanden schlagen oder beißen«, sagte ich. »Das weißt du, Fabian.«

Ich musste mir Mühe geben, um böse zu klingen. Eigentlich hätte ich lieber geweint und ihn getröstet. Stattdessen trat ich einen Schritt zurück und drohte ihm mit der Faust wie eine

131

Comicfigur. Was hätte Göran sonst von mir gedacht? Welche Mutter hat Mitleid mit ihrem Sohn, wenn er gerade ein unschuldiges Mädchen in den Arm gebissen hat?

Wir waren kaum zu Hause angekommen, als ich mich bei Fabian entschuldigte.

»Ich weiß, dass du es nicht so gemeint hast.«

»Doch, das hab ich. Sie hat gesagt, dass ich nicht mitspielen darf, und da hab ich ihr in den Arm gebissen.«

Ein Abgrund tat sich in mir auf.

»Man darf wirklich nie jemanden beißen, Fabian. Wenn jemand gemein zu dir ist, musst du einem Erwachsenen Bescheid geben. Versprich mir, dass du nie wieder so was tust.«

Er verzog beleidigt den Mund.

»Hm.«

»Was hast du gesagt?«

»Versprochen, Mama.«

24. MIKAEL

Vor dem Unfall
Winter 2015/16

Der Winter war ein Matschbad mit Temperaturen über dem Gefrierpunkt und peitschendem Regen. Ein anhaltender Westwind, der sich weigerte abzuflauen, Dunkelheit und eine Wehmut, die nicht weichen wollte. An einem College in Oregon erschoss ein junger Mann acht Studierende und einen Dozenten, ehe er sich das Leben nahm, und einige Wochen später marschierte ein maskierter Mann in eine Schule in Trollhättan und tötete drei Menschen mit einem Schwert.

»Das ist doch nicht zu fassen«, sagte Bianca. »Jetzt brauchen wir auch an unseren Schulen Metalldetektoren und Sicherheitsleute.«

So eine Schule wollte ich nicht haben.

»Wir müssen versuchen, die offene Gesellschaft zu bewahren.«

»Aber die Sicherheit muss an erster Stelle stehen«, meinte Bianca.

Wir feierten Weihnachten in Göteborg bei meinen Cousins und Cousinen, die ich kaum noch kannte und deren Kinder mehrere Jahre älter waren als unsere. Im Auto auf dem Heimweg fragte William, warum wir von allen Freunden in Stockholm weggezogen seien. Bianca bekam feuchte Augen und blinzelte eifrig, während sie versuchte, es ihm zu erklären.

Mein Magen verkrampfte sich vor Schuldgefühlen. Es war meine Schuld, es waren meine Dämonen, vor denen wir geflohen waren, aber ich bekam kein Wort heraus. Bella und William waren noch nicht bereit für die Wahrheit.

Zu Silvester funkelte es vorübergehend am Himmel, dann war die Finsternis wieder da. Die Tage waren zu kurz, und auch die Nächte waren nicht lang genug. Man legte sich hin, bekam aber keinen klaren Kopf, und gerade wenn man in den Schlaf gesunken war, plärrte der Wecker.

In Jakarta und Istanbul wurden unschuldige Menschen in die Luft gesprengt, über Aleppo hagelte es Bomben, und in Ägypten stürmten Terroristen ein Hotel und attackierten sonnenhungrige Touristen.

Bianca saß mit gequältem Gesicht vor dem Fernseher.

»Was für eine Welt wir unseren Kindern hinterlassen.«

Wir fläzten uns auf dem Sofa, während der Regen ans Fenster prasselte. Es gluckste und brauste in den Fallrohren, und alles war in Finsternis getränkt.

»Es gibt auch Lichtblicke«, sagte ich. »Nicht alles ist nur Elend.«

»Natürlich nicht. Wir haben die beste Familie der Welt, und Weihnachten war wunderbar. Da ist nur so vieles, was uns gerade beschäftigt.«

Bianca hatte es nicht leicht in der Maklerfirma in Lund. Ihr Aufgabenbereich bestand fast ausschließlich aus Eigentumswohnungen im Norden der Stadt, heruntergekommene Neubaugebiete aus den Siebzigerjahren. Der Verkauf lief schleppend, viele Kunden stellten Forderungen und beschwerten sich weitaus mehr als üblich.

»Ich verdiene kaum etwas«, klagte sie. »Um die wirklich attraktiven Objekte kümmern sich die Firmeninhaber.«

»Du findest bestimmt was Besseres«, meinte ich. »Du bist viel zu kompetent für diese beschissene Firma.«

»Aber ich kenne mich nicht mit dem Immobilienmarkt hier aus. Ohne GPS finde ich nirgends hin.«

»Ich helfe dir«, schlug ich vor. »Am Wochenende fahren wir in Lund herum und besuchen jede verdammte Besichtigung, um mehr über die einzelnen Stadtteile zu erfahren.«

»Du bist süß«, sagte Bianca und kniff mich in den großen Zeh.

»Wir wussten, dass es anstrengend werden würde«, sagte ich. »Aber du bist richtig gut in deinem Job, Liebling. Vergiss das nicht.«

Sie lächelte reserviert, als ich meine Arme um sie legte. Ich drehte und wand mich und fühlte mich wie ein unbeholfener Teenager.

Es gab einen Abstand zwischen uns, einen unsichtbaren Widerstand, der mich davon abhielt, ganz zu ihr vorzudringen. Spürte Bianca das auch?

Ich strich ihr über die Waden.

»Hast du dir die Beine rasiert?«

Das hatte sie schon lange nicht mehr getan. Sollte das eine Einladung sein?

»Na ja«, meinte sie unbehaglich.

Sie war heiß zwischen den Beinen.

»Ich weiß, dass ich etwas nachlässig bin«, fuhr sie lachend fort. »Aber du musst nicht so brutal ehrlich sein.«

Ich presste die Hand zwischen ihre Schenkel und küsste sie.
»Ich liebe dich so sehr.«

Das war keine Lüge. Meine Liebe war stärker als je zuvor, auch wenn sie sich vom Wesen her verändert hatte. Ich wollte, dass Bianca froh und glücklich war und konnte mir nichts anderes vorstellen, als mit ihr alt zu werden und unsere Kinder aufwachsen zu sehen. Doch das jugendliche Begehren von früher war verschwunden. Ich schlief lieber ein, während ich Biancas Atem im Nacken spürte, als dass ich an ihren Brustwarzen geknabbert hätte. Am meisten blendete mich ihre Schönheit, weil sie die wunderbarste Mutter unserer Kinder war. Die Liebe ist dehnbar, und sie reift. Ich spürte kein Bedürfnis nach diesem anderen, wonach ich mich in meiner Jugend so gesehnt hatte.

»Ich liebe dich auch«, sagte Bianca.

Wir buchten eine Reise in den Winterferien. Weder Bella noch William waren jemals Ski gefahren, aber wir hatten gehört, dass die Abfahrten in Branäs für Anfänger geeignet waren.

Am Freitag vor den Ferien entließ ich die 8 b schon vor der Mittagspause. Ich duschte in der Schule und zog mir Jeans und Hemd über. Den restlichen Tag wollte ich Überstunden abbauen. Lange bevor die Sonne am nächsten Morgen aufging, würden wir im Auto Richtung Norden sitzen.

Die Härchen auf meinen Armen richteten sich in der Kälte auf, als ich den Schulhof überquerte. Hinter der Tür schnaufte ich laut, während ich den schlimmsten Schneematsch von den Schuhen abstreifte.

In der Pausenhalle hingen ein paar Jungs aus der 9 c herum, und ich war schon fast an ihnen vorbeigegangen, als mein Instinkt sich meldete. Irgendwas stimmte nicht. Ein guter Lehrer spürt, wenn etwas in der Luft liegt.

»Was macht ihr da, Jungs?«, fragte ich.

Sie sahen sich abwartend an.

»Chillen.«

Vier große Jungs in zu kurzen Hosen und Poloshirts. Zwei davon wirklich vielversprechende Fußballspieler.

»Wer ist da drin?«, fragte ich und zeigte auf die Toilette hinter ihnen.

»Niemand.«

Das stimmte nicht. Das Türschloss stand auf Rot.

»Hallo?«, sagte ich und rüttelte an der Klinke. »Ist da jemand?«

»Hören Sie damit auf«, sagte einer der Jungs. »Sie können doch nicht so an der Tür zerren.«

Er hieß Andy, fuhr Motorrad und war ein berühmt-berüchtigter Unruhestifter. Sein Vater besaß eine HLS-Firma und war in seiner Schulzeit auf der Köpingeskolan offenbar mindestens genauso ein Krawallmacher gewesen.

»Los jetzt, Jungs«, sagte ich. »Wer ist da drin?«

Andy richtete sich auf und kam auf mich zu. Bedrohlich nah. Er war ein gutes Stück größer als ich.

»Warum mischen Sie sich ein?«

»Immer mit der Ruhe«, sagte ich.

Die Toilettentür knackte, und das Schloss wurde langsam aufgedreht. Drinnen stand Fabian mit gesenkten Schultern und niedergeschlagener Miene.

»Was ist hier los?«, wollte ich wissen.

Die Fußballjungs zuckten die Achseln.

»Er will da drin sein«, sagte Andy. »Wir sind hier doch in einem freien Land.«

»Hör auf.«

Ich bedachte ihn mit meinem autoritärsten Blick.

»Komm schon, Andy. Vergiss es«, sagten seine Kumpels.

Aber Andy wollte es keineswegs vergessen. Er hob den Arm und baute sich vor mir auf. Drängte sich vor und griff nach der Klinke.

»Er will da drin sein«, sagte er wieder. »Oder etwa nicht, Fabian?«

Mit aller Kraft versuchte ich zu verhindern, dass er die Tür wieder zumachte, aber Andy drängte sich an mir vorbei und schlug sie Fabian vor der Nase zu.

»Jetzt reicht's aber!«, sagte ich.

Andy lachte.

Es folgte ein kurzes Gerangel um die Türklinke. Mein Puls stieg. Ich fühlte mich gekränkt und überrumpelt. Ein Sechzehnjähriger untergrub meine Autorität, verletzte meinen Berufsstolz.

»Lass los!«, brüllte ich.

Andy lachte noch mehr.

Neben uns standen seine Kumpel und johlten. Einige von ihnen filmten uns mit ihren Handys.

Damit brachten sie das Fass zum Überlaufen. Ich ließ die Türklinke los und versetzte dem respektlosen Quälgeist einen Stoß, woraufhin seine langen Beine sich verhedderten und er auf den Boden fiel.

Blitzschnell riss ich die Tür auf, damit Fabian herausschlüpfen konnte.

»Du kommst gleich mit zum Direktor«, sagte ich zu Andy, der sich gerade vom Boden aufrappelte.

»Fuck you!« Er musterte mich. »Ich werde Sie anzeigen.«

Ich sah ihn an und war mir unsicher, ob er es ernst meinte. Hinter uns riefen die Jungs durcheinander.

»Ich hab alles auf dem Handy«, sagte einer. »Fette Beweise, kapiert?«

Andy und die übrigen Jungs klatschten sich ab. Andere Schüler kamen angelaufen und wollten wissen, was passiert sei. Jemand fragte, ob es stimme, dass ich Andy zusammengeschlagen hätte.

Es versetzte mir einen Stich. Ich sah mich um, ich wollte nur noch abhauen. Hatte ich eine Grenze überschritten? Schon wieder?

Die Woche in Branäs war natürlich von dem Ereignis überschattet. Egal, ob ich mit Bella im Tellerlift fuhr oder mit William in der Ferienwohnung Playstation spielte, ob ich mit schmerzenden Füßen und dampfendem Kakao in der Hütte hockte oder in gleißender Sonne eine rote Piste hinunterbretterte – der Zwischenfall mit Andy kreiste weiter in meinem Hinterkopf.

»Was hast du eigentlich getan?«, fragte Bianca. »Hast du ihn angegriffen?«

»Natürlich nicht! Ich habe Fabian aus der Toilette herausgeholfen, und dabei ist Andy versehentlich gestürzt. Das war ein Unfall.«

»Dann ist das doch kein Problem, oder?«

Ich wollte sie so gern beruhigen und ihr sagen, dass es keine große Sache sei und sicher bald vergessen, aber ich wusste, wie die Schulwelt funktionierte.

»Vor Weihnachten hatten wir einen Vortrag zum Low-Arousal-Ansatz«, erzählte ich.

Bianca und ich hatten eine Flasche Rotwein getrunken und in der Ferienwohnung Karten gespielt. Sie hatte noch nie vom Low-Arousal-Ansatz gehört.

»Und worum geht es dabei?«

»In angespannten Situationen soll man sich als Erwachsener mit Gefühlsäußerungen zurückhalten, statt das Gegenüber zurechtzuweisen und autoritär zu agieren«, erklärte ich. »Das ist allerdings leichter gesagt als getan. Außerdem ist es schwierig, mit dieser Methode überhaupt irgendeine Art von Disziplin aufrechtzuerhalten.«

»Wie jetzt? Hättest du etwa nicht agieren sollen? Die hatten Fabian doch auf der Toilette eingeschlossen.«

»Ich hätte die Situation aussitzen und mich ruhig mit ihnen unterhalten sollen. Ich habe die Kontrolle verloren. Ich war gestresst, wollte nach Hause und für die Reise packen. Und als ich Fabians schreckerfülltes Gesicht auf der Toilette gesehen habe … Verdammt!«

Ich hatte überreagiert und die Stimmung weiter angeheizt.

»Stell dir nur mal vor, dass …«, sagte Bianca. »In Köpinge brodelt die Gerüchteküche ziemlich schnell.«

»Ach, ich glaube nicht, dass ich mir Sorgen machen muss.«

»Nächstes Mal gehst du stattdessen zum Direktor. Noch so einen Vorfall verkrafte ich nicht.«

Vermutlich hatte sie recht. Das Risiko war zu groß, und ich konnte mir keine weiteren Fehler leisten.

Am Donnerstag aßen wir in einem gemütlichen Lokal direkt am Skigebiet värmländische Pizza mit Elchfleisch. Jeden Tag stieg meine Hoffnung, dass der Zwischenfall mit Andy während der Ferien in Vergessenheit geraten würde und seine Drohung, mich anzuzeigen, nicht ernst gemeint war. Dass er das nur so gesagt hatte, wie Schüler es heutzutage eben tun, und dass es kein Nachspiel geben würde.

Nach der Pizza war ich pappsatt und dachte, ich würde platzen. In der Ferienwohnung las ich Bella und William, die kaum noch ihre Augen offen halten konnten, eine Gutenacht- geschichte vor. Dann krabbelte ich zu Bianca unter die Decke. Wir streichelten und küssten uns. Das Essen kam mir fast wie- der hoch, der Magen fühlte sich an wie ein Ballon.

»Schlaf gut«, flüsterte ich an Biancas Lippen. »Ich liebe dich.«

Als ich am nächsten Morgen aufwachte, hatte ich eine SMS vom Direktor der Köpingeskolan auf dem Handy.

Könntest du im Lauf des Tages herkommen?

25. MIKAEL

Nach dem Unfall
Samstag, den 14. Oktober 2017

Bianca verzieht angestrengt ihr Gesicht, während sie den Kopf dreht. Ihr Blick irrt umher, die Augenlider sind verklebt. Sie wimmert.

»Ruf die Krankenschwester«, sage ich zu Sienna. »Beeil dich!« Mein Griff um Biancas Hand wird fester.

»Hörst du mich, Liebling? Wie geht es dir? Kannst du was sagen?«

Ich erinnere mich an die Worte des Arztes. Erst wenn sie aufwacht, werden wir merken, ob das Gehirn ernsthaft geschädigt wurde.

»Liebling? Sag etwas.«

Langsam öffnet sie den Mund. Die Qualen sind ihr anzusehen. Mit erstickter Stimme bringt sie hervor: »Die Kinder?«

Ich fühle mich unendlich erleichtert.

»Die Kinder sind hier. Sie schlafen alle beide.«

Ich trete ein Stück zur Seite, damit sie sie richtig sieht. Und meine, ein schwaches Lächeln zu erahnen. Bald darauf kommt Sienna mit der Krankenschwester zurück, einer jungen Frau von Mitte zwanzig mit feuerrotem Haar.

»Sind Sie wach?«, fragt sie Bianca.

Dann prüft sie die Geräte und legt die Hand auf Biancas Arm. Erklärt ihr, dass sie operiert worden ist.

»Was ist passiert?«, fragt Bianca.

Die junge Schwester dreht sich zu mir.

»Ein Unfall«, sage ich. »Du bist angefahren worden.«

Biancas Augen glänzen leer, als würde sie sich nach innen wenden, um nach Erinnerungsbildern zu suchen.

»Du wolltest mit dem Rad zu Ica fahren«, sage ich.

Sie scheint sich noch immer weit weg zu befinden.

»Angefahren? Von einem Auto?«

Ich zögere, und Sienna wirft mir einen strengen Blick zu. Wie soll ich nur den Vorfall schildern?

»Du warst gerade aus der Einfahrt herausgefahren.«

»Wann denn?«

Sie spricht langsam. Jede Anstrengung scheint ihr Schmerzen zu verursachen.

»Gestern«, sage ich. »Heute ist Samstag.«

»Samstag?«

Sie scheint sich nicht orientieren zu können.

»Du hast mehrere Stunden geschlafen.«

Bianca kneift die Augen zusammen und legt die Hand an ihren Kopf.

»Tut es weh?«, fragt die Krankenschwester. »Das ist kein Wunder. Sie sind operiert worden.«

Bianca sieht mich direkt an.

»Angefahren, auf dem Hof? Von wem?«

Ich hole tief Luft.

»Jacqueline.«

Stille breitet sich aus. Bianca betrachtet mich prüfend. Ihr

Gehirn arbeitet auf Hochtouren. Die Worte scheinen in ihrem Mund durcheinanderzuwirbeln. Die Zunge kreist, sie kaut auf ihrer Unterlippe herum.

»Sie hat versucht, mich umzubringen.«

»Nein, Liebling. Ganz bestimmt nicht. Es war ein Unfall.«

Bianca schüttelt den Kopf, aber legt sich rasch wieder die Hand auf die Stirn und wimmert.

»Bitte entschuldigen Sie«, sagt die rothaarige Krankenschwester zu mir. »Ich muss Sie jetzt bitten, Ihrer Frau etwas Ruhe zu gönnen.«

Später wecke ich die Kinder, die sich voller Freude und mit Tränen in den Augen auf Bianca stürzen. Ich werde von Liebe überwältigt.

»Du auch hier?«, fragt Bianca, als sie ihre Schwester entdeckt.

»Ich bin gekommen, so schnell ich konnte«, sagt Sienna.

Sie halten sich an den Händen.

»Bist du jetzt gesund, Mama?«, fragt Bella. »Ich will nicht hierbleiben.«

Biancas Augenlider werden schwer.

»Ich bin sehr müde«, sagt sie.

»Aber du hast doch total lange geschlafen«, meint William.

Bianca tätschelt ihm die Wange. Ihre Augenlider sinken immer tiefer.

»Es ist wichtig, dass Ihre Frau sich jetzt ausruht«, sagt die Krankenschwester. »Wenn Sie wollen, könnten Sie so lange frühstücken gehen. Es gibt unten am Eingang eine Cafeteria.«

»Okay.«

Ich sehe die Kinder fragend an.

»Seid ihr hungrig?«

Beide nicken.

»Hungrig wie ein Bär«, sagt William.

»Sie können natürlich auch eine Weile nach Hause fahren, wenn Sie das lieber wollen«, meint die Krankenschwester.

Eine schnelle Dusche und frische Kleidung wären nicht verkehrt, aber wir können Bianca nicht allein lassen, jetzt, da sie gerade aufgewacht ist.

»Ich will nach Hause«, sagt Bella.

Bianca blinzelt mich erschöpft an.

»Fahrt ruhig«, sagt sie.

»Sicher?«

»Ich fahre auch mit«, sagt Sienna. »Du musst schlafen.«

Bianca murmelt noch irgendetwas Zustimmendes. Sie ist schon halb eingeschlafen.

»Kommt Mama gar nicht mit?«, fragt Bella, als wir aus dem Zimmer schleichen.

Eilig fahre ich auf dem Fjelievägen durch die Stadt.

»Können wir Burger kaufen?«, fragt William von der Rückbank.

»Oh ja! Bei McDonald's«, sagt Bella.

Ich werfe Sienna einen fragenden Blick zu.

»Warum nicht?«

Am Einkaufszentrum Nova fahren wir ins Max-Drive-in. Bella kann die verschiedenen Restaurantketten ohnehin nicht auseinanderhalten. Das Wichtigste ist, dass ein Spielzeug in der Kindertüte ist.

Ich begnüge mich mit einem Kaffee, ich habe keinen Appetit.

»Du«, sagt Sienna, als ich am Köpingekreisel von der E 6 abbiege. »Wie kannst du dir so sicher sein, dass es ein Unfall war?«

Die braunen Augen haben scharfe Konturen bekommen.

»Ich weiß, wer sie ist«, fährt sie fort. »Diese Jacqueline.«

»Ja?«

»Bianca hat mir im Sommer von ihr erzählt.«

Ein rascher Blick in den Rückspiegel. Hände und Blicke der Kinder sind tief in den Tüten aus dem Schnellrestaurant vergraben.

»Ich weiß nicht, was Bianca gesagt hat, aber ...«, setze ich an.

»Sie hatte Angst, Micke.«

»Wie? Nein.«

Ich wechsle auf die Überholspur, während Sienna mich von der Seite anschaut.

»Bianca hatte Angst vor Jacqueline.«

26. FABIAN

Vor dem Unfall
Frühling 2016

Nach den Winterferien findet mal wieder ein Gespräch in der Schule statt. Zum Glück muss meine Mutter diesmal nicht mitkommen. Heute soll nicht ich ausgefragt werden, sondern Andy aus der 9 c.

Davon gehe ich zumindest aus. Bis wir im Besprechungsraum sitzen. Der Direktor in schickem Anzug und Andy mit einem dicken Beutelchen Snus unter der Oberlippe, sein Vater hat die Arme vor der Brust verschränkt. Die Fußballjungs aus der 9 c. Und Micke, der nicht geschafft hat, sich umzuziehen, und deshalb in seinem Trainingsoverall dasitzt.

»Dann fangen wir mal ganz von vorn an«, sagt der Direktor. »Wie konnte es zu dieser unglücklichen Situation kommen?«

Andy hat sich auf den Stuhl gefläzt und zuckt mit den Schultern. Sein Vater versetzt ihm einen Klaps auf den Arm.

»Das war nur ein Spaß, das mit Fabian. Wir haben ihn ins Klo gelockt. Das war nicht ernst gemeint, war bloß ein Witz.«

Der Direktor sieht mich an.

Alle sehen mich an.

»Hast du das auch so empfunden, Fabian?«

»Mm.«

Ich werde nicht petzen.

»Sie haben ihn eingesperrt«, sagt Micke.

Seine Stimme klingt anders als sonst, beinahe ängstlich.

Natürlich will ich nicht, dass Micke Ärger kriegt, weil er mir geholfen hat, aber besser, er ist ein bisschen sauer, als dass Andy und die anderen Neuntklässler mich den Rest des Schuljahres fertigmachen.

»War das so?«, fragt Andys Vater und sieht seinen Sohn streng an.

»Nein«, sagt Andy. »Was glaubst denn du? Man schließt das Klo doch von innen ab.«

Micke scheint etwas sagen zu wollen, doch der Direktor meldet sich wieder zu Wort.

»In jedem Fall gab es eine Auseinandersetzung, als Mikael Andersson hinzukam. Was hattest du für einen Eindruck von der Situation, Mikael?«

Micke reibt sich das Kinn.

»Ich habe ihnen gesagt, dass sie Fabian rauslassen sollen. Als er die Tür öffnete, sah er ziemlich verängstigt aus.«

»Hattest du denn Angst?«, fragt mich der Direktor.

»Ein bisschen«, räume ich ein.

»Das war nur seine Schuld«, sagt Andy und deutet auf Micke. »Erst durch ihn ist alles so stressig geworden. Er war voll aggressiv und so.«

»Das kann aber nicht meine Schuld sein«, sagt Micke. »Das Ganze ist erst eskaliert, als du versucht hast, Fabian in die Toilette zu sperren. Als Lehrer muss ich in so einer Situation eingreifen.«

»Den ganzen Scheiß gibt's als Video«, sagt Andy und legt

sein iPhone auf den Tisch vor den Direktor. »Sie brauchen sich den Film nur anzusehen.«

Ich habe mir den Film schon mehrmals angeschaut. Eine halbe Stunde später war das Video auf Snapchat und Instagram zu sehen. Die meisten Kommentatoren fanden, dass Micke gefeuert werden sollte. Aber ich habe ein anonymes Konto benutzt und geschrieben, dass er ein verdammter Held ist.

Der Direktor lässt das Handy liegen und sieht Micke an.

»Hattest du den Eindruck, dass Fabian sich in Gefahr befand?«, fragt er.

»Vielleicht nicht unbedingt in Gefahr. Aber er hatte Angst.«

»Es war ein Spaß«, versichert Andy. »Oder etwa nicht?«

Und natürlich bekommt er hundertprozentige Zustimmung von seinen Jungs.

»Wir wollen nur, dass Mikael Andersson sich entschuldigt und dass die Schule Stellung bezieht und entsprechend handelt«, sagt Andys Vater.

Micke sieht aus, als stünde er extrem unter Druck.

»Natürlich war es nicht meine Absicht, dass es so ausgeht«, sagt er. »Es tut mir leid, dass ich dich geschubst habe, aber ich hatte dich vorher mehrfach ermahnt, zur Seite zu gehen.«

Andy sieht weg.

»Das war aber eine mittelmäßige Entschuldigung«, bemerkt sein Vater.

Micke legt eine kurze Pause ein.

Diese Äußerung ist fast demütigend. Ich bin schon so oft in derselben Situation gewesen.

»Entschuldigung«, sagt er.

Ich wünschte, ich hätte mich getraut zu protestieren. Nicht Micke sollte sich entschuldigen.

»Die Jungs sind sechzehn«, meint Andys Vater. »Das war nur ein Joke. Wenn Sie wegen so was gleich die Fäuste sprechen lassen, sollten Sie nicht als Lehrer arbeiten.«

Er ist mindestens genauso groß wie sein Sohn. Grobe Gesichtszüge, vernarbte Wangen und schwielige Hände.

»Ich habe eine Grenze überschritten, als ich dich geschubst habe, Andy«, sagt Micke. »Das tut mir leid. Aber jetzt ist es an dir, dich bei Fabian zu entschuldigen.«

Yes! Endlich jemand, der sich den wahren Täter vornimmt.

»Vergiss es«, sagt Andy.

»Komm schon«, beharrt Micke.

Sein Mut beeindruckt mich.

»Sei ein Mann und steh zu dem, was du getan hast«, fährt Micke fort. »Und lass Fabian künftig in Ruhe.«

Der Direktor hustet hinter vorgehaltener Hand und beugt sich nach vorn, aber Andys Vater kommt ihm zuvor.

»Andy hat ADHS. Er kann nichts dafür.«

Micke weicht zurück.

»Okay, das wusste ich nicht.«

»Sie sollten sich vielleicht vorher die nötigen Infos beschaffen«, meint Andys Vater.

Micke sackt ein wenig in sich zusammen, presst die Lippen aufeinander und starrt auf die Tischplatte. Doch auf einmal scheint er es sich anders überlegt zu haben, denn er streckt den Rücken durch, als hätte er neue Kraft geschöpft.

»Trotzdem sollte er sich bei Fabian entschuldigen«, sagt er.

Andys Vater zuckt mit den Schultern.

Das Ganze endet damit, dass der Direktor alle zum Händeschütteln zwingt. Andy drückt besonders fest zu, als er meine Hand ergreift, aber ich lasse mir nicht anmerken, wie weh es tut.

»Mikael Andersson wird wegen dieses Vorfalls eine schriftliche Verwarnung bekommen«, erklärt der Direktor.

Andys Vater nickt zufrieden.

»Wir hätten auch Anzeige erstatten können«, sagt er zu Micke. »Sie können froh sein, dass Sie einen so netten Chef haben.«

Während er die Rechte des Direktors ergreift, klopft er ihm mit der anderen Hand auf die Schulter.

Im Flur gehe ich direkt hinter Micke. Mehrmals versuche ich, etwas zu sagen, mich zu bedanken und zu zeigen, wie sehr ich es zu schätzen weiß, dass er auf meiner Seite war, aber alles, was ich in meinem Kopf formuliere, klingt peinlich.

Zu Hause ziehe ich mich mit dem Computer und den Kopfhörern in mein Zimmer zurück. Meine Hand umklammert den Joystick. Ich drücke den Auslöser und mähe die Feinde am laufenden Band nieder, aber schon bald driften meine Gedanken ab, und etliche Leben gehen einfach so verloren. Ich denke an Micke und wie er sich für mich eingesetzt hat.

Erst als Peter direkt neben mir steht, merke ich, dass jemand die Tür geöffnet hat.

»Ich habe mehrmals angeklopft«, sagt er. »Hörst du das gar nicht?«

»Nein.«

Ich zeige auf die Kopfhörer und drücke auf Pause.

»Kannst du nicht rauskommen und beim Kochen helfen? Du sitzt doch sowieso nur hier rum, ohne was zu machen.«

»Ich spiele«, sage ich.

Er schließt die Tür, und ich drücke wieder auf Play.

Jedes Mal dasselbe. Ich habe gehofft, dass Peter anders sein würde, aber er ist genau wie die anderen. Er beschwert sich und nervt herum.

»Fabian!«, sagt er, als die Tür das nächste Mal aufgeht. »Verdammt noch mal!«

Er geht schnurstracks zu meinem Computer, schaltet den Bildschirm aus, nimmt mir den Joystick aus der Hand und schubst den Stuhl so heftig, dass ich fast herunterfalle.

»Habe ich nicht gesagt, dass du rauskommen und mithelfen sollst?«

»Nein, das hast du nicht gesagt.«

Denn das hat er wirklich nicht gesagt.

»Keine Scheißspielchen mit mir, verstanden? Ab in die Küche und mach dich nützlich!«

»Warum schreist du mich an?«

Ich packe die Armlehnen und presse mich in den Stuhl. Meine Art von Sitzstreik. Peter kann seine Wut nicht mehr zurückhalten.

»Sofort!«

Er flippt total aus. Packt mich an den Armen und zerrt mich hoch. Ich leiste Widerstand, spanne den Körper an, beuge mich vor und schlage um mich.

»Beschissener Schwanzlutscher!«

»Was hast du gesagt?«

Peter dreht mir den Arm auf den Rücken, rammt mir das Knie in die Seite und drückt mich mit seinem ganzen Gewicht nach unten. Es tut so weh, dass ich aufschreie.

»Entschuldige dich«, zischt er.

»Lass ihn los!«

Meine Mutter stürmt ins Zimmer und schlägt mit ihren Fäusten auf Peter ein.

»Erst muss er sich entschuldigen.«

»Hör auf!«, sagt meine Mutter. »Du tust ihm weh!«

Peters Wut endet in einem langen Seufzer. Obwohl er seinen Griff lockert und das Knie wegnimmt, schreie ich weiter.

»Raus hier«, sagt meine Mutter. Sie zieht und zerrt an Peters Pullover.

»Entschuldige dich«, wiederholt er immer wieder.

Soll er doch zur Hölle fahren. Ich werde mich niemals entschuldigen.

»Raus, raus, raus!«, schreit meine Mutter, als er mich endlich loslässt. »Verschwinde!«

Peter steht wutschnaubend direkt vor ihr, aber sie weicht nicht einen Millimeter zur Seite.

Darauf nimmt er die Jacke vom Garderobenhaken im Windfang und steigt in seine Schnürstiefel. Er versetzt den Sternen an der Decke einen Stoß und starrt mich ein letztes Mal an.

Meine Mutter sinkt neben mir auf den Boden und weint, während das Auto mit durchdrehenden Reifen davonbraust.

27. MIKAEL

Vor dem Unfall
Frühling 2016

Bella kam mir im Flur entgegengerannt, nahm Anlauf und landete in meinen Armen.

»Papa!«

Eifrig berichtete sie, was sie an diesem Tag erlebt hatte, von ihren Gefühlen und Gedanken.

»Wir waren heute in der Bücherei, Papa. Ich hab mir einen neuen Willi Wiberg ausgeliehen.«

Sie hat die Augen und die Nase von Bianca. Ich konnte mich nicht daran sattsehen.

»Und ich habe eine Zimtschnecke von Ola bekommen.«

Ein bisschen Hagelzucker hing noch an ihrem Mundwinkel.

»Ist Ola hier gewesen?«, fragte ich.

»Er *ist* hier!«

Bella zog mich ins Wohnzimmer. Auf dem Couchtisch standen die Überreste einer ausgedehnten Kaffeepause, und auf dem Sofa hatten Bianca und Ola es sich gemütlich gemacht.

»Jetzt hat die Polizei sie gefasst«, sagte Ola.

Ich küsste Bianca und nutzte die Gelegenheit, ihr mit dem

Blick zu signalisieren, was ich von dem unerwarteten Besuch hielt.

»Haben sie die Räuber festgenommen?«, hakte ich nach. »Sehr gut.«

»Sie hatten eine brauchbare Beschreibung der Täter. Offenbar haben diese Missgeburten noch mindestens zehn andere Leute überfallen.«

»Ola durfte sie bei der Polizei identifizieren«, sagte Bianca.

»Das war echt surreal. Wie in einer amerikanischen Krimiserie. Die hatten mehrere Personen nebeneinander aufgestellt und dann gefilmt.«

»Und hast du sie erkannt?«

»Ohne zu zögern. Ich habe die beiden sofort herausgepickt. Es sind noch Jugendliche.«

»Dann hoffen wir mal, dass sie eine vernünftige Strafe bekommen, irgendeine Therapie, die sie wieder auf die rechte Bahn bringt«, sagte ich.

Ola richtete sich auf und sah aus, als wollte er protestieren, doch dann hielt er inne und fragte mich stattdessen, wie es mir in der Schule gehe.

»Bianca hat erzählt, dass du einen schriftlichen Verweis bekommen hast. Das klingt ja total irre.«

»Weiß nicht. Ich habe eine Grenze überschritten.«

Ola hob die Augenbrauen.

»Als Lehrer muss man doch wohl handeln dürfen. Du hast ihn schließlich nicht zusammengeschlagen. Wie soll es denn enden, wenn wir den Lehrern jegliche Autorität nehmen?«

Das klang ziemlich schwarz-weiß.

»Dieser Schüler leidet an ADHS«, erklärte ich. »Wenn ich das gewusst hätte, dann hätte ich vermutlich …«

»Aber das ist doch keine Entschuldigung. Darf man sich benehmen, wie man will, nur weil man ADHS hat?«

»Natürlich nicht. Aber man muss mit so einem Schüler anders umgehen.«

»Da habe ich meine Zweifel«, entgegnete Ola und suchte Biancas Unterstützung. »Damals, als ich in die Schule ging, gab es ein paar echte Rabauken. Heutzutage hätte man sicher irgendwelche Störungen diagnostiziert. Aber unsere Lehrer haben ihrem ungezogenen Verhalten einen Riegel vorgeschoben und verlangt, dass sie dieselben Regeln befolgen wie alle anderen. Aus all diesen Jungs sind vernünftige Menschen geworden. Was bringt man den Störenfrieden in der heutigen Schule eigentlich bei?«

Was er sagte, entbehrte nicht einer gewissen Logik. Da hatte ich einem Mobbingopfer geholfen, einem Jungen, der in die Toilette eingeschlossen worden war, und anschließend musste ich dafür Rede und Antwort stehen. In vielerlei Hinsicht hatte die Erwachsenengesellschaft bereits kapituliert.

»Das ist vermutlich eine Gratwanderung«, sagte ich. »Natürlich versucht man, alle Schüler so anzunehmen, wie sie sind, ganz egal, was in ihrer Akte steht. Aber diese extreme Individualisierung führt zweifellos zu Problemen. Der Mensch ist trotz allem ein Rudeltier. Wir müssen uns in bestimmten Kontexten dem Kollektiv unterwerfen.«

»Genau«, pflichtete Ola mir bei. »Ein Glück, dass ich kein Lehrer bin. Aber ich bewundere euch, dass ihr das schafft.«

»Richtig schlimm ist es geworden, seit es so viele Privatschulen gibt«, sagte ich.

Bianca meinte, sie sei in allen anderen Bereichen durchaus für das Wettbewerbsprinzip, aber bei Schulen funktioniere das eben nicht. Wissen sei keine Handelsware.

»Diese Tendenz zur Individualisierung gibt es ja nicht nur im Bereich der Schule«, fuhr ich fort. »Die lässt sich überall beobachten. Und sie hat nicht nur mit irgendwelchen Diagnosen zu tun.«

»Wohl wahr«, sagte Ola.

Bianca schien zu überlegen.

»Fabian beispielsweise hat ja keine diagnostizierte Störung.«

Ola sah sie erstaunt an.

»Zumindest nicht auf dem Papier«, meinte er.

»Ich frage mich, warum eigentlich nicht«, sagte Bianca. »Könnte es sein, dass Jacqueline sich quergestellt hat?«

»Durchaus denkbar«, erwiderte Ola.

Ich floh in die Küche. Bianca wusste, was ich davon hielt. Es war unprofessionell und unethisch, so über einen Schüler zu diskutieren.

»Ich habe eine Doku über Asperger gesehen«, fuhr Ola im Wohnzimmer fort. »Könnte sein, dass er das hat.«

Als könnte er das anhand eines Films feststellen.

»Ich habe gehört, dass Bill Gates Asperger hat«, sagte Bianca. »Anscheinend soll das demnächst als gesonderte Diagnose wegfallen, stattdessen spricht man wohl von Autismus-Spektrum-Störungen.«

»In meiner Kindheit hieß das nicht ADHS, sondern Hyperaktivität«, sagte Ola. »Da kriegt man ja schon so seine Zweifel. Stell dir vor, die würden Krebs oder Diabetes einen neuen Namen geben.«

»Wobei das ja nicht ganz dasselbe ist«, meinte Bianca.

Es freute mich, dass sie ihm widersprach. Warum ließ sie den Typen überhaupt noch ins Haus? Was war aus ihrer Devise geworden, eine gewisse Distanz zu den Nachbarn zu wahren?

»Ich mach mich allmählich auf die Socken«, sagte Ola. Endlich.

Ich nickte ihm zum Abschied zu, als er im Flur in seine Seglerschuhe stieg.

»Habt ihr eigentlich schon diesen Bullen gesehen, mit dem sich Jacqueline neuerdings trifft?«, sagte er kopfschüttelnd. »Ich hab da ja kein gutes Gefühl.«

Ich hatte es ähnlich empfunden, aber wollte auf keinen Fall zum Klatsch beitragen. Auch Bianca schien sich raushalten zu wollen, und im nächsten Augenblick stand Ola draußen auf der Vortreppe – auf der richtigen Seite der Tür.

Bianca schlich sich von hinten an, als ich am Spülbecken stand, legte die Hände auf meine Schultern und massierte mich.

»Du fühlst dich verspannt an.«

Der Schmerz strahlte vom Nacken bis in den Kopf aus. Ich versuchte, mich zu beherrschen, damit ich nichts sagte, was ich später bereuen würde.

»Was hat er eigentlich hier gemacht?«

Biancas Hände hielten inne.

»Ola? Der brauchte wohl ein bisschen Gesellschaft. Er ist schon wieder krankgeschrieben. Packt es wohl nicht zu arbeiten.«

»Hat er keine Freunde?«, fragte ich.

Bianca ließ meine Schultern los.

»Was ist? Bist du eifersüchtig, Liebling?«

Das war ich wohl. Ein kleines bisschen.

»Ich mag ihn nicht«, sagte ich.

»Ola ist doch in Ordnung.«

Ich drehte mich um und sah sie an. Diese Diskussion konnte zu nichts Gutem führen.

»Was bedeutet eigentlich so ein schriftlicher Verweis?«, fragte Bianca.

Ich zögerte mit der Antwort.

»In der Praxis ist das wohl die Art des Direktors, den Kunden, das heißt den Eltern, zu zeigen, dass er etwas unternimmt. Rein theoretisch heißt es, dass ich entlassen werden kann, wenn noch einmal etwas Vergleichbares vorkommt.«

Bianca atmete laut ein und warf mir einen ängstlichen Blick zu.

»Hauptsache, es endet nicht so wie in Stockholm.«

Ein paar Tage später bog ich auf dem Heimweg schnell noch zu Ica ab. Bianca hatte die Kinder abgeholt, deshalb brauchte ich mich eigentlich nicht so zu beeilen, aber neuerdings beschlich mich das vage Gefühl, dass mir das Leben nur so durch die Finger rann, wenn ich Bella und William ansah. Oder Bianca.

Ich hörte mir gerade einen Podcast an und suchte Obst aus, als eine Hand vorsichtig meinen Ellbogen berührte.

»Sorry«, sagte ich und nahm die Ohrhörer heraus.

Jacqueline hielt einen Apfel in der Hand. Ihr Lippenstift war knallrosa und ihr Blick sanft.

»Ich wollte dir nur danken«, sagte sie. »Fabian hat erzählt, was in der Schule passiert ist.«

»Ach was.« Ich errötete. »Das ist mein Job. Leider ist es etwas schiefgegangen ...«

»Glaub das ja nicht«, entgegnete Jacqueline. »Der Vater von diesem Andy ist ein alter Kumpel des Direktors. Er und sein Sohn sollen richtig miese Typen sein. Ich bin so froh, dass du Fabian geholfen hast. Die Schule hat immer gesagt, dass er selbst schuld sei. Immer ist es Fabian, der Schwierigkeiten macht.«

»Das … tut mir leid.«

Ich sah mich um. Tat mein Bestes, um neutral zu klingen. Die Leute sind so sensationslüstern.

»Es war die reinste Hölle«, fuhr Jacqueline fort. »Du ahnst nicht, wie ich kämpfen musste, damit Fabian in der Schule einigermaßen gut mitkommt. Wenn es keine diagnostizierte Störung gibt, hast du fast keine Chance.«

Ich knotete die Plastiktüte zu, die ich inzwischen mit Birnen gefüllt hatte, und verkniff mir eine neugierige Nachfrage.

»Ich weiß, was du denkst«, sagte Jacqueline und drehte den Apfel in ihrer Hand hin und her. »Ich sag's dir, ich habe mich so abgemüht, um eine Diagnose für Fabian zu bekommen. Er hat mehr Psychotherapeuten und Ärzte gesehen als die meisten anderen Menschen in ihrem ganzen Leben. Alle waren sich uneinig, manche von ihnen waren sogar richtig unfreundlich. Fabian erfüllt gewisse Kriterien, andere aber nicht. In der einen Situation verhält er sich so, in einer anderen Situation ganz anders. Ich habe mir die Zähne daran ausgebissen.«

Anstrengungen, die man für seine Kinder eben unternimmt.

Jacqueline hielt sich den Apfel unters Kinn. In all ihren Bewegungen lag etwas Sinnliches. Vielleicht war das eine Art Berufsschaden, ein Rest vom vielen Posieren als Model.

»Mittlerweile weigert Fabian sich, überhaupt mit jemandem zu reden«, fuhr sie fort.

Ich sah mich in der Obstabteilung um. Halb Köpinge schien sich plötzlich dort zu befinden.

»Ich wollte mich auf jeden Fall bedanken«, sagte Jacqueline und legte den Apfel in ihren Einkaufskorb.

Mir wurde warm ums Herz. Es war eine Bestätigung, dass ich trotz allem mit guten Absichten gehandelt hatte.

»Man sieht sich«, sagte Jacqueline.

Ihre Finger streiften meinen Arm, und ein warmes Kribbeln breitete sich in meinem Körper aus. Ich blieb stehen, als sie davonging, und betrachtete die enge Hose, ihre langen Beine auf den hohen Absätzen und das Haar, das wie ein goldener Wasserfall über den Rücken fiel. Jacqueline war anders als alle anderen Frauen, die mich je berührt hatten.

Ich wurde aus meinen Gedanken gerissen und schob meine Hände zwischen die Clementinen.

Jetzt reiß dich zusammen, verdammt!

Ich hatte die großartigste Frau der Welt, eine wunderbare Familie. Einer anderen Frau hinterherzuschauen war Betrug.

Als wäre ich ein wandelndes Klischee, kaufte ich einen großen Strauß Rosen für Bianca. Sie stand im Flur, als ich nach Hause kam, und hatte ein ein strahlendes Lächeln im Gesicht. Warf die Arme um meinen Hals und jubelte.

»Ich habe einen neuen Job! In einer der größten und besten Unternehmen in Lund!«

»Super, Liebling. Was für wunderbare Neuigkeiten!«

Ich stellte die Tüten auf dem Fußboden ab und packte die Rosen aus.

»Das ist Olas Verdienst«, fuhr Bianca fort.

Ich stach mich an einem dornigen Rosenstiel.

»Au, verdammt!«

»Ola hat mir den Job in der Immobilienabteilung seiner Bank organisiert.«

28. MIKAEL

Nach dem Unfall
Samstag, den 14. Oktober 2017

Zu Hause esse ich gerade die übrig gebliebenen Pommes der Kinder, als die Polizei anruft. Ein Mann stellt sich als Ermittler vor und will so bald wie möglich mit mir sprechen.

Nachdem ich geduscht habe, kommt er vorbei. In Zivil, gebügeltes weißes Hemd. Rasierter Kopf.

Sienna hat die Kinder mit ins Obergeschoss genommen. Ich setze mich mit dem Polizisten in die Küche und frage ihn, ob er etwas trinken möchte. Einen Kaffee? Dankend lehnt er ab.

Er stellt das Aufnahmegerät an. Ein rotes Lämpchen leuchtet auf, er liest das Aktenzeichen vor und erklärt, dass ich als Zeuge befragt werden soll. Erst da wird mir bewusst, wie nervös ich bin.

»Wenn ich es richtig verstanden habe, hat Ihre Frau nach der Operation das Bewusstsein wiedererlangt. Wie geht es Ihnen nach allem, was geschehen ist?«

»Ich mache mir Sorgen«, sage ich. »Vermutlich stehe ich noch immer unter Schock.«

»Das ist ja klar«, erwidert er.

Eine Weile herrscht Stille, und er mustert mich gründlich, während seine Lippen schmal werden.

»Wo befanden Sie sich, als Ihre Ehefrau angefahren wurde?«

Ich denke unnötig lange nach.

»Ich war gerade mit dem Fahrrad auf dem Heimweg von der Arbeit, als ich die Martinshörner gehört habe.«

»Was haben Sie in dem Moment gedacht?«

Ich verstehe nicht, was er meint.

»Gedacht?«

»Wann war Ihnen klar, dass Ihre Frau verletzt war?«

»Na ja, als ich in den Hof einbog und ihr Fahrrad sah.«

»Okay«, sagt der Polizist. »Und davor? Als Sie die Martinshörner hörten?«

»Was meinen Sie?«

Er hat etwas Feindseliges an sich, die ganze Situation wirkt feindselig, auch die Art, wie er mich ansieht. Er sollte doch auf meiner Seite stehen.

»Sie haben gesagt, dass Sie die Martinshörner hörten, als Sie von Ihrer Arbeit nach Hause fuhren. Was dachten Sie denn, was passiert wäre?«

Es fühlt sich an, als wäre es hundert Jahre her. Ich erinnere mich an die frische Herbstluft in der Nase, als ich gestern nach Hause fuhr. Ohne irgendwelche Sorgen. Ich freute mich auf ein entspanntes Wochenende mit meiner Familie.

»Ich weiß gar nicht, ob ich irgendwas Besonderes gedacht habe«, sage ich.

Das Geräusch der Martinshörner sitzt mir immer noch im Kopf.

»Haben Sie auf dem Weg zwischen Ihrem Arbeitsplatz und Ihrem Haus jemanden getroffen?«

»Nein.«

Ich versuche, meine Erinnerungsbilder zu sortieren. Nicht

einmal vierundzwanzig Stunden sind vergangen, und doch steht die ganze Welt kopf.

»Ach ja, doch.« Jetzt fällt es mir wieder ein. »Die Nachbarn. Åke und Gun-Britt.«

Der Ermittler bekommt einen zufriedenen Zug um den Mund.

»Haben Sie mit den beiden gesprochen?«

»Ich glaube schon. Kurz zumindest.«

»Erinnern Sie sich, was Sie gesagt haben?«

»Wir haben über die Martinshörner gesprochen. Die Nachbarn hatten es oben an der Ringstraße knallen gehört.«

Er nickt. »Und was haben Sie da gedacht?«

»Nichts Besonderes«, sage ich.

»Haben Sie sich Sorgen gemacht?«

»Ja, vielleicht. Vermutlich schon.«

»Warum?«

»Keine Ahnung. Weil die Nachbarn es knallen gehört haben. Es hatte einen Unfall gegeben.«

»Würden Sie sagen, dass Sie es plötzlich eilig hatten?«

Allmählich geht mir auf, dass Åke und Gun-Britt irgendwas gesagt haben müssen.

»Ja, das stimmt wohl.«

»Und warum?«

»Ich wollte nachsehen, was passiert war. Ich …«

»Hatten Sie den Verdacht, dass Ihrer Frau etwas zugestoßen sein könnte?«

»Nein, nicht direkt. Oder … es war wohl so ein ungutes Gefühl, dass etwas passiert sein könnte. Ich wollte schnell nach Hause und mich vergewissern, dass meine Familie unversehrt war.«

Der Ermittler kratzt sich am Glatzkopf und ändert seine Sitzposition. Er lässt sich viel Zeit. Mir schwirrt der Kopf. Er scheint zu glauben, dass ich irgendetwas verberge.

»Gibt es einen besonderen Grund, warum Sie befürchtet haben, es könnte Ihre Frau sein, die angefahren wurde?«, fragt er schließlich.

»Aber das habe ich doch gar nicht. Es hätte ja ebenso gut jemand anders sein können. Meine Kinder zum Beispiel.«

Er lässt mich nicht aus den Augen.

»Wann war Ihnen klar, dass Jacqueline Selander Ihre Frau angefahren hatte?«

»Ich habe ihr Auto gesehen. Sie war gerade ausgestiegen.«

»Und was haben Sie da gedacht?«

Ich strenge mich wirklich an, um mich zu erinnern, aber meine Gefühle sind ein einziges Durcheinander. Mir ist schwindelig, und ich fühle mich benommen.

»Was haben Sie für eine Beziehung zu Jacqueline Selander?«

Der Ermittler stützt sich mit dem Unterarm auf dem Tisch ab und beugt sich vor.

»Wir sind wohl ... Nachbarn ... Freunde ... Nichts weiter.«

Er sieht mich abwartend an.

»Nichts weiter?«

»Nein.«

»Wenn ich jetzt behaupte, ich hätte Informationen darüber, dass Sie und Jacqueline ein Liebesverhältnis hatten. Was sagen Sie dazu?«

»Das ist nicht wahr.«

Immer mit der Ruhe. Ich darf jetzt nicht aufbrausen.

»Sicher?«

»Ich weiß ja nicht, woher Sie Ihre Informationen haben, aber Jacqueline und ich haben nie etwas miteinander gehabt.«

Er scheint auf mehr zu warten, aber ich halte mich zurück. Eine lange Verteidigungsrede würde seinen Verdacht nur erhärten.

»Dann beenden wir das für heute«, sagt er.

Er schaltet das Aufnahmegerät aus und erhebt sich.

Er ist davon überzeugt, dass ich lüge.

»Sie müssen mir glauben«, sage ich. »Jacqueline und ich haben nie etwas miteinander gehabt. Nicht so, wie Sie denken.«

Er würdigt mich keines Blickes.

Als der Ermittler gegangen ist, stehe ich im Flur und überlege hin und her. Sollte ich rübergehen und mit Jacqueline reden?

Ehe ich einen Entschluss fassen kann, blickt Sienna über das Geländer hinweg nach unten.

»Ist alles gut gegangen?«

Ich bemühe mich, ruhig zu klingen.

»Ja, klar.«

Mit aufmerksamem Blick geht sie ein paar Stufen herunter.

»Hat die Polizei auch den Verdacht, dass es kein Unfall war?«

»Hör auf«, sage ich. »Jacqueline würde nie …«

Ich schaudere kurz.

»Bianca hatte Angst vor ihr«, sagt Sienna wieder. »Sie hat geschrieben, dass Jacqueline ihr unheimlich ist.«

Das stimmt nicht. Hat sie wirklich diese Formulierung gewählt?

»Bianca hat Jacqueline schon vom allerersten Tag an nicht leiden können«, sage ich. »Nach dem Vorfall mit Bella hat sie sich noch mehr Sorgen gemacht. Aber Jacqueline ist nicht dazu in der Lage, jemanden umzubringen. Allein dieser Gedanke ist bizarr.«

Sienna sieht mich vorwurfsvoll an. Sie gestikuliert und will gerade etwas sagen, wird aber vom Klingeln meines Handys unterbrochen.

Die Nummer kommt mir nicht bekannt vor.

»Micke hier«, antworte ich rasch und wende mich von Sienna ab.

»Hallo.« Die Stimme klingt, als wäre sie weit weg. »Ist Mikael Andersson am Apparat?«

Sienna folgt mir durch den Flur. Ich gehe ziellos geradeaus.

»Ich rufe von der Intensivstation in Lund an. Leider muss ich Ihnen mitteilen, dass sich der Zustand Ihrer Frau verschlechtert hat.«

Ich bleibe mitten in der Küche stehen. Alle Konturen verschwinden, und die Wirklichkeit löst sich auf.

»Aber … Wie das?«

Die Stimme im Telefon wird lauter.

»Sie sollten am besten gleich herkommen.«

29. JACQUELINE

Vor dem Unfall
Sommer 2016

Einsamkeit bedeutet Schmerz. Seit meiner Kindheit scheue ich sie. In meiner Familie gab es stets eine gewisse Distanz – zwischen meinen Eltern, aber auch zwischen mir und ihnen. Ich habe nie gesehen, wie sie einander berührten. Ich habe sie nie sagen hören, dass sie jemanden liebten, weder einander noch mich. Wir lebten in einem Puppenhaus.

Richtige Freunde hatte ich auch nicht. Die Leute wollen mir das nicht glauben. *Du bist doch so hübsch. Die Jungs haben sich doch bestimmt um dich geprügelt. Du hast immer den bekommen, den du haben wolltest.* Aber ich konnte nie die sein, die ich sein will.

Erst als frisch erblühter Teenie lernte ich die Schwächen des männlichen Geschlechts kennen und fühlte mich endlich wahrgenommen. Zwar war die Anerkennung, die ich erfuhr, oberflächlich und vergänglich, aber das Leben hatte mich gelehrt, dass ich ohnehin nichts anderes verdiente.

Aber die Einsamkeit. Damit kam ich nie zurecht.

Allein zu sein bedeutet auch, dass man gezwungen ist, sich selbst zu sehen. Kein Blick, in dem man sich verstecken kann, keine Küsse, in denen man verschwinden kann. Die leersten Worte sind besser als dornige Gedanken.

Auch wenn ich es nicht zugeben wollte, ihm gegenüber auf gar keinen Fall und mir selbst gegenüber möglichst auch nicht, so hatte meine Entscheidung, Fabian zu behalten und auf die Welt zu bringen, auch mit meiner Angst vor der Einsamkeit zu tun.

Ich habe viele schwere Jahre gehabt, aber meine Entscheidung nie bereut. Fabian ist das Beste, was ich in meinem Leben zustande gebracht habe.

Seit ich Peter rausgeworfen hatte, bekämpfte ich meine Einsamkeit mit Wein. Vor dem Fenster ging der Frühling in den Sommer über, die Leute zogen sich Shorts an und setzten ein strahlendes Lächeln auf, aber ich blieb am Küchentisch sitzen, schwer und müde.

»Mama«, sagte Fabian. »Warum bist du so traurig?«

Ich konnte nicht antworten. Obwohl ich die Worte formulierte und sie auf der Zunge zurechtlegte, war es wie verhext. Mein Hals war staubtrocken und meine Zunge gelähmt.

Im Windfang hingen die beiden Sterne auf Halbmast von der Decke. Ich brachte es nicht über mich, sie abzunehmen.

Wenigstens bei der Schulabschlussfeier ließ ich das Trinken bleiben. Fabian hatte die siebte Klasse abgeschlossen, und ich begleitete ihn in die alte Kirche von Köpinge. *Glaub nicht, von allein würd' es Sommer* und *Die Blütezeit, nun kommt sie.* Fabian hatte ein Hemd mit Fliege an und einen Blumenstrauß für Micke dabei. In der Vorhalle der Kirche vergoss ich ein paar Tränen. Mit gemischten Gefühlen erinnerte ich mich an meine eigenen Schulabschlussfeiern und machte mir Sorgen um Fabians Zukunft.

Nach der Feier versammelte der Lehrer die Klasse unter einer Eiche auf dem Friedhof, aber Fabian blieb bei mir stehen und versteckte die Blumen hinter dem Rücken.

»Willst du dich nicht von deinen Schulfreunden verabschieden?«

Die anderen Eltern glotzten. Nach außen setzten sie ein zuckersüßes Lächeln auf, aber mir war natürlich klar, was sie dachten und sagten, wenn wir es nicht hörten.

»Sie sind nicht meine Freunde«, sagte Fabian. »Ich habe keine Freunde, das weißt du.«

Ich zerbrach innerlich. Der Albtraum aller Mütter.

Neu war das für mich nicht, aber solange man das Schlimme nicht in Worte kleidet, kann man ganz einfach so tun, als gäbe es das nicht.

Fabian lief zum Parkplatz, und ich folgte ihm eilig. Micke kam uns entgegen.

»Die hier sind für dich«, sagte Fabian und gab ihm den Strauß.

Die Blumen waren allein seine Idee gewesen. Im Grunde seines Herzens war er ein umsichtiger Junge.

»Da freue ich mich aber sehr«, sagte Micke.

Er strahlte geradezu in seinem blauen Anzug und dem gemusterten Schlips. Die Sonne hatte seinen Wangen Farbe gegeben.

»Ich wünsche dir einen schönen Sommer!«, sagte ich.

Beim Anblick von Mickes Lächeln schöpfte ich wieder Hoffnung, und mir wurde warm ums Herz. Ich wusste nicht, woran es lag, aber mir ging es in seiner Gegenwart gut.

Sogar Fabians Gesicht hellte sich auf.

»Und freust du dich auf die Ferien?«, fragte Micke.

»Vielleicht«, sagte Fabian.

Micke sah hinauf zur Kirche und signalisierte, dass er gehen musste.

»Mama hat mit Peter Schluss gemacht«, verkündete Fabian.

Ich weiß nicht, wer von uns sprachloser war, Micke oder ich.

»Also, Fabian«, sagte ich.

Doch er grinste nur.

Micke und ich wechselten einen raschen Blick, dann ging er eilig weiter.

Peter schickte mir weiterhin SMS. Oft spätabends, manchmal nachts. Wenn ich nicht antwortete, kamen Emojis mit Herzchen und Ausrufezeichen.

Antworte doch! Ich vermisse dich!!!

Ich bin mir nicht sicher, ob er mir wirklich fehlte, aber irgendetwas vermisste ich jedenfalls.

Ich sehne mich nach dir, schrieb Peter.

Ich antwortete mit einem verlegenen Smiley.

Am Abend nach der Schulabschlussfeier saß ich an Fabians Bettkante. Ich hatte den ganzen Tag nichts getrunken.

»Erzähl mir von Papa«, bat er mich.

Und ich erzählte ihm das ganze Märchen, so wie ich es sonst auch immer tat. Wie wir uns kennengelernt hatten, als mein Auto auf der Autobahn seinen Geist aufgegeben hatte. Wie ich neben ihm im Truck saß, als er meinen Schrotthaufen von Auto in die Werkstatt brachte. Seine ölverschmierten Finger und tätowierten Muskeln. Wie er sich unter das Auto legte und konstatierte, dass die Wasserpumpe schuld war. Ich erzählte, und Fabian leuchtete wie eine Lampe.

»Wann können wir hinfahren und ihn besuchen?«, fragte er.

Ich drehte mich zur Tür.

»Das kostet ein halbes Vermögen.«

»Ich kann dir beim Sparen helfen«, schlug er vor.

»Wir werden sehen, mein Schatz. Wir werden sehen.«

An diesem Abend trank ich nur ein Glas. Ein einziges.

Die Sommerferien hatten begonnen, und die Sonne schnitt wie eine Rasierklinge durchs Küchenfenster. Ich öffnete es einen Spaltbreit und hörte draußen die Hummeln summen.

»Fabian?«

In den letzten Tagen war er vor dem Computer in seinem Zimmer festgewachsen.

»Was spielst du da eigentlich?«, fragte ich.

Sein Blick war auf den Bildschirm geheftet.

»Ein Strategiespiel.«

Ich sah vor allem Krieg und Waffen, Explosionen, Gewalt und Tod. Und konnte nicht begreifen, wie er daran Spaß haben konnte.

»Die Sonne scheint«, sagte ich. »Wollen wir nicht rausgehen?«

»Ich spiele, Mama.«

Einige Tage später lag ein Zettel im Briefkasten. Im Sommer veranstaltete Friskis und Svettis kostenlose Gymnastikabende auf der Gemeindewiese. Ich musste unbedingt raus und Leute treffen. Man konnte es zumindest mal ausprobieren.

Auf dem Weg dorthin atmete ich in die hohle Hand, um mich zu vergewissern, dass ich nicht nach Wein roch. Eine Blondine mit Stirnband und Headset leitete die Stunde. Zu Eurodisco der Neunziger aus einem Bluetooth-Lautsprecher wechselte sie zwischen Planks, Hampelmännern und Liegestützen.

Die Sonne strömte durch die Baumkronen herab, es duftete nach Grün, und schon bald keuchte ich atemlos.

Fast nur Frauen waren da. Die meisten kannte ich natürlich, aber es dauerte eine Weile, ehe ich Bianca entdeckte.

Nachdem sie mir aufgefallen war, konnte ich es nicht bleiben lassen, sie in regelmäßigen Abständen verstohlen zu betrachten.

Die gemusterten Sportleggins saßen perfekt an ihren Oberschenkeln. Ihre Beine sahen so stark aus. Ich musste neben ihr wie eine Magersüchtige wirken. Als Bianca sich auf alle viere stellte, bewunderte ich ihren festen Hintern. Die Muskeln, die Kraft. Das andauernde Lächeln auf den Lippen. Während ich schnaufte und keuchte und ständig aufhören musste, um Wasser zu trinken, machte Bianca nicht ein einziges Mal schlapp.

Manche Menschen sind so geboren. Sie gehen ohne die geringsten Brandschäden durchs Feuer und durchqueren das Wasser, ohne nass zu werden. In meinem ganzen Leben bin ich von solchen Frauen überholt worden. Manchmal halten sie kurz inne und begutachten neidisch meine Beine oder Titten, um sogleich weiterzulaufen – im Wissen, dass sie in der Lotterie des Lebens das große Los gezogen haben. Ich konnte mich nie mit Frauen wie Bianca Andersson messen.

Als die Trainerin die Musik ausgeschaltet und sich mit einem Händeklatschen für die Stunde bedankt hatte, sah ich meine Chance gekommen. Ich dachte an das, was mein Manager in New York immer gesagt hatte. *If you can't beat them – join them.* Während ich mich von hinten Bianca näherte, sah ich in eine andere Richtung.

Ich hatte mir schon eine gute Begrüßungsphrase überlegt. Unsere Begegnung sollte ganz zufällig wirken. Aber als ich den

Kopf drehte, hatte Bianca die Rasenfläche schon verlassen. Mit der Wasserflasche in der Hand eilte sie den Gehweg entlang. Ich folgte ihr ein Stück, bis ich den Mann entdeckte, der unter einer großen Kastanie auf sie wartete.

Ich packte es jetzt nicht, Micke zu begegnen. Gerade als ich mich auf den Heimweg machen wollte, bemerkte ich die Haare und die Brille. Das Hemd. Es war nicht Micke, der Bianca abgefangen hatte. Es war Ola.

30. FABIAN

Vor dem Unfall
Sommer 2016

Am allerwenigsten will ich, dass meine Mutter traurig ist. Deshalb sage ich nichts zum Thema Peter. Sie weiß auch so, was ich denke.

Eines Tages war er einfach wieder da. Küsschen und Entschuldigung, ein Streit darüber, wer schuld an der ganzen Sache war – ich habe das alles schon tausend Mal gehört, und dann fängt alles wieder von vorn an. Wie immer. Ich packe es einfach nicht mehr, mir Gedanken zu machen.

»Es ist auch deinetwegen«, sagt meine Mutter eines Morgens, als Peter am Frühstückstisch wieder mit seinem Gemecker und Gelaber loslegt. »Ich war nicht glücklich ohne ihn. Du hast doch selbst gesehen, wie viel Wein ich getrunken habe.«

Ich versuche, diesen Gedanken nachzuvollziehen.

Meinetwegen leiert er also alle Sportarten herunter, die er *in meinem Alter* gemacht hat, worin er der Beste war, was ich seiner Meinung nach tun sollte, obwohl mir klar ist, dass er mich eigentlich nur loswerden will.

»Als ich in deinem Alter war, bin ich im Sommer ins Ferienlager gefahren«, sagt er.

Ich sehe ihn nicht an, tue so, als würde er gar nicht existieren. Schließe mich in mein Zimmer ein und spiele.

Aber der Sommer ist lang und zu heiß. Die Luft ist stickig, obwohl ich das Fenster öffne. Schließlich muss ich raus.

»Kannst du nicht irgendwas unternehmen?«, fragt meine Mutter, als ich mit einem Buch im Schatten sitze.

»Ich lese.«

Sie selbst liegt da wie ein Spiegelei, ihre Haut funkelt in der Sonnenglut. Der ganze Garten stinkt nach Kokosöl.

Peter sitzt neben ihr, halb nackt mit einer Bierflasche in der Hand und einem Grinsen im Gesicht.

»Hey, du bist ja blass wie eine Wand!«

Ich habe die Sonne noch nie gemocht. Viele Menschen quälen sich, bis sie beinahe Brandwunden bekommen, nur um *richtig schön braun* zu werden. Mir ist es lieber, wenn ich mich einfach wohlfühle. Die Leute sagen, dass die Hautfarbe keine Rolle spielt, doch dann schmieren sie sich mit Cremes und Sprays ein, um einen hübscheren Hautton zu bekommen.

Ich entfliehe der Sonne auf meinem Fahrrad. Ich drücke die Basecap in die Stirn und drehe lange Runden durch Köpinge, bis mir der Schweiß herunterläuft. Überall Menschen, die lachen und lächeln. Ich sehne mich nach dem Herbst und der Dunkelheit, wenn sie wieder in ihre Höhlen kriechen.

Die Party ist Peters Idee.

»Natürlich musst du feiern«, sagt er. »Man wird nur einmal vierzig.«

Meine Mutter rümpft die Nase.

»Das ist doch kein Grund zu feiern.«

»Ganz im Gegenteil«, sagt Peter. »Man sollte viel öfter feiern.«

Natürlich wird er seinen Willen bekommen.

Ich will nichts mehr davon hören und drehe ein paar Runden durchs Wohngebiet. Als ich zurück zum Innenhof fahre, sehe ich Micke, der gerade Sachen in seinen Volvo lädt.

»Was machst du?«

Er fährt sich mit dem Handrücken über die Stirn.

»Ich packe. Wir fahren nach Öland. Warst du da schon mal?«

Ich bin unsicher. Ich bin schon an so vielen Orten gewesen, aber das war damals, als ich noch ganz klein war.

»Glaub nicht«, sage ich. »Bist du schon mal in Kalifornien gewesen?«

»Nein, ich war noch nie in den USA, aber ich habe immer davon geträumt.«

»Mein Vater wohnt da«, erzähle ich. »Er hat eine Autowerkstatt in Kalifornien. In ein paar Jahren ziehe ich dorthin und arbeite.«

»Tatsächlich?«

»Wie? Glaubst du, ich lüge?«

Er hebt die Hände.

»Natürlich nicht. Ich glaube dir.«

Dennoch sieht er nicht so ganz überzeugt aus. Und das stört mich. Ich dachte, wir würden uns besser verstehen.

Übrigens gefällt es mir nicht, dass sie wegfahren. Eine ganze Woche in einem Häuschen auf Öland, wozu soll das gut sein?

Ich stelle mein Rad auf der Einfahrt der Anderssons ab und greife nach einem Koffer, um ihm beim Einladen zu helfen. In diesem Moment kommen meine Mutter und Peter auf den Hof heraus.

»Du solltest dir einen Wohnwagen anschaffen«, sagt Peter zu Micke. »Verdammt praktisch, so ein Ding.«

Offenbar hat Micke ihnen schon vom Ölandurlaub erzählt. Gun-Britt wird den Briefkasten der Anderssons leeren, und Peter verspricht, ab und zu eine Runde ums Haus zu drehen, um nach dem Rechten zu sehen.

»Ich habe zwar Urlaub«, sagt er. »Aber natürlich tut man so was für seine Nachbarn.«

Dabei wohnt er gar nicht hier. Micke ist nicht sein Nachbar.

»Wir hätten da eine kleine Frage«, sagt Peter.

Er gibt meiner Mutter ein Zeichen. Sie wirkt beinahe nervös.

»Ich wollte wissen, ob ihr zu meiner Party kommen möchtet«, sagt sie. »Wir feiern am nächsten Samstag meinen Geburtstag. Seid ihr bis dahin zurück?«

Micke nickt.

»Kaum zu glauben, oder?«, sagt Peter und legt den Arm um sie. »Dass diese Frau vierzig wird.«

Ich freue mich nicht auf die Party, aber wenn Micke mit seiner Familie kommt, könnte es trotz allem ganz gut werden.

Micke wirft meiner Mutter einen skeptischen Blick zu.

»Nächsten Samstag? Findet da nicht Åkes Hoffest statt?«

Das Gesicht meiner Mutter fällt von einer Sekunde zur anderen in sich zusammen.

»Verdammt!«

»Dann müssen die eben das Hoffest absagen«, meint Peter.

Meine Mutter wirft ihm einen bösen Blick zu.

»Wie konnte ich bloß das Hoffest vergessen?«

»Åke kann es bestimmt verschieben«, sagt Micke.

Er versucht, den Kofferraum zu schließen, aber eine der Taschen ist im Weg.

»Wir gehen gleich rüber und reden mit ihm«, schlägt Peter

vor. »Und pass auf mit dem Pils auf Öland. Das hat dort nämlich einige Promille mehr.«

Er lacht und zieht meine Mutter mit über die Straße.

Micke geht zurück in sein Haus. Ich folge ihm und bleibe vor dem Gartentor stehen. Es gibt ein kleines Guckloch, einen Spalt zwischen zwei Brettern, durch den ich hindurchschaue.

Auf der Terrasse sitzt Bianca im BH und trinkt aus einem Glas mit Strohhalm. Jemand kommt gerade durch die Glastür nach draußen. Ich drehe und wende den Kopf, um mehr zu erkennen.

Ola.

Er schiebt die Füße in ein Paar grüne Crocs und setzt sich zu Bianca.

»Wir sind zum vierzigsten Geburtstag eingeladen«, sagt Micke.

Ich sehe nur seinen Rücken.

»Bei Jacqueline?«, fragt Ola.

Bianca wirkt erstaunt.

»Hat sie uns eingeladen?«

»Sie will alle Nachbarn einladen«, sagt Micke.

Im selben Moment springt Bianca von ihrem Stuhl auf, schreit und wedelt mit den Armen.

»Igitt, mach die weg! Verschwinde!«

Irgendwas unter dem Tisch hat sie erschreckt. Erst als Ola sie verjagt, sehe ich, dass es eine Taube ist. Eine ganz normale kleine graue Taube.

»Furchtbar heimtückisch sind diese Viecher«, sagt Bianca.

Sie ist seltsam. Am liebsten will sie unerschütterlich wirken, aber eigentlich hat sie vor allem Angst. Micke tut mir leid.

»Leider gibt es eine Überschneidung«, sagt er. »Jacquelines

vierzigster Geburtstag soll am selben Tag stattfinden, an dem Åke das Hoffest geplant hat.«

»Das ist ja mal wieder typisch«, meint Ola. »Immer macht sie es kompliziert.«

»Das war sicher ein Versehen«, sagt Micke.

»Ganz bestimmt nicht. Jacqueline liebt so was.«

Das stimmt doch gar nicht! Ola lügt. Meine Mutter würde so etwas nie absichtlich tun.

»Ich finde, wir boykottieren ihre Party«, fährt Ola fort. »So was tut man nicht. Åke hat das Hoffest doch schon seit ewigen Zeiten geplant.«

Ist er eifersüchtig auf Micke? Daran muss es liegen. Ola hat auch kapiert, dass meine Mutter Micke toll findet.

Wobei er in der letzten Zeit eher Bianca hinterherläuft. Die beiden passen vielleicht zusammen.

»Wahrscheinlich hat Åke das alles ein bisschen zu früh geplant«, entgegnet Micke. »Sicher hat Jacqueline das Datum einfach vergessen.«

»Das glaube ich nicht«, sagt Ola.

»Åke war jedenfalls schneller«, sagt Bianca. »Also muss sie ihr Fest verschieben.«

Micke stellt sich genau zwischen die beiden.

»Wenn ihr so redet, klingt das nach einem Riesenproblem. Wir finden bestimmt eine Lösung, mit der alle zufrieden sind. Klingt doch nett, ein bisschen zusammen zu feiern, oder?«

Mir wird innerlich ganz warm. Ich presse die Hände ans Gartentor, doch dann schwanke ich ein wenig und verliere dabei das Guckloch aus dem Blick.

Ich starre ins Holz hinein.

Mein Blick wird schwarz und verschwommen, ich sehe meinen Vater vor mir. Ich stelle ihn mir ungefähr so vor wie Micke. Großherzig und unkompliziert.

Schritte nähern sich von hinten, und ich werde in die Realität zurückgeholt.

»Was machst du eigentlich da, verdammt?«, fragt Peter.

31. MIKAEL

Nach dem Unfall
Samstag, den 14. Oktober 2017

»Was ist eigentlich los?«

Ich öffne die Tür zum Zimmer auf der Intensivstation, aber Bianca ist weg.

»Sie war doch gerade erst aufgewacht. Uns wurde gesagt, wir könnten in der Zwischenzeit nach Hause fahren. Sie sollte sich ausruhen!«

Ich gehe im Zimmer auf und ab, während Sienna sich mit den Kindern hinsetzt. Die Krankenschwester spricht ruhig und beherrscht.

»Der Blutdruck Ihrer Frau ist überraschend angestiegen. Es wird gerade ein weiteres MRT gemacht.«

»Aber alles war doch gut verlaufen.«

Die Krankenschwester tritt einen Schritt zur Seite, als ich wild mit den Armen gestikuliere.

»Sobald die neuen Resultate da sind, werden die Ärzte Sie informieren.«

Ich berge das Gesicht in den Händen. Ich kann nicht mehr. Am liebsten würde ich einfach nur in mich zusammensacken und verschwinden.

Dann sehe ich meine Kinder und weiß, dass ich sie nicht im Stich lassen kann.

»Kommt«, sage ich.

Bella und William setzen sich auf je eines meiner Knie, und ich halte sie an den Händen, lehne meine Stirn an ihre kleinen Körper.

»Das wird schon wieder«, sage ich. »Alles wird gut.«

Hinter ihnen steht Sienna. Ihr Gesicht erinnert an ein Porträt, auf dem die Farben verlaufen. Große Löcher haben Mund und Augen ersetzt.

»Sie ist doch aufgewacht«, sage ich. »Die Operation war gut verlaufen.«

Ständig wiederhole ich, dass alles gut wird. Ich streiche den Kindern übers Haar. Streichle William über die Wange, küsse Bella. Salzige Kindertränen auf meinen Lippen.

Die Zeit vergeht kaum. Die Wände wölben sich nach innen, und die Luft ist stickig und warm. Das Geräusch von den Geräten hat sich in den Ohren festgesetzt.

Als die Tür geöffnet wird, springen wir alle vier auf.

Sie rollen Biancas Bett herein. Sie bewegt sich nicht. Das Friedliche ist verschwunden. Jetzt schläft sie schwer und angestrengt mit einem Schlauch im Mund.

»Ach, Liebling …«

Bilder flimmern vor meinem inneren Auge vorbei: Bianca im Brautkleid, barfuß am Strand. Der Pfarrer unter dem Regenschirm und das Gesangbuch, das vom Wind zerfleddert wurde. *In guten wie in schlechten Tagen, bis dass der Tod uns scheidet.* Der Geburtsvorbereitungskurs, als ich so heftig atmete, dass ich keine Luft mehr bekam und wir beide einen Lachanfall bekamen, bis die Hebamme uns ausschimpfte und wir Hand in Hand türmten. Das Foto aus Mallorca auf unserer Flurkommode: jeder mit einem glücklichen Kind auf den Schultern, Bianca auf Zehenspitzen, Lippen an Lippen. *Für immer.*

»Ich liebe euch«, flüstere ich und sehe sie nacheinander an. Bianca, William, Bella.

Die Tränen sind versiegt, als Dr. Arif mit verbissener Miene eintritt.

»Dürfte ich mit Ihnen sprechen?«, fragt er.

Meine Beine fühlen sich wackelig an, als ich aufstehe und dem Arzt nach draußen auf den Flur folge. Er schließt eine Tür auf, und wir gehen in ein anderes Zimmer.

»Setzen Sie sich bitte.«

Ich balle meine Hände zu harten Fäusten.

»Der Blutdruck Ihrer Frau ist plötzlich gestiegen«, sagt Arif. »Wir hatten Schwierigkeiten, sie zu wecken.«

»Warum?«

Dabei weiß ich nicht, ob ich es wirklich wissen will.

»Leider zeigt das MRT, dass die kleinen Blutungen in ihrem Gehirn an Größe zunehmen.«

Ich schüttele den Kopf. Er darf nicht weiterreden.

»Es tut mir sehr leid«, sagt Dr. Arif.

Ich verstehe es nicht. Bianca war eben noch wach, ich habe doch mit ihr gesprochen.

»Und was genau bedeutet das?«, frage ich.

Dr. Arif schluckt. Meine Hände werden allmählich taub.

»In der momentanen Situation können wir nichts tun. Wir können nur abwarten.«

»Aber … irgendwas müssen Sie doch tun können. Kann man sie nicht noch mal operieren?«

»Das Risiko ist leider zu groß. Durch eine Operation würde

ein relativ großer Bereich des Gehirns in Mitleidenschaft gezogen werden. Das ist es nicht wert. Ihre Frau könnte nie mehr gehen oder sprechen. Auch die kognitiven Funktionen würden ernsthaft geschädigt.«

Wie erkläre ich das meinen Kindern? Man kann nichts tun.

»Wir können also nur abwarten?«, frage ich. »Schon wieder?«

Dr. Arif schließt die Augen.

»Es tut mir furchtbar leid.«

Ich starre ihn an, das Bild zerbricht, ich sehe Sternchen und Schatten. Dann werden die Fäden gekappt, und alles erlischt.

32. JACQUELINE

Vor dem Unfall
Sommer 2016

»Ein Hoch auf das Geburtstagskind!«, rief Peter und hielt die Bierflasche in die Höhe.

Einen Augenblick war ich froh, dass wir wieder zueinandergefunden hatten. Im nächsten Moment hasste ich mich selbst, weil ich nicht standhaft geblieben war. Jetzt gab es wenigstens jemanden zum Reden, jemanden, der mich berührte und sagte, dass er mich mochte.

Der Garten war erfüllt von Glückwunschrufen und Gelächter.

Nach vielem Hin und Her hatten Åke und Gun-Britt eingewilligt, das Hoffest zu verschieben. Dann würde es dieses Jahr eben ein Winterfest geben.

»Auf die Dreißigjährige!«

Barbara, meine ehemalige Kollegin von Bring, prostete mir zu.

»Dreißig, schön wär's!«

Ich trank, und Barbara lachte so, dass ihre Ballonbrüste in dem geschmacklosen lila Volantkleid wippten.

»Du bist golden«, sagte sie und stieß mit ihrem Glas an meines.

Dieser Satz war ein Insider. Barbara ist Synästhetin und sieht alle Menschen als Farben.

Sieben Jahre waren seit meinem ersten Arbeitstag bei Bring vergangen, aber ich konnte noch immer den muffigen Geruch in der heißen Luft wahrnehmen, nachdem mich die Arbeitsvermittlerin mit einem riesigen Haufen Briefe zum Sortieren dorthin verbannt hatte.

Bring bestand aus scheintoten Männern, die lachten, wenn sie furzten, und einen hochroten Kopf bekamen, wenn man sie ansprach. Barbara wurde meine Rettung. Sie kam gleich auf mich zu, packte meinen Arm und flüsterte:

»Du musst etwas ganz Besonderes sein. Du bist golden.«

Ich hatte noch nie davon gehört, dass es Leute gibt, die ihre Mitmenschen in Farben sehen. Das war eines der vielen Dinge, die Barbara mir in der Zeit bei Bring beibrachte. Es war mein erster Job auf schwedischem Boden und der erste Job, den ich nicht meinen Beinen oder Titten zu verdanken hatte.

Ich war zweiunddreißig und hatte keine Ahnung davon, wie es ist, morgens um sechs aufzustehen, einzuhalten, wenn man aufs Klo musste, und nur zu festen Zeiten Kaffee zu trinken. Wie eine Verrückte sprang ich die Treppen rauf und runter, stopfte die Briefkästen mit Werbung voll, die niemand haben wollte. Eine richtige Arbeit, weit weg vom Catwalk und geilen Fotografen.

»Du siehst so toll aus«, sagte Barbara oft. »Makellos. Richtig traumhaft.«

Sie blieb manchmal einfach stehen und starrte mich an. Es hätte nur noch gefehlt, dass ihr die Zunge aus dem Mund gehangen hätte.

»Hör auf«, sagte ich.

»Du bist wie aus einer anderen Welt«, murmelte sie.

Nach der täglichen Posternte aßen wir meistens zusammen in der winzigen Teeküche. Barbaras belegte Brote mit Käse, Marmelade, Feigen und Walnüssen galten bei Bring als legendär.

»Du wirst nicht lange bleiben«, sagte sie. »Solche wie du bleiben nicht an einem Arbeitsplatz wie diesem.«

»Bullshit.«

Ich weigerte mich, etwas Besseres zu sein. Früher war ich mit Umhängetaschen von französischen Designern auf dem Laufsteg auf und ab stolziert. Jetzt lief ich durch Laubengänge mit der Tasche voller Ansichtskarten und Rechnungen. Man tut, was man kann und was von einem erwartet wird. Ich habe nie von etwas anderem geträumt, als zu überleben und von jemandem geliebt zu werden.

»Hey, du warst Model und Schauspielerin!«, sagte Barbara.

»Es war eher eine ganz kleine Rolle als Statistin.«

»Hör auf, dich kleinzumachen«, sagte sie und steckte sich eine Zigarette zwischen die Zähne, während wir auf unseren vollgeladenen Posträdern losfuhren. Mir kam der Gedanke, dass ich schon früher in meinem Leben eine Barbara gebraucht hätte.

»Wir haben uns ja ewig nicht getroffen«, sagte sie, als wir uns auf meinem vierzigsten Geburtstag wiedersahen.

Sieben Jahre vergehen schnell. Ich sah bei mir keine große Veränderung. Die Brüste waren schlaffer, ich hatte Cellulite an den Oberschenkeln, aber tief in meinem Inneren war ich noch immer derselbe unsichere Teenager, der mit den Wimpern klimperte und in die USA flog.

»Wie groß er geworden ist!« Barbara nickte in Fabians Richtung.

Es hatte mich fünfundvierzig Minuten gekostet, bis er das Hemd anzog. Die BMW-Cap hingegen war nicht verhandelbar gewesen.

»Ich freue mich so, dass du mich eingeladen hast«, sagte Barbara.

Es war mehrere Jahre her, dass ich mich bei ihr gemeldet hatte. Ihre SMS und E-Mails hatte ich unbeantwortet in meinem Handy aufbewahrt.

»Schön, dass du gekommen bist«, sagte ich und füllte mein Glas mit Bowle nach. Peter stand am Grill und wedelte den Rauch weg.

»Einen sympathischen Nachbarn hast du da«, sagte Barbara und beugte sich näher zu mir. »Ist er Single?«

»Wer denn? Micke?«

»Nein, nein. Der da. Ola.«

Sie zeigte diskret auf Ola, der neben Peter stand und einen Drink in der Hand hielt. Er hatte rote Augen und schwankte schon.

»Vergiss ihn«, sagte ich.

Barbara lachte, aber schnell begriff sie, dass ich es ernst gemeint hatte.

»Ich verstehe«, sagte sie.

Das tat sie natürlich nicht, aber das war auch egal.

Das Fleisch war am Ende angebrannt, aber alle sagten, es sei trotzdem lecker. Mein Kartoffelgratin bekam so viel Lob, dass ich schließlich zugab, dass es ein Fertigprodukt von Lidl war.

Nach dem Essen konnte man sich an einem Tisch Getränke mixen. Peter stellte den Lautsprecher ins Schlafzimmerfenster, und wir tanzten im Garten zu alten Achtzigerjahre-Hits.

»Sind das Langweiler«, zischte Peter in mein Ohr und blickte in Richtung Micke und Bianca.

»Sch«, gab ich zurück und kicherte.

Er hatte recht. Die beiden hatten sich in eine Ecke des Gartens zurückgezogen wie die schlimmsten Partymuffel.

Åke und Gun-Britt hatten am Vormittag noch abgesagt. Sie hatten es auf Åkes Migräne geschoben, aber im Grunde genommen konnten sie es wohl nicht verschmerzen, dass das Hoffest verschoben worden war.

»Jetzt ist es an der Zeit, dass wir uns ein bisschen aufheizen«, meinte Peter.

Er torkelte zum Tisch und reihte Gläser auf. Bianca machte eine verächtliche Grimasse, als er Sambuca einschenkte und vergeblich versuchte, die Flüssigkeit mit seinem Zippo anzuzünden.

»Ein Mistzeug ist das.«

»Hier«, sagte Barbara und reichte ihm ein BIC-Feuerzeug.

Währenddessen hatten die Zwillinge Mutić aus Eslöv die Playlist übernommen, und es erklang eine Jugo-Ballade mit Geigen und allem Drum und Dran auf höchster Lautstärke.

Verstohlen sah ich Bianca an, während ich Micke an den Händen packte und ihn vom Rasen hochzog. Nach einem widerstrebenden Auftakt gab er sich bald hin, als ich ihm die Arme um den Hals schlang und die Hüften im Takt der Musik bewegte.

»Ich bin so froh, dass ihr gekommen seid«, sagte ich. »Trotz allem.«

Ich hatte Micke im Verdacht, Åke mit davon überzeugt zu haben, das Hoffest zu verschieben.

»Dein Fest hätte ich ja auch nicht verpassen wollen«, sagte er.

Irgendetwas war mit dem Licht, das auf sein Gesicht fiel, und wenn er lachte, bekam er Grübchen in den Wangen.

Neben uns drehten sich die Zwillinge in einer Art Balkantanz.

»Danke noch mal, dass du dich in der Schule so für Fabian einsetzt«, sagte ich. »Das bedeutet mir wirklich viel.«

Ich lehnte den Kopf zurück und presste die Brüste an ihn. Er wand sich, sah verlegen aus.

Ich hatte mal wieder zu viel getrunken.

Typisch Jacqueline. Wie tragisch! Kaum kommt mir ein Mann ein bisschen zu nah, schon wallen die unmöglichsten Gefühle in mir auf.

»Danke für den Tanz.«

Ich lächelte.

Ich wusste, dass ich Micke bekommen könnte. Es wäre nicht einmal eine Herausforderung. Aber ich war nicht mehr so. Ich hatte nicht vor, eine Familie zu zerstören. Nicht schon wieder.

Als ich mich umdrehte, hatte sich Ola von hinten angeschlichen. Aufdringlich und plump legte er die Arme um mich. Sah mich mit glasigen Augen an.

»Lass mich los«, sagte ich.

»Komm schon. Hör auf, die Unnahbare zu spielen. Ich will nur tanzen.«

»Verdammt«, sagte ich und schob ihn beiseite, sodass er stolperte und in seinen Seglerschuhen wegrutschte.

Aus dem Augenwinkel sah ich Peter. Den fieberroten Blick, die geballten Fäuste.

»Gibt es ein Problem?«

»Nein, alles gut«, lallte Ola.

Aber Peter packte ihn.

»Lass Jacqueline in Ruhe.«

»Wir haben nur getanzt«, sagte Ola und zappelte, um sich aus Peters Griff zu befreien.

Peter sah mich fragend an.

»Scheißegal«, sagte ich.

Auf jeden Fall wollte ich vermeiden, dass es eine Szene gab. Was sollten Micke und Bianca denken? Beschämt betrachtete ich das kleine verstummte Häuflein, das von meinen Geburtstagsgästen übrig geblieben war.

Peter schob Ola hinaus auf den Rasen.

»Ab nach Hause mit dir«, sagte er. »Bevor du dir noch eine fängst.«

Mit einem Brummen stolperte Ola rückwärts zum Gartentor.

»Du kranker Irrer«, sagte er und schien die Zustimmung von Bianca und Micke zu suchen.

Fünf Minuten später machten sie sich auch auf den Heimweg. In Biancas grünen Augen lag ein erschreckter Ausdruck, als sie sich an Micke festklammerte. Die beiden sagten nichts, aber Micke legte die Hand auf meinen Arm, dankend und bedauernd zugleich.

»Ich glaube, die Party ist vorbei«, sagte ich.

Vielleicht war nicht nur das Fest vorbei. Peter machte eine erstaunte Bewegung mit den Armen, aber ich hatte genug von dem ganzen Drama. Als Micke Biancas Hand nahm und im Mondschein den Innenhof überquerte, wünschte ich, dass ich dort mit ihm ginge. Alles hätte so anders sein können.

Ich schlüpfte aus den Schuhen und stürmte ins Haus, wobei ich Peter den Ellbogen in die Seite rammte. Er fluchte und gab sich verständnislos.

»Du kannst dir ein Taxi bestellen«, verkündete ich und knallte ihm die Haustür vor der Nase zu.

Bald saß ich auf der Badewannenkante und bekam ein verheultes Gesicht, dabei hatte ich eine Stunde für das Make-up gebraucht.

Story of my life.

Ich habe mir immer anhören müssen, dass ich überempfindlich bin. *You wear your heart on your sleeve*, sagte mein Agent in L. A. Ich musste lernen, die Gefühle wegzupacken. Es gibt unendlich viele Löcher, in die man sie stopfen kann, und ungeheuer viele Toiletten, auf denen man weinen kann.

Nach einer Weile haute Peter gegen die Haustür, klopfte an die Fenster, aber ich hatte nicht vor, ihn hereinzulassen. Nie wieder wollte ich überhaupt irgendjemanden einlassen. Alles war falsch gelaufen. Ich traf die falschen Entscheidungen, ich machte alles falsch. Ich selbst war falsch.

Ich betrachtete mich im Badezimmerspiegel. Ein Mascara-Monster.

Gewisse Sachen lassen sich nicht reparieren. Was tut man mit Dingen, die man nicht reparieren kann? Verstecken, wegwerfen, vergessen.

Mir blieb nur die Flucht.

33. JACQUELINE

Nach dem Unfall
Sonntag, den 15. Oktober 2017

»Ich hab Angst, Mama.«

Fabian sitzt am Küchentisch und starrt ins Nichts. Das T-Shirt ist schmutzig, und es stinkt aus dem Abfluss.

»Wie soll das alles weitergehen?«

Ich wünschte, ich könnte ihn trösten und ihm irgendetwas garantieren, aber ich weigere mich, ihm weitere Versprechen zu geben, die ich vielleicht nicht halten kann.

»Ich will nicht zurück. Ich weigere mich, zurückzufahren.«

Fabian schaukelt vor und zurück, er knetet unaufhörlich seine Hände.

»Du kapierst nicht, wie schlimm es war.«

Ich kann ihn nicht ansehen. Der Schmerz ist unerträglich.

Wie konnte ich mich darauf einlassen, ihn wegzuschicken? Ich versuche, die Erinnerungen abzuschütteln. Das Entsetzen in Fabians Augen, als sie ihn ins Auto schleppten. Mit diesem Bild im Kopf durchlitt ich die Stunden in der Entzugsklinik. Dieses Bild war es, das mich davon überzeugte, zu widerstehen und zu bleiben, als die Versuchung zu fliehen am stärksten wurde.

»Stell dir vor, du landest im Gefängnis«, sagt Fabian. »Sie werden mich in dieses Heim zurückschicken!«

»Nein, du musst nie wieder dorthin zurück.«

Ich weiß nicht, wie lange wir dort zusammen in der Küche sitzen, doch allmählich geht die Dunkelheit vor dem Fenster von dünnen Schatten in kompakte Schwärze über. Als ein Auto auf den Hof einbiegt, ist die ganze Küche von Scheinwerferlicht erfüllt.

»Peter!«

Fabian läuft in sein Zimmer, als es gegen die Tür hämmert.

»Aufmachen!«, brüllt Peter.

»Du bist hier nicht willkommen!«, schreie ich zurück.

Wir stehen uns Nase an Nase gegenüber, zwischen uns die geschlossene Haustür.

»Gib mir fünf Minuten.«

Ich schwanke. Denke an die Nachbarn. Er weckt alle, die nicht jetzt schon wach sind.

Als ich aufsperre, tritt Peter ins Haus und umarmt mich.

»Hör auf«, sage ich und schiebe ihn weg. »Was willst du?«

Er nimmt mein Gesicht zwischen seine großen Hände.

»Komm schon. Ich bin es doch.«

Die obersten Knöpfe seines Flanellhemds stehen offen, die Ärmel sind bis zu den Ellbogen hochgekrempelt. Er hat sich seit mehreren Tagen nicht rasiert.

»Ich will, dass du nicht mehr herkommst.«

»Du«, sagt er, »es ist okay, jetzt nicht stark zu sein.«

Ich schließe die Augen und versuche, dagegen anzukämpfen, während Peter mir eine Locke aus dem Gesicht streicht.

»Du brauchst mich«, sagt er. »Wir brauchen einander. Lass zu, dass ich für dich und Fabian da bin.«

Derselbe Lockruf wie damals, dieselben Liebkosungen, die sich durch mein ganzes Leben ziehen.

Aber ich bin jetzt eine andere.

»Dir ist sicher klar, dass die Ermittler auch mich vernehmen werden«, sagt er.

»Warum sollten sie das tun?«

Er hört nicht zu.

»Ich kann die richtigen Antworten geben. Ich weiß, wie das funktioniert.«

»Hör auf! Ich habe der Polizei schon alles gesagt. Ich habe gestanden und stehe zu dem, was ich getan habe.«

»Das Jugendamt wird dir Fabian wieder wegnehmen«, sagt Peter.

Ich reiße mich los, dränge mich an ihm vorbei und öffne die Haustür, die in die Finsternis hinausführt.

»Hau ab!«

»Komm schon«, sagt er mit weicherer Stimme. »Du musst das nicht alleine durchstehen.«

»Ich bin nicht allein.«

Peter lächelt ein wenig, dann blitzen seine Augen auf, und seine Stimme bekommt wieder einen härteren Klang.

»Meinst du Micke?«

»Hör auf«, sage ich.

»Ich wusste es. Du vögelst ihn!«

»Raus jetzt!«, sage ich.

Gegenüber im Fenster von Åke und Gun-Britt ist Licht. Notfalls muss ich quer über den Hof fliehen.

»Hast du versucht, Bianca umzubringen?«, fragt Peter.

»Hast du sie nicht mehr alle?«

Das kann er doch nicht ernst meinen.

»Du hast die perfekte Gelegenheit gesehen, sie loszuwerden.«

»Du bist gestört«, sage ich. »Es war ganz klar ein Unfall. Glaubst du allen Ernstes, dass ich Bianca etwas antun würde?«

Er grinst, und ich spanne meine Wadenmuskeln an, mache mich bereit, ihn in den Schritt zu treten.

»Geh jetzt!«

Er starrt mich mit offenem Mund an. Macht ein paar Schritte vorwärts.

»Ich liebe dich.«

Seine Worte riechen nach Hass.

Ich weiche zurück.

»Aber du bist es verdammt noch mal nicht wert«, fährt er fort.

Im selben Moment öffnet Fabian die Tür, mit seinem Baseballschläger in der Hand.

»Lass uns in Ruhe!«

Er schaukelt vor und zurück, schnauft durch die Nase.

So habe ich ihn noch nie gesehen. Wie von Sinnen.

»Sonst noch was?«, kontert Peter. »Schlägst du mich gleich damit? Du kannst doch nicht mal einer Mücke was zuleide tun!«

Der Holzschläger zittert in Fabians Hand. Ich selbst zittere am ganzen Körper.

Peter zögert ein paar Sekunden, dann drängt er sich an mir vorbei und verschwindet hinaus in die kalte Finsternis. Rasch ziehe ich die Tür zu und schließe ab. Der Baseballschläger fällt zu Boden.

Fabian und ich stehen dicht voreinander, ohne uns zu berühren. Langsam fällt der animalische Zorn von ihm ab.

Draußen startet das Auto.

34. MIKAEL

Vor dem Unfall
Sommer 2016

Am Morgen nach Jacquelines Geburtstagsparty schlief ich bis weit in den Vormittag hinein und erwachte davon, dass die Kinder mich als Trampolin benutzten. Sie sprangen auf und ab, landeten auf dem Bauch und kitzelten mich unter den Armen.

»Wach jetzt auf, Papa!«, sagte William. »Wir wollen Pfannkuchen haben.«

»Mein Tablet ist tot«, klagte Bella.

Mein Kopf war ein Betonmischer, aber mir blieb nichts anderes übrig, als aus dem Bett zu kriechen und Frühstück zu machen.

Bianca saß barfuß im Morgenmantel an der Kücheninsel.

»Guten Mittag«, sagte sie und gab mir einen Kuss.

Die Kaffeemaschine gurgelte schon vor sich hin, und ich machte mich an den Pfannkuchenteig.

»Also, dieser Peter ist ja nicht ganz normal«, sagte Bianca.

»Ola war auch unangenehm.«

»Ja, aber er musste sich verteidigen. Peter war auf dem besten Weg, ihm eine reinzuhauen. Komisch, dass er als Polizist kein besseres Urteilsvermögen hat.«

Ich stahl mir eine Tasse Kaffee aus der Kanne, ehe das komplette Wasser durchgelaufen war. Es spritzte, und ich bekam Flecken auf meiner Jogginghose.

»Das war ja wie früher auf den Partys«, bemerkte Bianca, während ich mir die Hose mit einem Feuchttuch abrieb.

»Ich verstehe nicht, was Jacqueline an Peter findet«, sagte ich. Bianca half mir, die Hose sauber zu machen.

»Mir tut vor allem Fabian leid. Stell dir vor, du musst mit diesen beiden Gestörten unter einem Dach wohnen.«

Das klang nach Sippenhaft. Als würde das Schlimme von Peter auf Jacqueline abfärben. Ich hatte sie im Verdacht, ein bisschen eifersüchtig zu sein. Vermutlich, weil ich mit Jacqueline getanzt hatte. Sie war ziemlich beschwipst und unnötig aufdringlich gewesen.

»Für mich bitte keine weiteren Nachbarschaftsfeste«, sagte Bianca und erhob sich.

Ich umarmte sie von hinten, streichelte ihre Schlüsselbeine und strich ihr über die Brüste.

»Ich hätte dir von Anfang an zuhören sollen«, sagte ich. »Der Umgang mit Nachbarn ist lebensgefährlich.«

Sie stieß einen wohligen Seufzer aus, als ich ihren Hals küsste, und ich wurde hart, während ich mich von hinten an sie drückte.

Im selben Moment zog die Erinnerung an meinen Tanz mit Jacqueline vor meinem inneren Auge vorbei. Ich musste die Bilder wegblinzeln. Wie konnte ich an eine andere denken, wenn ich gerade mit meiner Frau schmuste?

Biancas Handy gab einen Klingelton von sich, und nachdem sie ihren Code eingegeben hatte, zeigte es ihr an, dass sie eine neue Nachricht von Ola bekommen hatte.

»Was schreibt er?«, fragte ich.

»Er hat natürlich Angst. Aber er sagt schon länger, dass Peter und Jacqueline gestört sind.«

Es ärgerte mich, dass sie so unkritisch Olas Position übernahm. Er hatte sich genauso übel benommen wie Peter.

»Du hast bestimmt nicht vergessen, dass Ola wegen eines Gewaltverbrechens verurteilt worden ist?«

Bianca verkrampfte sich, und ihre Haut unter meinen Händen kühlte ab. Ich wurde sofort schlaff.

»Das war ein besonderer Vorfall«, sagte sie. »Ich kann verstehen, dass Ola empört war.«

»Empört, ja. Aber das ist doch wohl etwas ganz anderes?«

Wollte sie ihn tatsächlich verteidigen? Sie hatte selbst entsetzt geklungen, als sie mir von dem Gerichtsurteil erzählt hatte. Wie Ola nach Hause zu seiner dementen Mutter gekommen war und sie eingenässt im Bett vorgefunden hatte, obwohl jemand vom Pflegedienst gerade in der Wohnung war. Der zwanzigjährige Kläger, eine Urlaubsvertretung, gab später an, dass Ola ausgerastet sei, als er ihm erklärt habe, er habe die Windel der Mutter bereits gewechselt. Er dürfe sie daher kein zweites Mal wechseln, aber Ola könne es gern übernehmen. Für das Gericht stand außer Frage, dass sich Ola der körperlichen Misshandlung schuldig gemacht hatte, weil er sich auf den jungen Pfleger gestürzt, ihn an die Wand gedrückt und ihm zwischen die Augen gespuckt hatte.

»Stell dir vor, es wäre deine Mutter gewesen«, sagte Bianca und löste meine Hände von ihrer Taille.

»Natürlich, das ist völlig daneben. Aber das war ja wohl nicht die Schuld der Urlaubsvertretung. Und es ist doch nie in Ordnung, Gewalt anzuwenden?«

»Natürlich nicht.«

Bianca schenkte sich den restlichen Kaffee ein und schaltete die Kaffeemaschine aus.

Verdrehte Ola ihr den Kopf? Als ich selbst an der Schule in Stockholm die Kontrolle verlor, hatte sie null Verständnis gezeigt. Keinerlei Gnade. Wenn ich etwas Vergleichbares noch einmal täte, nähme sie die Kinder und ginge.

Ich hatte sie auf Knien um eine zweite Chance gebeten. Und ich hatte zugegeben, dass ich einen Fehler begangen hatte. Gewalt ist immer falsch.

Offenbar galten für Ola Nilsson andere Regeln.

Zwar hatte er Bianca eine neue Arbeit organisiert, und dafür war ich ihm auch dankbar. Sie war seitdem viel fröhlicher und sah frischer aus. Aber trotzdem.

»Hast du das Gefühl, Ola gegenüber in der Schuld zu stehen?«, fragte ich. »Es ist nicht sein Verdienst, dass du den Job bekommen hast. Du bist eine sehr geschickte Maklerin, die beste, die sie hätten bekommen können, Liebling.«

Sie lächelte kühl.

»Danke.«

Ich hatte plötzlich das unheimliche Gefühl, dass wir auf einmal logen. Wir belogen nicht nur einander, sondern auch uns selbst.

Erst als die Kinder eingeschlafen waren und es über den Dächern dämmerte, rappelte ich mich vom Sofa hoch und zog die Jogginghose mit den Kaffeeflecken aus.

»Ich muss mein Leben in den Griff bekommen«, sagte ich.

Bianca lächelte erstaunt.

»Jetzt? In Unterhose?«

»Ich gehe raus und laufe eine Runde.«

Der innere Widerstand war erheblich, aber ich hatte nicht vor, mich besiegen zu lassen. Dass ich einen ganzen Sommertag verkatert auf dem Sofa verbrachte, gehörte der Vergangenheit an. Ich war jetzt ein erwachsener Mann, ein Familienvater.

Als ich den Hof in meinen immer enger sitzenden Lauftights überquerte, spähte ich in Jacquelines Garten. Überall Flaschen, Dosen und Gläser. Verschrumpelte Ballons und aufgeweichte Luftschlangen auf dem zertrampelten Rasen.

Warum hatte sie nicht aufgeräumt?

Ich wollte gerade auf dem Fußweg weitergehen, als ich Jacqueline bemerkte, die auf einer Sonnenliege an der Hauswand lag.

»Hallo«, sagte ich.

Keine Antwort. Sie hatte eine schwarze Sonnenbrille auf. Bestimmt ging es ihr mies. Vielleicht schlief sie?

»Jacqueline?«

Ich öffnete das Gartentor und ging hinein.

»Wie geht es dir?«

Sie zuckte zusammen, erhob sich und nahm die Brille ab. Verschlafen sah sie mich an, ungeschminkt und mit zerzaustem Haar.

»Tut mir leid …«, murmelte sie. »Ich schäme mich so.«

Sie atmete tief ein. Die Unterlippe zitterte, und ehe sie wieder ausatmen konnte, zerbrach das Gesicht in tausend Stücke.

»Was ist los?«

Ich machte ein paar Schritte auf sie zu. Was sollte ich tun?

»Das war einfach zu viel gestern. Was für ein verdammtes Fiasko.«

»Denk nicht mehr daran. Vielleicht brauchst du ein bisschen Wasser? Komm, ich bringe dich rein.«

Auf dem Wohnzimmertisch stand schon ein Glas Wasser. Sie trank ein paar Schlucke, setzte sich auf die Sofakante und rieb sich mit dem kleinen Finger die Tränen aus den Augen.

»Ich glaube, ich habe irgendeine Funktionsstörung.«

»Was meinst du damit?«

Sie lachte freudlos.

»Irgendwas stimmt nicht mit mir. Eine psychische Störung, die dazu führt, dass ich all meine Beziehungen kaputtmache.«

Ich biss mir auf die Zunge. Das Problem war wohl eher ihre Tendenz, Beziehungen mit lauter Nieten einzugehen.

»Das mit der Liebe ist nicht einfach«, entgegnete ich stattdessen.

»Ich wünschte, ich wäre eher so wie Fabian. Solche Dinge sind ihm gar nicht wichtig«, sagte Jacqueline. »Oder wie du: ein ganz normaler Mensch, der nicht jede Viertelstunde ein Drama verursacht.«

»Ich nehme das mal als Kompliment«, erwiderte ich.

»Das war auch so gemeint.«

Sie sah mich mit einem Gesichtsausdruck an, den ich als Erleichterung deutete, aber darunter lag auch etwas anderes, etwas Trauriges, Enttäuschtes.

»Das sieht mir gar nicht ähnlich«, sagte sie. »Über so was mit jemandem zu reden, den ich kaum kenne. Oder überhaupt mit jemandem über so was zu reden.«

Das war ein großer Vertrauensbeweis. Ich wusste nicht, ob ich damit umgehen konnte.

»Wozu sonst sollten Nachbarn gut sein? Um sich Zucker auszuleihen?«

Es fiel mir schwer, mich gegen ihr noch immer etwas finsteres Lächeln zu wehren.

»Ich habe mich selbst so unglaublich satt«, fuhr sie fort. »Alles habe ich satt. Wir sollten am besten weit von hier wegziehen und von vorn anfangen.«

Genau wie Bianca und ich es getan hatten.

»Wo steckt Fabian?«, fragte ich und sah mich um.

Er sollte unser Gespräch nicht mit anhören.

»Er ... ich ...«

Jacqueline stand auf und zeigte auf die Badezimmertür.

»Er ist da drin.«

Ich starrte das rote Türschloss an.

»Ich bin so irre wütend auf ihn geworden«, erklärte Jacqueline. »Ach, dass es immer auf Kosten von Fabian geht.«

»Hast du ihn im Badezimmer eingeschlossen?«

Jacqueline sah zur Seite.

»Man kann es nur von innen abschließen.«

Dieselbe Erklärung, die ich von Andy aus der 9 c gehört hatte.

»Es hat keinen Sinn, ihm Hausarrest zu geben. Er ist sowieso lieber drinnen«, sagte Jacqueline. »Und ihn ins Zimmer einzusperren, bringt auch nichts. Er könnte problemlos Jahrzehnte darin verbringen. Was soll ich tun? Ich muss ihn doch irgendwie bestrafen dürfen. Wie soll er sonst etwas lernen?«

Es ging mich nichts an, und ich wusste auch nicht, wie es war, mit einem Jugendlichen wie Fabian zusammenzuleben, aber mein Bauchgefühl sagte mir, dass dies definitiv nicht der richtige Weg war.

»Kannst du nicht mit ihm reden? Es mit ihm ausdiskutieren?«

Ich fühlte mich wie ein furchtbarer Besserwisser.

»Das hab ich schon alles versucht.«

Jacqueline atmete schwer, eine Haarsträhne fiel ihr ins Gesicht. Sie tat mir leid, aber was konnte ich schon tun? Ich wollte nicht noch mehr in die Probleme der Familie Selander verstrickt werden.

»Ich kann mit der Beratungslehrerin sprechen«, sagte ich. »Es gibt einen Psychologen, der ...«

Jacqueline hielt die Hand hoch.

»Danke, aber das bringt nichts. Das haben wir alles schon durch, und Fabian weigert sich.«

»Ich ...«

Ich warf einen vielsagenden Blick auf die Haustür.

»Eigentlich wollte ich eine Runde laufen gehen.«

»Tut mir leid«, sagte sie. »Danke, dass du zugehört hast. Ich fühle mich wie die größte Idiotin der Welt.«

»Tu das nicht«, sagte ich. »Es gibt immer jemanden, der noch schlimmer ist.«

Es war so schön, sie lachen zu sehen. Bei meiner Laufrunde konnte ich an nichts anderes als an sie und Fabian denken. Ich sah ihn eingeschlossen auf dem Klo sitzen, die Haare hingen ihm in die Augen. Ich dachte an Jacquelines Sorgen, ihre Resignation. Obwohl ich beim Laufen einen Podcast hörte, konnte ich mich an nichts erinnern, als ich vierzig Minuten später wieder auf dem Innenhof ankam.

Vor der Nummer fünfzehn stand Peters Auto nachlässig geparkt.

Ich war vollkommen erledigt, als ich mich neben Bianca aufs Sofa legte. Während mein Atem sich beruhigte, erzählte ich von Jacqueline, vom Schlachtfeld im Garten, von ihrem Zusammenbruch und dass sie Fabian auf die Toilette verbannt hatte.

»Hat sie ihn im Bad eingeschlossen? Ernsthaft?«

Bianca war betroffen.

»Das wird ja immer gestörter.«

Ich stimmte ihr zu.

»Ich finde, wir sollten mit diesen Leuten nichts mehr zu tun haben«, sagte Bianca.

»Wir können immer noch nach Lappland ziehen«, erwiderte ich.

Sie funkelte mich an, ohne den Anflug eines Lächelns.

»Man sollte es dem Jugendamt melden.«

35. MIKAEL

Nach dem Unfall
Sonntag, den 15. Oktober 2017

»Warum wacht sie nicht auf?«, fragt Bella. »Ich will jetzt nach Hause.«

Sie sitzt auf meinem Schoß an Biancas Bett.

»Mama, wach jetzt auf. Bitte.«

Ich streiche ihr über die Wange, während die Zeit davonläuft.

Mir fällt ein, wie ich Bianca das erste Mal begegnete. Ich wollte nur schnell ins Kaufhaus Åhléns und blieb zufällig in der Herrenabteilung stehen.

»Kann ich helfen?«, fragte eine Stimme hinter mir.

Ich wollte mit einem Lächeln antworten und schnell weiter, aber als ich mich umdrehte, empfing mich ein bezaubernder grüner Blick. Ich kaufte Kleidung im Wert von mehreren tausend Kronen und verfluchte mich noch Tage danach, weil ich sie nicht um ihre Telefonnummer gebeten hatte. Zum Glück wusste ich wenigstens, wo sie arbeitete.

In der Woche darauf ging ich ständig unter irgendwelchen Vorwänden in die Stadt und schaute bei Åhléns vorbei, um einen Blick auf sie zu erhaschen. Ich versteckte mich hinter einem Ständer mit Mänteln und spähte zur Kasse hinüber, als sie plötzlich auf mich zukam.

»Kann ich helfen?«, fragte sie.

Dasselbe wunderbare Lächeln. Ich stotterte und verlor den Faden. Am Ende fragte ich sie, ob sie mich wiedererkannte.

»Nein, sollte ich?«

Daraufhin verhedderte ich mich in einem Netz von wenig überzeugenden Erklärungen, während Bianca mich mit einem kleinen Lächeln im Mundwinkel ansah. Schließlich rückte ich mit der Frage heraus, ob sie vielleicht mal mit mir Kaffee trinken gehen wolle.

Zwei Wochen später, als wir Kaffee getrunken, spazieren gegangen und auf meinem Balkon romantisch zu Abend gegessen hatten, gab Bianca zu, dass sie mich bei Åhléns sehr wohl wiedererkannt habe. Sie habe seit unserer ersten Begegnung sogar mehrmals an mich gedacht.

Im nächsten Sommer reisten wir zusammen nach Sardinien und sind seitdem unzertrennlich.

»Papa«, sagt Bella und legt die Hand an mein Kinn.

Meine Angst spiegelt sich in ihren Augen. Sie hat mich fast noch nie weinen sehen.

»Wann kann Mama mit uns nach Hause fahren?«, fragt sie.

Meine Antwort wird im Hals zerhackt und kommt als stotternde Masse heraus.

»Ich ... weiß ... nicht.«

Diese Warterei. Als wäre man vom Boden abgesprungen und hinge nun in der Luft fest und sehnte sich danach zu landen.

»Ich will mir einen Film ansehen«, sagt William.

Bella springt von meinem Schoß.

»Ich auch.«

Sienna hilft ihnen, auf dem Tablet *Die Kinder aus Bullerbü* zu finden, und Astrid Lindgrens warme Erzählerstimme mischt sich unter die Geräusche der medizinischen Geräte.

Ein wenig später kommt ein Pfleger herein und grüßt leise. Er schiebt sich vorsichtig an den Kindern vorbei, verstellt die Lamellen der Jalousien und lässt Frischluft herein.

»Schon dunkel«, meint er seufzend.

Für mich ist das unwesentlich. Dieses Zimmer ist immer dunkel. Die Zeit existiert nicht mehr, das Licht ist in weite Ferne gerückt.

Der Pfleger bleibt an der Tür stehen und begrüßt jemanden. Er wechselt ein paar kurze Phrasen, um dann ins Zimmer zurückzukehren.

»Sie haben Besuch.«

Ich kann kaum einen klaren Gedanken fassen, als Ola schon vor mir steht. Das Hemd ist bis oben hin zugeknöpft, seine Brille ist beschlagen.

Ich will nicht, dass er hier ist.

»Was willst du?«

Heftig erhebe ich mich vom Stuhl.

»Hallo, Ola«, sagt Bella und schaut vom Tablet auf.

Ich muss mich zusammenreißen, um der Kinder willen.

»Ich habe Blumen gekauft«, sagt Ola. »Aber man durfte sie nicht mit hereinnehmen.«

Er reicht Sienna die Hand und stellt sich vor.

»Ich bleibe nicht lang. Ich wollte nur mal sehen, wie es ihr geht.«

Mir rollen sich die Fußnägel hoch, aber ich werde keine Szene machen. Nicht hier und jetzt.

Ola stellt sich ans Bett und sieht auf Bianca hinab.

»Was sagen die Ärzte?«, fragt er.

»Wir können nur abwarten.«

»Es ist alles so unbegreiflich«, sagt er und schlägt die Hand vor den Mund.

»Es ist wohl am besten, wenn du jetzt gehst«, meine ich.

Er nickt. Bleibt stehen und schaut Bianca noch einen Augenblick lang an. Ich begleite ihn auf den Flur.

»Hast du mit Jacqueline gesprochen?«, frage ich.

»Ein bisschen.«

»Warum hat sie sich dieses Auto gekauft? Einen BMW? Sie ist doch sonst immer in solchen alten Rostlauben herumgefahren.«

Ola zuckt mit den Achseln.

»Fabian ist besessen von BMWs.«

Das weiß ich. Aber trotzdem. Warum konnte sie sich so ein Auto leisten?

»Ich werde ihr niemals verzeihen«, sage ich.

»Das verstehe ich.«

»Wie konnte sie Bianca übersehen? Hatte sie was getrunken?«

Ola zieht den Reißverschluss seines Parkas hoch.

»Sie hat mit dem Trinken aufgehört. Sie ist gerade erst von der Entziehungskur zurückgekommen.«

Das macht die Sache irgendwie noch schlimmer. Jacqueline war nicht betrunken. Sie war bei Bewusstsein und hatte ihre fünf Sinne beisammen.

»Sie muss zu schnell gefahren sein. Jacqueline ist immer wie eine Irre auf den Hof gebrettert.«

»Mag sein«, sagt Ola.

Angesichts seiner Gleichgültigkeit wird mir übel.

»Bianca liegt da drinnen, und wir wissen nicht, ob sie jemals wieder aufwacht. Kapiert?«

Ich starre seinen Hals an. Irgendwo habe ich gehört, dass es sechs Sekunden dauert, jemandem das Bewusstsein zu nehmen, wenn man die Daumen an die richtigen Stellen legt.

»Ich hoffe, sie kommt ins Gefängnis«, sage ich.

Ola zieht den Reißverschluss weiter hoch und wieder runter.

»Das glaube ich nicht«, sagt er. »Fahrlässigkeit im Straßenverkehr, die zu einem Personenschaden führt. Ich tippe auf ein paar Tagessätze Bußgeld.«

»Nein. Man kann nicht einen Menschen anfahren, sodass er ins Koma fällt, und mit ein bisschen Bußgeld davonkommen.«

Eigentlich weiß ich nicht, warum es mir so wichtig vorkommt, dass Jacqueline unmissverständlich bestraft wird. Das ist natürlich primitiv, aber der Gedanke an Vergeltung und Gerechtigkeit lässt mir keine Ruhe.

»Ich gehe jetzt«, sagt Ola.

»Danke.«

Auf einmal macht Sienna die Tür einen Spaltbreit auf.

»Warte«, sagt sie. »Ich muss dich etwas fragen.«

Sie kommt heraus und stellt sich mit dem Rücken zur Tür.

»Bianca hat mir im Sommer erzählt, dass sie Angst vor Jacqueline hat. Du hast ihr irgendwelche Dinge erzählt, die sie beunruhigt haben.«

Ola lässt den Reißverschluss seiner Jacke los und starrt in den Krankenhausflur.

»Hm, davon weiß ich nichts. Was sollte das denn gewesen sein?«

»Du meintest, Jacqueline sei hinter Micke her. Bianca hatte Angst um ihre Ehe, dass ihre Familie zerstört werden könnte.«

Die Worte treffen mich mitten in den Solarplexus.

»Du hast so viel Mist erzählt«, sage ich zu Ola.

»Ich habe nur erwähnt, was Jacqueline mir angetan hat. Bianca hat sicher ihre eigenen Schlüsse gezogen.«

Sienna fällt beinahe um, als die Tür hinter ihr aufgeht.

»Papa?«, sagt Bella. »Was macht ihr?«

»Ola geht gerade«, erkläre ich.

In diesem Moment tritt Dr. Arif aus einer anderen Tür auf den Flur heraus.

»Wie geht es Ihnen?«

Sienna antwortet irgendwas, aber ich höre nicht, was sie sagt. Erst als Ola zu den Fahrstühlen gegangen ist, wende ich mich an den Arzt.

»Ich werde einige Tests durchführen«, sagt er. »Sie dürfen gern dabei sein, aber es wäre am besten, wenn die Kinder im Besucherzimmer warten.«

Bella sieht beunruhigt aus. Auf ihrem Tablet tanzen die Bullerbü-Kinder um eine Mittsommerstange.

»Was für Tests sind es denn?«, frage ich.

Dr. Arif wirft einen raschen Blick auf Bella und dämpft die Stimme.

»Ich werde Ihre Frau stimulieren, unter anderem mit Schmerzreizen, um zu sehen, wie sie reagiert. Wir sehen keine Anzeichen, dass sie demnächst aufwachen wird.«

36. FABIAN

Vor dem Unfall
Herbst 2016

Vielleicht habe ich einfach nur Pech gehabt. Eigentlich sollte es unter Lehrern nicht mehr Idioten geben als in anderen Berufsgruppen. Trotzdem sind mir in der Schule mehr Dummköpfe begegnet, als ich an Fingern und Zehen abzählen kann.

Der Einzige, den ich wirklich mochte, war Helmer, mein Förderlehrer in der Grundschule. Wir haben Rommé und Uno gespielt, in einem Nebenraum, den alle das Spastizimmer nannten. Das Kartenspielen war die Belohnung dafür, dass ich mit meinen Aufgaben lange vor allen anderen fertig war. Helmer und ich hatten natürlich beide kapiert, dass ich keinen Förderlehrer brauchte. Das war nur eine Möglichkeit für die Lehrerinnen, mich aus dem Klassenzimmer zu verbannen.

Aber Helmer ging in Rente, und es kamen neue Lehrer und Lehrerinnen. Eine ganze Armee von Vollpfosten.

Ich gehe jetzt in die Achte. Nur noch anderthalb Jahre bis zur Freiheit. Viele Lehrer labern schon jetzt herum, wie wichtig unsere Abschlussnoten sind, wenn wir in einen bestimmten Gymnasialzweig wollen, bla, bla, bla. Ich pfeife aufs Gymnasium.

Das Beste am Älterwerden ist, dass das Schwänzen leichter wird. Man faked Zahnarzttermine auf dem Handy, erzählt was von Panikattacken oder dass man zur Schulpsychologin muss. Einige Lehrer führen nicht mal eine Anwesenheitsliste. Manchmal gehe ich rüber in die Schulbücherei und spiele oder schau mir Filme auf YouTube an, während Pferde-Frida den Rest der Klasse mit ihrem Gequatsche über Nachhaltigkeit und globale Erwärmung quält.

In Schwedisch haben wir unseren Klassenlehrer Kenneth, dick und glatzköpfig. Ich glaube, er hat davon geträumt, Schriftsteller zu werden. Jetzt korrigiert er stattdessen falsche Zusammen- und Getrenntschreibung in Besprechungen von Einfach-Lesen-Büchern, deren Lektüre neunzig Prozent der Klasse sowieso nicht geschafft hat.

Unser Musiklehrer Roine ist ein langhaariger Steinzeittyp, der weder sehen noch hören kann. Mathe-Mats hat drei Söhne, die auf unsere Schule gehen, und eine Frau, die nach Teneriffa gezogen ist. Es geht das Gerücht, dass er an den Wochenenden in Malmö als Transvestit unterwegs ist.

Und natürlich Micke. Vor dieser Sache mit Andy war er bei den meisten Schülern beliebt. Jetzt finden die Leute ihn irgendwie komisch. Insgeheim hoffe ich fast, dass Micke rausfliegt, denn ich mag ihn lieber als Nachbarn und nicht als Lehrer.

Am schlimmsten von allen ist aber Miss Pink. Sie heißt eigentlich Majros, wie eine Kuh, und unterrichtet Englisch. Jeden Tag hat sie rosa Sachen an.

Miss Pink findet es ganz furchtbar, wenn ihre Schüler ein Wort mit amerikanischem Akzent aussprechen.

»*That's not the right pronunciation.*«

Das schreit geradezu nach einem Meme.

Also poste ich es in unserem Klassenchat, und wenig später ist mein Beitrag halb viral gegangen und erreicht natürlich auch die Augen des Direktors.

»Ist das wahr?«, fragt meine Mutter. »Du hast das gemacht?« Selbstverständlich ist sie wütend, aber zugleich auch ein wenig beeindruckt, obwohl sie das natürlich nicht zugibt.

»Das war nur ein Witz«, erkläre ich, als sie das Foto auf dem Display ranzoomt.

Ich habe die Kuh aus den Mama-Muh-Büchern ausgeschnitten und rosa gefärbt. Und dann das Gesicht von Majros aka Miss Pink hineinmontiert. *That's not the right pronunciation.* Am besten aber finde ich, dass mir gelungen ist, die Stimme so zu verzerren, dass das Wort *pronunciation* tatsächlich falsch ausgesprochen klingt.

»Sie ist eine Diktatorin, Mama. Die ganze Schule hasst sie.«

»Es ist egal, was sie getan hat oder wie sie ist, Fabian. So etwas ist nicht okay. Es ist nie richtig, gemein zu sein.«

Die Strafe besteht aus drei Wochen ohne Computer, ohne Internetverbindung, ohne Handy.

»Kann ich nicht stattdessen im Badezimmer sitzen?«

Mama weigert sich.

Ich weiß sowieso, dass sie mir noch vor Ablauf der Woche den Computer zurückgeben wird.

Ich hasse es, meine Mutter zu enttäuschen, aber diesmal ist es das wert. In der Schule sehen sie mich auf eine neue Art an. Man klopft mir auf den Rücken und ruft mir aufmunternde Worte zu. Ein paar Jungs aus der Neunten nennen mich King und finden mein Meme das Coolste, was sie je gesehen haben. Und diese Woche hat Miss Pink sich nicht bei irgendjemandem aus der Klasse über die Aussprache beschwert.

Ein paar Wochen später gibt es wieder Drama. Meine Mutter ist zur Schule zitiert worden.

»Keine weiteren Gesprächstermine, Fabian! Ich kann nicht mehr!«

Ich fühle mich wie der schlimmste Versager.

Meine Mutter hat immer für mich gekämpft. In all den Jahren, bei all den Gesprächen. Sie hat Lehrer und Psychologinnen gezwungen, ihr zuzuhören, und ist gegen sie in den Kampf gezogen. Sie ist meine Soldatin.

Wenn Fabian das so will, dann ist es eben so.

Die Schule ist ein Witz. Ein verdammtes Gefängnis. Alles, was man wissen muss, steht sowieso im Netz.

Sei du selbst – alle anderen sind schon besetzt, steht an der Wand in unserem Klassenzimmer.

Wenn alle dasselbe denken, dann denkt niemand.

Selten beschissenere Sprüche gelesen.

Was habe ich hier eigentlich zu schaffen? Ich werde in einer Autowerkstatt arbeiten. Dafür nützt es mir nichts, Bongos zu spielen, Erörterungen zu schreiben oder die Raumdiagonale eines Würfels auszurechnen.

»Was ist denn jetzt schon wieder passiert?«, fragt meine Mutter, als wir uns in den Besprechungsraum setzen. »Ich dachte, die Sache mit Majros wäre ausgestanden.«

Der Direktor, der dasteht und ihre Brüste anstarrt, hebt endlich den Blick.

»Ja, ja. Fabian hat seine Lehrerin um Entschuldigung gebeten. Diesmal hat Kenneth um ein Gespräch gebeten.«

Kenneth sitzt uns gegenüber und trommelt mit den Fingern auf den Tisch. Er ist mein Klassenlehrer und erinnert mich ziemlich an den Vater in *Family Guy*.

»Mein Gedanke war, dass wir über Fabians weitere Schullaufbahn reden sollten.«

Kenneth betrachtet meine Mutter, die immer irritierter aussieht.

»Wir haben doch schon so oft darüber geredet. Was gibt es da noch zu sagen?«

Der Direktor zupft an seinem Schlips, ungefähr so wie kleine Jungs an ihrem Schniedel ziehen, wenn sie das erste Mal windelfrei herumlaufen dürfen.

»Wie läuft es denn deiner Meinung nach in der Schule, Fabian?«, fragt er.

»Ganz okay«, antworte ich und zucke mit den Achseln.

Sie würden die Wahrheit nicht ertragen.

»Wenn ich es richtig verstanden habe, dann erreicht Fabian alle Lernziele«, sagt meine Mutter. »Er hatte sehr gute Ergebnisse bei den zentralen Vergleichsprüfungen.«

»Das stimmt, ja.« Kenneth nickt. »Das schulische Lernen ist kein Problem.«

»Es geht um die *soziale Umgebung*«, sagt der Direktor. »Wie Sie sicher wissen, gibt es eine Förderschule in unserer Gemeinde.«

Meine Mutter fährt ihm sofort in die Parade.

»Ein Schulwechsel steht für Fabian derzeit nicht zur Debatte.«

Sie hat den ganzen Tag Wein getrunken. Ich höre es an ihrer Stimme.

»Es gibt zahlreiche Konflikte in der Schule«, berichtet Kenneth. »Sowohl mit Lehrern als auch mit Schülern. Was glaubst du, woran liegt das, Fabian?«

Daran, dass sie alle dumm im Kopf sind.

Das sage ich natürlich nicht laut.

»Ehrlich gesagt weiß ich das nicht.«

»Eine andere Lösung wäre, dass Fabian einen Schulbegleiter bekommt«, sagt Kenneth.

Der Direktor sieht ihn missmutig an. Schulbegleiter sind teuer.

»Wir haben schon mal darüber gesprochen«, sagt meine Mutter. »Fabian will keinen Schulbegleiter.«

Diese Schulbegleiter sind sowieso alle gleich. Wirre Künstlerseelen, die ihr Lehramtsstudium abgebrochen haben und ihre Sozialhilfe aufstocken müssen. Die mehr Interesse an ihren Handys haben als an ihrer Arbeit. Wer erträgt es schon, so jemanden die gesamte Schulzeit neben sich zu haben?

»Es muss eine Veränderung her«, meint Kenneth.

Der Direktor sieht mich an.

»Gibt es jemanden vom Lehrerkollegium, zu dem du besonders großes Vertrauen hast?«

Sie starren mich alle drei an. Ich bin mir nicht sicher, worauf der Direktor hinauswill. Ich vertraue niemandem außer mir selbst.

»Micke«, schlägt meine Mutter vor.

»Ja doch. Vielleicht.«

Micke ist gut. Er steht auf meiner Seite. Ich glaube auch, dass er sich ernsthaft engagiert.

»Mikael Andersson?«, fragt der Direktor nach, der endlich seinen Schlips losgelassen hat. »Der Sportlehrer?«

»Ich hätte nicht gedacht, dass du Sport magst«, sagt Kenneth.

»Das tue ich auch nicht.«

Mama und ich lächeln uns zu. Micke mögen wir beide, das weiß ich.

»Ich kann ja mal mit Mikael reden«, sagt der Direktor. »Wenn ich ihn von ein paar anderen Aufgaben freistelle, kann er als eine Art Mentor für Fabian fungieren. Was halten Sie davon?«

Meine Mutter strahlt.

»Was meinst du?«, fragt sie mich.

Ein Mentor? Ich weiß kaum, was das ist. Aber es ist die Gelegenheit, Micke näherzukommen.

»Klingt ganz okay.«

»Dann machen wir das so«, entscheidet der Direktor.

Er erhebt sich und streckt den Arm in Richtung meiner Mutter aus. Einen kurzen Moment sieht es so aus, als würde er sie gleich in den Arm nehmen.

37. MIKAEL

Vor dem Unfall
Herbst 2016

Als Bianca nach Hause kam, war es schon dunkel. Die Kinder und ich hatten gegessen, und die Reste des Bauernfrühstücks standen abgedeckt mit Frischhaltefolie auf dem Herd.

»Ich habe meinen besten Deal überhaupt gemacht!«, rief Bianca aus dem Flur. »Anderthalb Millionen über dem Ausgangspreis. Der Chef hat eine Flasche Schampus geöffnet!«

»Wunderbar, Liebling!«

Ich umarmte sie.

Seit sie die Firma gewechselt hatte, war vieles anders geworden. Sie sah frischer aus und wirkte glücklicher. Zugleich war sie immer seltener zu Hause und hatte so viel Stress, dass sie manche Sachen einfach vergaß.

Während sie sich über das restliche Essen hermachte, erzählte sie mir alles über die Wohnung, die sie verkauft hatte, wie die Gebote der Interessenten immer weiter gestiegen waren, um am Ende nur so davonzurasen, und wie ihr Chef sie mit Lob überschüttet hatte.

»Tut mir leid, ich rede am laufenden Band«, sagte sie schließlich und trank etwas Milch. »Wie ist es dir heute ergangen?«

»Na ja«, sagte ich. »Ungefähr wie immer.«

Ich wusste nicht richtig, wie ich ihr die Neuigkeit überbringen sollte, ohne ihr die Freude zu verderben.

»Der Direktor hat mich gebeten, als eine Art Coach für Fabian zu fungieren. Es gab ein Gespräch mit Jacqueline und ihm, bei dem sich herausgestellt hat, dass ich der einzige Lehrer bin, zu dem er Vertrauen hat.«

Ich stand dem Ganzen ambivalent gegenüber. Einerseits wusste ich, was Bianca davon halten würde. Andererseits konnte ich einen gewissen Stolz nicht verhehlen.

»Ist das ein Witz?«, fragte sie. »Ich dachte, wir wären uns einig, nicht mehr Kontakt mit denen zu haben als nötig.«

»Schon, aber hier geht es um meinen Job.«

Fabian hatte sich in den letzten Jahren keinem anderen Erwachsenen geöffnet. Ich konnte sein Vertrauen nicht einfach ignorieren.

»Du bist einfach zu nett, Schatz«, sagte Bianca und wischte sich mit der Serviette die Milch von den Lippen.

Darunter erblickte ich ein zaghaftes Lächeln.

Sie nahm die Sache viel besser auf als erwartet. Vermutlich war das dem gelungenen Immobilienverkauf zu verdanken.

Nachdem wir geduscht und die Bettwäsche gewechselt hatten, liebten wir uns lange und schliefen in Löffelchenstellung ein.

An diesem Samstag hatte Bianca drei Besichtigungen in Lund. Die Kinder und ich holten sie mit dem Auto ab, dann fuhren wir zum Naturreservat in Skrylle. Wir machten einen Spaziergang im Wald und grillten Würstchen über dem Lagerfeuer.

Am Abend schliefen Bella und William schon früh ein.

Bianca und ich teilten uns eine Flasche Cava auf dem Sofa vor dem Fernsehen, in dem gerade *Sing meinen Song* lief.

Als es an der Tür klopfte, starrten wir erst uns an und dann die Wanduhr.

»Wer kann denn das so spät abends sein?«

»Vermutlich Fabian, der irgendwas mit seinem Mentor diskutieren möchte«, bemerkte Bianca leicht ironisch.

Wir gingen zusammen in den Flur hinaus. Vor der Haustür stand Gun-Britt.

»Ihr werdet es nicht glauben«, sagte sie.

»Was ist denn los?«

»Jacqueline macht ein Praktikum im Kindergarten.«

Bianca bekam Schluckauf.

»In *unserem* Kindergarten? Dem von Bella?«

»Woher weißt du das?«, fragte ich.

Gun-Britt lachte nur.

Es gab hier in Köpinge zwei Orakel. Das eine war die Facebook-Gruppe *Köpingeinfos*, das andere Gun-Britt in der Krachmacherstraße.

»Jacqueline ist doch gar keine Erzieherin«, sagte ich. »Sie hat früher als Briefträgerin gearbeitet.«

»Ich glaube, sie hat mal eine Art Ausbildung zur Tagesmutter gemacht«, sagte Bianca. »Mehr braucht man wohl nicht.«

»Darf ich reinkommen?«, fragte Gun-Britt. »Ich bleibe auch nicht lange.«

Sie zeigte konspirativ in die Luft, ehe sie eintrat.

»Man weiß nie, wer mithört.«

Als notorische Lauscherin war sie sich der Risiken wohl bewusst.

»Vielleicht arbeitet sie ja in Bellas Gruppe«, sagte ich.

Bianca funkelte mich wütend an.

»Das hoffe ich wirklich nicht.«

»Seltsam, dass man keine höheren Ansprüche an die Mitarbeiter stellt«, sagte Gun-Britt. »Jacqueline kann man nicht trauen.«

»Warum sagst du so was?«

Dieses ganze blöde Gerede hing mir zum Hals heraus. Ständig sprachen Gun-Britt und Åke vom guten nachbarschaftlichen Verhältnis hier in der Wohnanlage, aber bei der erstbesten Gelegenheit spuckten sie Gift und Galle wegen Jacqueline und Fabian.

»Jetzt bist du aber ungerecht«, sagte ich. »Warum sollte Jacqueline nicht im Kindergarten arbeiten können?«

»Komm schon. Du weißt doch selbst, wie das ist«, meinte Bianca. »Jacquelines Erziehungsmethoden sind nicht gerade auf dem neuesten Stand. Sie schließt Fabian im Badezimmer ein.«

»Es ist bestimmt nicht so leicht mit ihm«, wandte ich ein.

»Sie säuft auch«, sagte Gun-Britt. »Das wissen alle.«

Ich wandte ihr den Rücken zu und zeigte Bianca mit einer Geste, dass ich die Alte gleich erwürgen würde.

»Habt ihr nicht begriffen, dass ihr euch vor Jacqueline in Acht nehmen müsst?«, fragte Gun-Britt. »Fragt mal Ola.«

»Wieso?«

Ich sah sie wieder an. Nun konnte ich meine Neugier nicht zügeln.

»Sehr tragisch, das alles«, fuhr Gun-Britt fort. »Ich mochte Mette-Louise wirklich gern, Olas Frau.«

»Kennst du Olas Frau?«

»Exfrau«, ergänzte Bianca.

»Wir haben uns angefreundet, nachdem sie hergezogen waren«, erzählte Gun-Britt. »Mette-Louise war wahnsinnig nett. Es hat eine Weile gedauert, bis ich Ola verzeihen konnte, nach allem, was passiert war.«

»Das heißt, Ola war noch verheiratet, als er hergezogen ist.«

»Na klar.«

Das war mir nicht bewusst gewesen. Für Bianca hingegen schien es keine Neuigkeit zu sein.

»Was ist passiert?«, fragte ich.

Gun-Britt machte ein dramatisches Gesicht.

»Jacqueline.«

»Was meinst du? Hat Ola seine Frau mit Jacqueline betrogen?«

»Sie hatten sich kaum hier eingelebt«, erzählte Gun-Britt. »Steckten noch mitten in den Renovierungsarbeiten. Mette-Louise war natürlich am Boden zerstört.«

Bianca schnalzte bedauernd mit der Zunge. Wie viel wusste sie eigentlich darüber?

»Sobald Mette-Louise ausgezogen war, wollte Jacqueline nichts mehr von Ola wissen«, fuhr Gun-Britt fort. »Beinahe so, als wäre sie nur darauf aus gewesen, die Ehe zu zerstören. Als sie es geschafft hatte, machte es ihr keinen Spaß mehr.«

Ola und Jacqueline. Hatte sie seine Ehe zerstört?

»Pass gut auf«, fuhr Gun-Britt fort. »Jacqueline kann ihre Finger nicht bei sich behalten. Deshalb ist sie auch bei Bring rausgeflogen. Pass also gut auf ihn auf.«

Ich traute meinen Ohren nicht.

Sie hatte mich gemeint. Bianca sollte mich beaufsichtigen.

Die Alte kam zu uns und deutete an, dass ich meine Frau betrügen könnte.

»Ich bin kein Tier. Ich habe durchaus einen eigenen Willen«, erklärte ich.

»Ja, ja«, brummte die Orakelhexe. »Sicher.«

Das war der Tropfen, der das Fass zum Überlaufen brachte.

»Ich gehe hoch und lege mich hin. Es ist schon spät.«

Ich ging die Treppenstufen besonders laut hinauf. Im Flur verabschiedete sich Bianca von Gun-Britt, und ich verdrückte mich ins Bad und putzte mir die Zähne.

Als ich in unser Schlafzimmer kam, saß Bianca auf der Bettkante. In einer Ecke begannen sich die hässlichen braunen Tapeten von der Wand zu lösen.

»Wir hätten alles streichen sollen, als wir eingezogen sind«, sagte ich. »Jetzt wird wohl nie was daraus.«

»Wir packen das bald an«, versicherte Bianca. »Aber im Moment schaffe ich es einfach nicht.«

Ich sah ihr tief in die Augen. Dachte an Ola und Jacqueline. Und an Gun-Britts sonderbare Andeutungen.

»Dir ist doch wohl klar, dass ich dich nie im Leben …«

Allein das Wort stellte einen unüberwindbaren Widerstand dar.

Bianca schlug die Augen nieder.

»Ich liebe dich«, sagte ich stattdessen.

Sie sah mich vorsichtig an, und unsere Lippen begegneten sich.

»Ich liebe dich auch.«

38. MIKAEL

Nach dem Unfall
Montag, den 16. Oktober 2017

Die Minuten verstreichen, während ich im engen Besucher-raum hin und her gehe. Sienna sitzt bei den Kindern, die glück-lich in die Astrid-Lindgren-Welt auf dem Tablet versunken sind.

Am späten Sonntagabend haben wir erfahren, dass Bianca nicht auf Schmerzen reagiert. Dr. Arif sprach langsam und mit ernster Stimme, als er uns erklärte, dass man in regelmäßigen Abständen weitere Tests durchführen werde.

Ich befinde mich in einer Art Schwebezustand, einem Spalt zwischen Gegenwart und Zukunft. Ich will wissen, was ge-schieht, aber irgendwie auch nicht. Wenn in diesem Moment alles stehen bleiben würde, wären wir zumindest noch da: Bianca, Bella, William und ich. Hier und jetzt. In einer Se-kunde oder zwei kann alles zu spät sein.

Wie misst man Gehirnaktivität? Wie misst man Leben?

Ich stelle mir Dr. Arif mit einem feinkalibrierten Werkzeug zwischen den Fingern vor. Er misst meine Zukunft.

Bianca und ich haben nur selten über den Tod gesprochen, nur als ihr Vater starb, öffneten wir die Tür zum Unvermeidli-chen wenigstens einen Spaltbreit.

»Es muss noch etwas dahinter geben«, sagte Bianca.

»Meinst du?«

In der Hand hielt sie ein ausgeblichenes Foto von ihrem Vater in Briefmarkengröße. Mittlerweile trägt sie es in einem Amulett um den Hals.

»Sonst ist das alles hier … so … sinnlos.«

»Es ist überhaupt nicht sinnlos«, wandte ich ein. »Das Leben ist wunderbar. Man muss es nur zu nutzen wissen.«

Aber haben wir das bisher getan? Haben wir unsere Lebenszeit genutzt? Ich sehe unsere Kinder an und die Zukunft, die in ihren Augen funkelt. Noch ist es nicht zu spät.

»Setz dich mal kurz«, sagt Sienna.

Ich schüttele den Kopf, in dem gerade viel zu viele Gedanken kreisen.

Per Handy gehe ich auf die Website der *Sydsvenskan* und lese die neuesten Nachrichten.

Die Polizei vermutet ein Verbrechen im Zusammenhang mit dem Verkehrsunfall in Köpinge am vergangenen Freitag, bei dem eine fünfunddreißigjährige Frau schwer verletzt wurde. Gegen die Autofahrerin wurden polizeiliche Ermittlungen wegen Fahrlässigkeit im Straßenverkehr und fahrlässiger Körperverletzung eingeleitet.

Vielleicht wird trotz allem die Gerechtigkeit siegen.

Ich habe immer darauf vertraut. Auf Schicksal, Karma, wie auch immer man es nennen möchte. Auf das Gleichgewicht des Systems. Man bekommt, was man verdient.

Langsam gleitet die Tür auf. Ein dumpfes Licht sickert aus dem Korridor herein und fängt mich in einem Netz aus messerscharfer Realität.

»Bitte kommen Sie mit«, sagt Dr. Arif zu mir.

Meine Füße sind schwer wie Blei. Der kurze Weg zu Biancas Zimmer erscheint mir unendlich lang.

Vor meinem inneren Auge sehe ich Bianca, die sich aus dem Bett erhebt. Sie ist wütend auf mich, schreit und brüllt herum, aber das macht nichts, denn sie lebt, und wir lieben uns, und alles wird gut.

Dann zerfallen die Bilder des Traums ganz langsam, und ich steige über seine Überreste hinweg zum Bett, in dem sie schläft.

»Verlass mich nicht, Liebling«, flüstere ich.

Bianca antwortet mit Ruhe und Schweigen. Wie eine Skulptur mit Schlauch im Mund.

Was ist ein würdevolles Leben? Ich blinzele und schließe die Augen und sehe ein menschliches Paket vor mir, ein hilfloses Etwas.

»Bitte nehmen Sie Platz«, sagt Dr. Arif.

Seine großen Augen blicken traurig.

»Also«, sagt er. »Leider können wir bei Ihrer Frau keinerlei Gehirnaktivität feststellen. Sie reagiert auf keinen der Tests.«

Ich warte auf ein Aber. Es gibt immer ein Aber.

»Kennen Sie die Einstellung Ihrer Frau zum Thema Organspende?«

Wovon spricht er?

»Ich verstehe nicht«, sage ich.

Dr. Arif senkt den Blick und die Stimme.

»Es tut mir wirklich leid. Es eilt überhaupt nicht.«

Ich betrachte Bianca.

»Sie atmet doch. Was meinen Sie?«

Dr. Arif schluckt.

»Ihre Frau atmet nicht selbstständig. Ihr Körper wird nur durch künstliche Beatmung am Leben erhalten.«

Ich kann nicht mehr. Ich breche zusammen.

Fürimmer.

Was ist aus *fürimmer* geworden?

39. JACQUELINE

Nach dem Unfall
Montag, den 16. Oktober 2017

Die Polizei hat uns zur Vernehmung geladen. Im Bus Richtung Lund beginnt Fabian zu zweifeln.

»Ich weiß nicht, ob ich das packe.«

»Das tust du«, sage ich.

Er sieht aus dem Fenster, wo die Äcker im Dämmerschlaf liegen. Ein Schwarm Krähen verfolgt einen Pflug, der lange Furchen durch die schwarzen Flächen zieht.

Ich habe ihn vorbereitet. Bin alles mehrmals mit ihm durchgegangen, seit die Polizei angerufen hat. Fabian weiß genau, was er zu tun hat.

»Ich hasse es zu lügen«, sagt er.

»Du musst doch nicht lügen. Du sagst nur, was wir vereinbart haben. Über den Rest reden wir nicht.«

»Stell dir vor, sie fragen nach.«

Auch mir kommen Zweifel. Was ist, wenn es nicht funktioniert?

»Komm jetzt«, sage ich, als der Bus an der Haltestelle zum Stehen kommt.

Schweigend gehen wir über den Bahnhofsplatz. Fabian hat

die Hände in den Jackentaschen und die Basecap in die Stirn gezogen. Ich starre auf den Boden.

Das Polizeigebäude in Lund liegt an einer Straßenecke, der Eingangsbereich ist beinahe leer. Hauptsache, ich stoße nicht auf Peter. Ich drücke mich an der Wand entlang und trete rasch auf einen Schalter zu, um unser Anliegen vorzutragen.

Eine dunkelhäutige Frau in den Dreißigern stellt sich als Emelie vor. Sie wird die Vernehmungen leiten.

»Toll, dass Sie so kurzfristig kommen konnten«, sagt sie.

Ich war davon ausgegangen, dass wir ohnehin keine Wahl hatten.

»Hallo«, sagt Emelie und hält Fabian die Hand hin.

Er murmelt ein Hallo, ohne ihre Hand zu ergreifen. Ich frage mich, ob ich sein Verhalten erklären sollte, aber warum eigentlich? Sie hat kein Recht zu verlangen, dass alle auf dieselbe Art grüßen.

»Wollen Sie etwas zu trinken haben?«

Emelie geht vor uns die Treppe hinauf.

»Danke, nicht nötig«, sage ich.

Wir bleiben vor einem kleinen Vernehmungsraum stehen, wo bereits ein großer Mann mit rasiertem Kopf wartet.

»Wir müssten mit Ihnen beiden einzeln sprechen«, erklärt Emelie. »Wenn wir erst mit Ihnen reden, kann Fabian so lange hier draußen warten. Da liegen ein paar Zeitschriften zum Anschauen, wenn du magst.«

Fabian setzt sich mitten auf den Zweisitzer. Ich frage ihn, ob es für ihn in Ordnung geht, und er nickt.

Emelie, der Glatzkopf und ich gehen in den Vernehmungsraum, und ehe wir uns überhaupt gesetzt haben, beginne ich zu reden.

»Ehrlich gesagt verstehe ich nicht, warum das alles nötig ist. Ich habe doch genau erzählt, was passiert ist. Muss Fabian wirklich mit einer solchen Situation konfrontiert werden?«

Die Polizisten wechseln Blicke.

»Fabian ist ein bisschen besonders«, sage ich. »Er wird bei solchen Sachen sehr nervös.«

Emelie behauptet, sie hätte Verständnis dafür.

»Wir haben nur ein paar wenige Fragen an ihn«, sagt ihr Kollege. »Das dauert bestimmt nicht lang.«

»Wie geht es Ihnen jetzt nach den Geschehnissen?«, fragt Emelie.

Sie hat dunkle Rehaugen und eine angenehme Art.

»Es ist entsetzlich. Ich kann noch immer nicht glauben, dass es wahr ist. Wir sind traurig und schockiert. Verzweifelt.«

Emelie legt die Hände aufeinander und schaut in ihre Unterlagen. Ihr Kollege hat die Aufzeichnung gestartet.

»Man hat Ihnen schon mitgeteilt, dass Sie unter Verdacht stehen, ein Verbrechen begangen zu haben. Heute vernehmen wir Sie als Tatverdächtige wegen Fahrlässigkeit im Straßenverkehr und fahrlässiger Körperverletzung. Sie können von Ihrem Aussageverweigerungsrecht Gebrauch machen, und Sie haben auch das Recht auf die Anwesenheit eines Anwalts.«

»Ich brauche keinen Anwalt«, sage ich sofort.

»Verstehen Sie, was mit dem Verdacht gemeint ist, der gegen Sie erhoben wird?«, fragt der Mann.

»Ja.«

»Was denken Sie darüber?«

All das haben wir ja schon besprochen.

»Ich stehe zu dem, was ich getan habe. Ich wollte natürlich

niemandem schaden, aber wenn ich mich irgendeines Verbrechens schuldig gemacht habe, bin ich bereit, meine Strafe anzunehmen.«

Emelie nickt. Ich tue ihr wohl leid. Sie versteht natürlich, dass es sich um einen Unfall handelt.

»Können Sie noch einmal erzählen, was am Freitag passiert ist?«

Sofort schleudern mich die Erinnerungen zurück. Fabian und ich bei Ica. Der BMW auf dem Parkplatz. Wie viel soll ich erzählen?

»Wir mussten noch was fürs Abendessen kaufen und unsere Vorräte auffüllen. Sonst kaufe ich meistens bei Lidl ein, da ist es am billigsten, aber Ica liegt näher.«

»Sind Sie bei Ica jemandem begegnet?«, fragt Emelie. »Jemandem, den Sie kennen?«

Ich versuche, einen kühlen Kopf zu bewahren, und atme ruhig ein und aus.

»In Köpinge kennen sich die meisten. Man weiß, wer wer ist. Ich wohne seit zehn Jahren dort.«

»Ja«, sagt Emelie. »Aber erinnern Sie sich an jemanden, dem Sie am Freitag begegnet sind? Haben Sie jemanden getroffen, mit dem Sie sich unterhalten haben?«

Ich knabbere ein wenig an der Unterlippe.

Wie viel weiß die Polizei eigentlich? Womöglich hat jemand uns bei Ica gesehen oder auf dem Parkplatz vor dem Supermarkt. Wenn sie mich dabei erwischen, dass ich lüge oder etwas verberge, kann alles vorbei sein.

»Roine war dort. Er ist Musiklehrer an der Köpingeskolan«, sagte ich. »Wir haben ihn gegrüßt.«

»Noch jemand?«, fragt der Glatzkopf.

Seine Miene ist längst nicht so entgegenkommend wie die von Emelie.

»Die Polen vom Süßigkeitenkiosk haben wir auch getroffen«, antworte ich. »Und draußen auf dem Parkplatz sind wir einem Nachbarn in die Arme gelaufen, Ola Nilsson.«

Emelie sieht zufrieden aus, als würde alles, was ich sage, mit ihren Informationen übereinstimmen.

»Erinnern Sie sich an noch etwas? Ist Ihnen irgendwas aufgefallen, bevor Sie sich ins Auto gesetzt haben?«

»Nichts Besonderes.«

»Dieser Wagen«, sagt der Polizist und kratzt sich an seinem kahlen Schädel. »Ein BMW 323. Sie haben ihn erst vor einer Woche gekauft. Stimmt das?«

»Doch, ja.«

Was soll ich über das Auto sagen?

»Gab es einen besonderen Anlass für den Kauf des Wagens?«

Ich kämpfe gegen die Nervosität an, tue alles, um sie zu unterdrücken.

»Ich brauchte ein neues Auto.«

»Was ist mit dem alten passiert? Denn Sie hatten doch vorher ein anderes Auto, oder?«

»Einen Renault. Ich habe ihn in Zahlung gegeben.«

»Das heißt, er hat noch funktioniert?«

Ich versuche ein Lächeln.

»Er war alt und ist nur gestartet, wenn er Lust hatte.«

Emelie scheint nachzudenken.

»Wie haben Sie den BMW finanziert?«, fragt der Glatzkopf.

»Ich habe einen ganz normalen Autokredit aufgenommen.«

Emelie begegnet meinem Blick über den Tisch hinweg.

»Wir fragen nach, weil dieser Autokauf sich von Ihrem normalen Konsumverhalten abhebt. Wenn man sich Ihre finanzielle Situation anschaut, könnte es einem etwas merkwürdig vorkommen, dass Sie so viel Geld in ein Auto investieren.«

Ich puste eine Haarsträhne aus dem Gesicht.

»Es war wegen Fabian«, sage ich. »Er liebt BMWs.«

Emelie lächelt. Die Züge des Kollegen werden weich, als würde auch er mich verstehen. Er hat sicher selbst Kinder.

»Wie lange werden Sie das Auto noch behalten?«, frage ich.

»Sie können es heute mitnehmen«, sagt Emelie.

Der Glatzkopf hustet in die Armbeuge.

»Lassen Sie uns noch mal zum Freitag zurückkehren. Fabian und Sie sitzen auf dem Parkplatz des Supermarkts im Auto. Was geschieht dann?«

Am liebsten würde ich mich gar nicht erinnern. Wenn ich nicht zu viel daran denke, kommt es mir so vor, als könnte ich das Bild in meinem Gehirn verändern. Als könnte ich die Realität so steuern, dass das, was ich erzähle, mit dem übereinstimmt, was wirklich passiert ist.

»Wir sind nach Hause gefahren«, sage ich.

»Auf direktem Weg?«

»Ja, das dauert höchstens drei, vier Minuten. Es war beinahe kein Verkehr.«

»Haben Sie sich über etwas Besonderes unterhalten, Sie und Fabian? Worüber haben Sie im Auto gesprochen?«

Ich denke nach.

»Wir haben die meiste Zeit geschwiegen, glaube ich.«

Die Erinnerungen kehren wie aufblitzende Standbilder zurück.

Zuerst: Die Ringstraße vor mir. Asphalt, Herbstlaub und Ligusterhecken. Kaum ein Mensch draußen.

Nächstes Bild: Die Thujahecke an der Ecke. Das Auto, das unnötig schnell fährt. Der Schrecken in Fabians Gesicht.

Dann: ein Knall! Das Auto macht eine Vollbremsung, alles wird verschwommen und düster. Ich werde nach vorn geschleudert, und der Sicherheitsgurt schnürt mir die Brust ein.

Im nächsten Augenblick steige ich aus. Das Fahrrad ist das Erste, was ich sehe. Das Rad, das sich dreht. Auf dem Asphalt liegt Bianca, und ich schreie. Ein Höllengebrüll.

»Ich wollte noch etwas ganz anderes ansprechen«, sagt Emelie.

Sie richtet sich auf, und ihr Gesicht sieht angespannt aus.

»Wir haben Informationen darüber, dass Sie kürzlich wegen Alkoholsucht in Behandlung waren. Können Sie das bestätigen?«

Das ist kein Geheimnis, dennoch frage ich mich, woher sie die Information haben. Gun-Britt? Oder Peter?

»Ich habe eine Entziehungskur in einer Reha-Klinik für Suchtkranke gemacht«, sage ich. »Ich bin schon fast acht Wochen trocken.«

»Super«, sagt Emelie.

Ich mag sie. Die Polizistin macht einen vernünftigen Eindruck.

»Ihnen ist doch hoffentlich klar, dass es ein Unfall war, oder?«, sage ich. »Ich bin seit Freitag ein Wrack und kämpfe, damit ich keinen Rückfall bekomme. Wegen Fabian. Ich habe ihm versprochen, nie wieder zu trinken.«

»Ich verstehe«, sagt Emelie.

»Am Freitag wurde ein Alkoholtest gemacht. Ich war nüchtern.«

»Ich weiß. Ich muss trotzdem diese Fragen stellen.«

236

»Selbstverständlich«, sage ich.

Sie macht nur ihre Arbeit.

»Uns ist noch etwas anderes aufgefallen«, sagt Emelie und blättert in ihren Unterlagen. »Es geht um Fabian.«

Die Luft stockt in meinem Hals. Was ist denn jetzt los?

»Es gab mal eine Strafanzeige gegen ihn.«

»Ja … doch … aber das ist ewig her.«

Die widerlichen Szenen kehren zurück.

»Was hat das mit dieser Sache zu tun?«, frage ich.

»Vermutlich nichts«, entgegnet Emelie.

Warum sieht sie dann so besorgt aus?

»Das war alles ein Missverständnis«, sage ich, ohne selbst zu begreifen, was ich eigentlich meine.

Emelie schaut wieder in ihre Papiere und holt tief Luft.

»Die Klägerin war ein kleines Mädchen.«

40. JACQUELINE

Vor dem Unfall

Die Arbeit bei Bring gefiel mir. Ich fuhr Fahrrad und hatte Bewegung, traf jede Menge fröhlicher Menschen und hatte Spaß mit meinen Kollegen.

»Du verlässt mich noch nicht, oder?«, fragte Barbara.

Vom ersten Tag an glaubte sie, dass ich schon bald wieder aufhören würde.

»Du bist doch glamouröse Fotosessions gewohnt. Wie lange wirst du es noch aushalten mit diesen ständigen Werbesendungen und Paketbenachrichtigungen?«

Stück für Stück demontierte ich Barbaras aus der Luft gegriffenes, positives Bild von meinem Modeljob. Ich erzählte, wie ich einmal die Feuertreppe aus dem sechzehnten Stock hinuntergerannt war, um einem Agenten auf Speed zu entkommen, der mich erwürgen wollte, und wie ich einem Fotoassistenten einen Faustschlag zwischen die Augen verpasst hatte, weil er mir im Fahrstuhl ohne Vorwarnung den Slip runtergerissen hatte.

»Dann ist Briefträgerin vielleicht doch nicht so verkehrt«, meinte Barbara lachend und biss in eines ihrer legendären belegten Brote.

Ich fühlte mich hervorragend als Briefträgerin. Bis Dejan Brynhildsen auftauchte.

Als Fabian in die Vorschulklasse kam, hoffte ich, dass sich viele Knoten von selbst lösen würden. Er konnte schon lesen und schreiben und zeigte ein großes Interesse daran, mehr zu lernen. Ich war mir ziemlich sicher, dass die mangelnde Stimulation im Kindergarten ihren Teil zu den vielen Konflikten mit seiner Umgebung beigetragen hatte.

Die Schulkrankenschwester lud uns zur Sechs-Jahres-Untersuchung ein, und nach den Seh- und Hörtests antwortete Fabian widerwillig auf Fragen zu seinen Essgewohnheiten, Schlafenszeiten und Spielkameraden. Die Schulkrankenschwester wies mich darauf hin, dass sein BMI-Wert ein bisschen zu hoch sei, und fragte uns, ob wir schon mal über das Tellermodell gesprochen hätten. Dann hörten wir nichts mehr. Bis eine Einladung der kinder- und jugendpsychiatrischen Sprechstunde im Briefkasten lag.

Dejan war zu jung, um Teamleiter zu sein. Siebenundzwanzig. Er hatte einen kometenhaften Aufstieg bei Bring hingelegt. Nach einem halben Jahr hatte er aufgehört, Briefe auszutragen, und sich im Büro in Malmö hochgearbeitet, ehe er die Verantwortung für Köpinge übernahm.

Er hatte braune Augen, trug einen Pferdeschwanz und sah aus wie ein Barkeeper oder ein DJ in einem angesagten Club. Er warf mit Wörtern wie *posh* und *fett* um sich und nannte mich *Mädel*. Ich hasste ihn und konnte ihn zugleich nicht aus den Augen lassen.

»Er will dich«, sagte Barbara, als wir nach einer Postrunde

239

auf der Laderampe saßen und unsere armen Füße aus den verschwitzten Strümpfen befreiten.

»Hör auf.«

»Ich würde ihn ja nicht von der Bettkante stoßen«, meinte Barbara und machte eine laszive Bewegung mit der Zunge.

Es dauerte nicht lange, bis Dejan Brynhildsen jeden verdammten Briefträger in Köping gegen sich aufgebracht hatte. Er war ein egoistischer Karrieremensch, der sich kein bisschen um uns Untertanen kümmerte.

»Jetzt müssen wir sogar ausstempeln, wenn wir eine kurze Pause machen«, erklärte Barbara eines Morgens. »Und es ist verboten, zwischendurch auf der Laderampe Luft zu schnappen.«

Dejan teilte die Gebiete neu ein, und es gelang ihm, die Anzahl der Angestellten um ein Fünftel zu reduzieren. Ich war davon überzeugt, dass er mir kündigen würde. *Last in, first out.* Aber eines Tages waren Torsten mit dem Glatzkopf und Schwitze-Sture weg, in eine andere Stadt versetzt worden.

»Nur die Elite bleibt hier in Köpinge«, erklärte Dejan grinsend.

Barbara flüsterte: »Jetzt fliege ich bald raus.«

»Das wird nicht passieren«, meinte ich.

Eines späten Nachmittags verließ ich gerade den Pausenraum, als Dejan mit mir reden wollte.

Sein Büro war so groß wie unser Sortierraum. Sein Bürostuhl sah aus wie ein verdammter Thron.

»Habe ich irgendwas falsch gemacht?«

Ich überlegte schon, auf was für neue Jobs ich mich bewerben könnte.

»Ganz im Gegenteil«, sagte Dejan. »Ich wollte dich loben. Du machst deinen Job fantastisch, Jackie.«

Er hatte nie gefragt, ob er mich so nennen durfte.

»Jacqueline«, korrigierte ich ihn.

»Klar«, sagte er und starrte mich eindringlich an.

Er baute sich viel zu dicht vor mir auf, formte die Lippen zu einem O und blies auf meine Ponyfransen. Bald glitt seine Hand langsam über meinen Oberschenkel.

Ich hätte ihn am liebsten zwischen die Beine getreten.

Die Lehrkräfte der Vorschulklasse hatten eine Untersuchung von Fabian in der Kinder- und Jugendpsychiatrie gefordert. Der erste Psychologe war ein schläfriger Typ mit dicker Brille und schleppender Stimme. Er befragte mich zu meiner Elternschaft und zu meiner Beziehung zu Fabian. In jeder Frage versteckte sich ein Vorwurf. Bei zwei Sitzungen sprach er mit Fabian und beobachtete ihn, während er spielte, las und ein Bild mit einem Baum und einem Ruderboot auf einem See zeichnete.

»Dem Jungen fehlt nichts«, stellte der Psychologe entschieden fest. »Manchmal bildet sich die Schule auch was ein.«

Laut Aussage der Pädagogen hatte Fabian Schwierigkeiten, mit Gleichaltrigen zu interagieren, im Klassenzimmer, aber auch auf dem Pausenhof. Das war nicht gerade eine Neuigkeit.

»Er ist frühreif«, erklärte der Psychologe. »Fabian ist ein intelligenter und äußerst pragmatischer Junge. Er findet beim Umgang mit Gleichaltrigen nicht genug Anregung. Hoffentlich holen sie ihn bald ein.«

Ich verließ die Klinik ein letztes Mal, mit federnden Schritten und einem Lächeln auf den Lippen. Am Sofiagrillen lud ich Fabian zu einem Softeis in der Sonne ein.

Hocherhobenen Hauptes lieferte ich ihn in der Schule ab

und hörte eine innere Stimme, die mir zuflüsterte, dass nicht ich unfähig und Fabian das Problem war, sondern die Umgebung.

Eine Woche später riefen die Lehrer schon wieder an. Fabian hatte sich im Fahrradkeller eingeschlossen und weigerte sich, wieder herauszukommen.

Dejan zitierte mich zu einem Mitarbeitergespräch. Ich bekam den letzten Termin am Freitagnachmittag. Das ganze Haus war schon dunkel, als ich vor dem Büro wartete. Dejan verspätete sich.

»Sorry, ein wichtiges Telefonat.«

Er bat mich, Platz zu nehmen, und umkreiste mich. Dabei wirkte er unruhig.

»Wir müssen die Besten in ganz Schonen werden«, sagte er. »Die höchste Kundenzufriedenheit, die beste Rentabilität. Das erfordert eine verschlankte Organisation.«

Plötzlich blieb er hinter mir stehen. Seine warmen Hände massierten meine Schultern.

»Du weißt, dass ich dich mag, Jackie. Du bist eine meiner Besten.«

Sein schwerer, männlicher Duft stieg mir in die Nase. Seine Hände waren kräftig, er drückte genau die richtigen Punkte.

»Ich weiß, dass du viel mit Barbara rumhängst«, fuhr er fort. »Sie ist leider aus ganz anderem Holz geschnitzt.«

»Wie?«

Ich schob seine Hände zur Seite und wirbelte herum.

»Wovon redest du eigentlich?«

Dejan hielt die Hände hoch.

»Mir ist klar, dass ihr befreundet seid und so, ich respektiere das. Aber ich kann Barbara nicht mehr im Team behalten. Sie hält alle Abläufe auf.«

»Wird sie versetzt?«

Er verzog das Gesicht.

»Nee, das hab ich schon probiert. Kein anderer will sie haben.«

Es tat so weh. Ich wusste, wie es sich anfühlte, ausgeschlossen zu werden.

Ich musste mich entscheiden. Barbara oder ich – darum ging es, so viel war mir klar.

»Du lässt Barbara in Ruhe!«

Dejan sah schockiert aus, als ich den Stuhl zurückschob und die Tür aufriss. Ich marschierte mit stolzen Schritten und Tränen in den Augen durch den Flur.

Eine Woche später lag das Schreiben auf meinem Sortiertisch. Kündigung aufgrund von Auftragsmangel.

Barbara weinte und war der Meinung, man müsse irgendwas dagegen unternehmen.

Die Gewerkschaft? Ich war kein Gewerkschaftsmitglied.

Eine Protestliste? Ich lachte und versprach ihr, dass alles gut werden würde.

Ich würde schon klarkommen. Sie würde mich vergessen.

Vor der ersten Klasse versprach die Schule, dass Fabian eine Unterstützung bekommen würde. Ein aufgewecktes Mädel, das gerade die gymnasiale Oberstufe geschmissen und jede Woche eine andere Haarfarbe hatte. Fabian fand sie völlig okay, begriff aber nicht, warum er, der am schlauesten in der Klasse war, eine Förderlehrerin brauchte, wenn doch so viele andere wirklichen Bedarf hatten.

Zum Glück gab es Bengt.

Wenn Fabian niedergeschlagen war, lief er hinüber zu Bengt in der Nummer dreizehn und kehrte mit Sonne in den Augen zurück.

»Bengt ist der Opa von Alice, aber er sagt, dass ich ihn auch Opa nennen darf, wenn ich will.«

Wärme breitete sich in mir aus. Es war natürlich meine Schuld, dass Fabian kein männliches Vorbild hatte, und Bengt war der beste Ersatz, den ich mir vorstellen konnte.

In dem Jahr, in dem Fabian seinen achten Geburtstag feierte und ich arbeitslos wurde, kaufte Bengt einen aufblasbaren Pool für *seine Enkelkinder*. Fabian weigerte sich, darin zu baden, wenn das Wasser nicht warm genug war. Deshalb musste Bengt mit einem Plastikeimer zwischen dem Badezimmer und dem Schwimmbecken hin- und herlaufen und den Pool mit dampfend heißem Wasser auffüllen.

Als Bengts Tochter, eine aufgeblasene biedere Frau in hochhackigen Schuhen und Hosenrock, mal wieder Alice beim Opa ablieferte, saß Fabian mit Schwimmflügeln und Schwimmbrille im Pool.

»Ich will auch baden«, sagte Alice.

Ihre Mutter glotzte Bengt und mich vorwurfsvoll an. Sie hatte nie einen Hehl daraus gemacht, was sie davon hielt, dass Fabian so oft bei Bengt war. Vermutlich fand sie, es wäre meine Aufgabe, der Sache Einhalt zu gebieten, da ihr Vater ein zu großes Herz hatte.

»Wir haben keine Badesachen dabei«, sagte sie zu Alice. »Und es sind nur siebzehn Grad.«

»Aber es sind vierunddreißig Grad im Wasser!«, rief Fabian und wedelte mit einem Plastikthermometer.

»Natürlich darfst du baden«, sagte Bengt und tätschelte Alice den Kopf.

Das Mädchen fröstelte, als es sich auf dem Rasen nackt auszog.

»Komm«, sagte Fabian.

Und dann hüpfte sie ins warme Wasser.

Ihre Mutter starrte mich verärgert an, ehe sie Bengt zum Abschied kurz in den Arm nahm.

»So, ich muss jetzt los. Ich hab um zehn einen Termin bei der Therapie. Also, bei der *Nagel*therapie.«

Bengt winkte, während die Kinder im Becken plantschten und spritzten. Ich lächelte vor mich hin, während ich über den Innenhof nach Hause ging. Ich wollte mir zwei oder drei Gläser Wein gönnen.

Höchstens eine halbe Stunde war ich weg. Als ich zurückkam und das Gartentor öffnete, hockte Bengt neben dem Pool und tröstete Alice. Sie war in ein Badehandtuch gehüllt und klapperte mit den Zähnen.

»Was ist passiert?«

Ich rannte zum Becken, in dem Fabian mit niedergeschlagener Miene saß. Die Schwimmbrille hatte rote Ringe im Gesicht hinterlassen, und die Schwimmflügel trieben neben ihm im Wasser.

»Er hat sie angefasst«, erklärte Bengt.

»Was meinst du?«

Fabian wandte sich ab.

»Was hast du getan?«

»Immer mit der Ruhe«, sagte Bengt.

»Ich wollte sie ja nur untersuchen«, meinte Fabian. »Ich habe noch nie eine Scheide gesehen.«

In meinem Gehirn gab es einen Kurzschluss, mein Magen drehte sich um.

Fabian schniefte und schluchzte. Ich strich ihm übers Haar, meinem geliebten Jungen. In meiner Brust mischten sich Wehmut und Ekel.

Ich hatte schon lange akzeptiert, dass Fabian anders war als die anderen und Schwierigkeiten mit der sozialen Interaktion hatte. Er konnte die Signale der Umwelt nicht so gut deuten wie wir anderen. Aber ich würde nie tolerieren, dass er Mädchen respektlos behandelte. Diesmal hatte er alle Grenzen überschritten. Das war ein Übergriff.

»Es hat echt wehgetan«, klagte Alice.

Bengt umfasste sie mit beiden Armen.

»Ich muss ihrer Mutter davon erzählen«, sagte er.

»Natürlich.«

Ich verstand ihn.

Und ich verstand auch, dass Alice' Mutter die Welt auf den Kopf stellen würde.

41. MIKAEL

Vor dem Unfall
Winter 2016

Ich hatte gerade eine Stunde Geräteturnen hinter mir, als mich
Roine im Treppenhaus aufhielt.

»Du musst mitkommen. Es ist wegen Fabian.«

Roine ging mit entschlossenen Schritten zum Musikraum,
wo Fabian saß. Er hatte die Hände zwischen die Oberschenkel
geschoben.

»Du bist doch jetzt sein Mentor«, sagte Roine und zupfte an
seinem Schnurrbart.

»Was ist denn passiert?«, fragte ich.

Fabian brummte irgendetwas Unverständliches.

»Er hat einer Klassenkameradin mit der Trompete direkt ins
Ohr getrötet«, sagte Roine. »Ich habe versucht, ihm zu erklären, dass man davon einen Hörschaden bekommen kann.«

»Warum hast du das getan?«, fragte ich Fabian.

Er starrte mich an.

»Sie hat hässlich gesungen.«

Machte er sich über mich lustig? Er sah aber ganz ernst
aus.

»Ich glaube, es ist am besten, wenn ich mit Fabian unter vier

Augen spreche«, sagte ich zu Roine, der nichts dagegen einzuwenden hatte, sondern sofort seine Sachen packte.

»Jetzt erzähl mal«, sagte ich, sobald wir allein waren. »Was ist denn passiert?«

Er knetete nervös seine Hände auf dem Schoß.

»Roine hat wohl selbst einen Hörschaden.«

»Wie bitte?«

»Wir sollten *We shall overcome* singen, aber Sofie und Tindra und noch ein paar andere Mädchen haben *Fabis Schwanz ist schief* gesungen. Am Ende habe ich die Trompete genommen und Sofie damit ins Ohr geblasen.«

»Das heißt, Roine hat nichts davon mitbekommen?«

»Die Trompete hat er zumindest nicht überhört.«

Ich seufzte.

»Ich werde mit ihm reden.«

»Schon gut«, sagte Fabian. »Wir sind jetzt quitt.«

Ich sah auf die Uhr. Die nächste Stunde hatte bereits begonnen, und wir würden uns beide verspäten.

»Trotzdem danke«, sagte Fabian.

Wie viel musste der Junge wohl aushalten? Es war sicher nicht einfach, in einem kleinen und stromlinienförmigen Ort wie Köpinge anders zu sein als die anderen.

Auch wenn es Bianca nicht gefiel, ich freute mich, dass Fabian so großes Vertrauen zu mir hatte. Deshalb musste ich ja nicht mehr Kontakt zu Jacqueline haben als bisher.

Fabian lächelte, und ich legte vorsichtig die Hand auf seinen Arm.

Das hätte ich nicht tun sollen. Er warf sich zur Seite, als hätte ich glühende Kohle zwischen den Fingern gehabt.

»Fass mich nicht an!«

»Tut mir leid«, sagte ich.

Er keuchte und schüttelte den Kopf.

»Ich hasse Körperkontakt.«

Gegen vier Uhr fuhr ich mit dem Fahrrad zum Kindergarten, um Bella abzuholen. Ich hatte mich etwas verspätet, und mir lief unter der Daunenjacke der Schweiß herunter, als ich den Gruppenraum betrat.

Um diese Zeit waren die meisten Kinder schon abgeholt worden. In Köpinge arbeiteten die Eltern von Kleinkindern nicht Vollzeit.

Bella saß auf dem Fußboden und beschäftigte sich mit Bauklötzen. Als ich ihren Namen sagte, drehte sie sich um und sprang in meine Arme.

»Hattest du einen schönen Tag?«, fragte ich.

»Ja.«

Sie drückte ihr Gesicht an meine Brust.

»Alles war super«, sagte eine Stimme hinter uns.

Eine Stimme, die mir bekannt vorkam.

»Oder was meinst du, Bella?«

Jacqueline tätschelte meiner Tochter die Schulter.

»Hallo«, sagte ich. »Hier arbeitest du also.«

»Ich habe einen Praktikumsplatz im Kindergarten bekommen. Ich habe mir schon lange überlegt, dass ich gerne mit Kindern arbeiten würde. Es macht wahnsinnigen Spaß.«

Natürlich konnte ich mich mit ihr freuen. Aber musste sie ausgerechnet in Bellas Gruppe sein? Bianca würde an die Decke gehen.

»Jacqueline ist meine neue Erzieherin«, teilte Bella ihrem Vater mit.

Ich zwang mich zu einem Lächeln und hoffte, dass meine Beunruhigung mir nicht anzusehen war.

»Wie nett! Das freut mich, Jacqueline!«

Am Abend musste Bianca zu einer Wohnungsbesichtigung in Lund.

»Ola nimmt mich mit nach Hause«, sagte sie am Telefon. »Wir essen noch was auf dem Heimweg, ihr müsst mir also nichts zu essen aufheben.«

»Ola?«, hakte ich nach. »Die Bank schließt doch immer um drei Uhr nachmittags?«

Was hatte der so spät noch im Büro zu tun?

Bianca lachte nur.

Eifersucht ist nie schön, aber vermutlich ist sie nicht ganz so gefährlich wie Blauäugigkeit.

Als sie nach Hause kam, hatte ich die Kinder schon ins Bett gebracht und sah mir mit den Füßen auf dem Couchtisch die Sportnachrichten an.

Bianca trat ins Wohnzimmer, ohne sich die Schuhe oder die Jacke auszuziehen.

»Heute Abend war eine Frau aus Köpinge bei der Wohnungsbesichtigung. Du weißt schon, die Mutter von den Zwillingen Keanan und Kit.«

»Ja, und?«

Ich wusste genau, wen sie meinte. Die Zwillinge spielten richtig gut Hockey. Die Mutter war eine geliftete Blondine, die laut hartnäckigen Gerüchten ihren Mann für ihren zwanzig Jahre jüngeren Personal Trainer verlassen hatte.

»Sie hat erzählt, dass sie und Jacqueline früher in derselben Müttergruppe waren«, fuhr Bianca fort. »Irgendwann mussten die anderen Mütter einen Schlussstrich ziehen. Sie haben Jacqueline und Fabian rausgeschmissen.«

Ich rieb meine müden Augen.

»Warum das denn?«

»Fabian hat es nicht hingekriegt, mit den anderen Kindern zu spielen. Es gab die ganze Zeit Konflikte und Krach«, antwortete Bianca.

»Das ist kein Wunder. Du weißt doch, wie Fabian ist.«

Bianca knöpfte ihre Jacke auf.

»Aber das Problem war nicht Fabian, sondern Jacqueline.«

»Inwiefern?«

»Sie hat stets für Fabian Partei ergriffen«, sagte Bianca und schlüpfte aus der Jacke. »Was auch passiert ist, immer war jemand anders schuld. Fabian tat ihr leid, denn in ihren Augen war er unschuldig und die anderen Mütter unfähig. Am Ende hatten sie die Nase voll und haben die beiden nicht mehr zu ihren Treffen eingeladen.«

»Also wirklich …«

Das Ganze erinnerte mich an ein Phänomen, das ich mindestens ein Mal pro Woche in der Schule erlebte. Pubertierende Jugendliche, die nicht miteinander klarkamen, schlecht über ihre Mitschüler redeten und die Schuld immer jemand anderem zuschoben.

»Hat sie ein Gebot abgegeben?«, fragte ich.

Bianca starrte mich an.

»Wer denn?«

»Na, die Zwillingsmutter. Hat sie auf die Wohnung geboten?«

»Ach so, nein«, sagte Bianca. »Das Schlafzimmer war ihr zu klein.«

251

Als wir wenig später ins Bett gingen, war ich immer noch nicht meine eigenen Neuigkeiten losgeworden.

»Du«, sagte ich.

Bianca hatte sich in die Decke gekuschelt und mir den Rücken zugewandt.

»Mm«, murmelte sie in ihr Kissen.

»Heute im Kindergarten bin ich Jacqueline begegnet.«

Langsam drehte Bianca sich um, und es zuckte in einem Nerv oberhalb ihrer Lippe.

»Sie betreut offenbar Bellas Gruppe«, fuhr ich fort.

»Das ist absurd.« Bianca schüttelte den Kopf. »Bei den vielen Gruppen. Sie muss explizit darum gebeten haben.«

»Warum sollte sie das tun?«, entgegnete ich.

Sie verdrehte die Augen.

»Ja, warum wohl?«

Sie dachte natürlich an das Gerede von Gun-Britt.

Sie war eifersüchtig.

Wir waren eifersüchtig aufeinander.

»Meinetwegen?« Ich konnte mir ein Lachen nicht verkneifen. »Ich bin zwar ziemlich unwiderstehlich, aber glaubst du nicht, dass du ein bisschen übertreibst?«

Bianca schien nicht zu Scherzen aufgelegt zu sein. Sie sagte nichts, und das beunruhigte mich. Glaubte sie allen Ernstes, dass Jacqueline probieren würde, mich vor den Augen meiner Familie zu verführen?

»Es gibt einen privaten Kindergarten an der Gemeindewiese«, sagte sie. »Bei den neu gebauten Häusern. Vielleicht können wir Bella dorthin geben? Ich habe gehört, dass er sehr viel besser sein soll. Tolle Räumlichkeiten und leckeres Essen.«

»Ich habe auch gehört, dass die Wartezeit mehrere Jahre beträgt«, erwiderte ich.

Das wusste Bianca auch.

»Mal ganz ehrlich, vertraust du mir nicht?«, fragte ich sie. »Warum sollte ich Interesse an Jacqueline haben?«

Bianca zog sich die Decke bis zum Kinn.

»Ich finde sie einfach unangenehm. Alles, was man so hört. Ist sie wirklich geeignet, Kinder zu betreuen?«

»Wir müssen ihr doch wohl eine Chance geben«, sagte ich.

Biancas Gesicht öffnete sich zu einem Lächeln. Ihr schien eine Idee gekommen zu sein.

»Ich kann Gun-Britt fragen. Vielleicht wollen sie und Åke ja tagsüber auf Bella aufpassen.«

»Na ja.«

Eigentlich konnte ich mir kaum etwas Schlimmeres vorstellen.

»Wir können uns doch etwas Zeit lassen«, schlug ich vor. »Wenn es mit Jacqueline im Kindergarten nicht funktioniert, reden wir mit Gun-Britt.«

Bianca schien mit dieser Lösung zufrieden zu sein.

Ich gab ihr einen Kuss auf die Wange. Es tat mir leid, dass ich eifersüchtig gewesen war. Jetzt schämte ich mich.

»Du«, sagte ich und steckte die Hände unter ihre Decke. »Ich liebe dich über alles. Das weißt du, oder?«

Wir küssten uns lange und zärtlich.

Sie kicherte, als ich einen empfindlichen Punkt an ihrer Achselhöhle berührte.

Die ganze Zeit spukte Jacqueline mir im Kopf herum. Sie hatte zwar geflirtet, aber ich hatte gedacht, das sei eben ihre Art, und es nicht auf mich bezogen.

Meine Lippen streiften ihre Brust. Sie keuchte.

Meine Hand an der Innenseite ihres Oberschenkels. Langsame Bewegungen. Die Finger glitten unter den Rand ihres Slips und verschwanden in der Nässe.

Während sie mich ritt, umfasste ich die Matratze und kämpfte, um es hinauszuzögern. Stöhnte und schloss die Augen.

Vor mir sah ich wieder Jacqueline. Die Brüste und die Hüften, den Schlund zwischen den langen, schmalen Beinen. Was war das eigentlich? Ich löschte das Bild und blinzelte es weg.

Dann drehte ich Bianca herum und drang von der Seite in sie ein. Sie sagte meinen Namen.

Sobald ich die Augen zumachte, war Jacqueline wieder da.

Es war ein entsetzlicher Betrug, aber ich konnte nichts dagegen tun.

42. MIKAEL

Nach dem Unfall
Montag, den 16. Oktober 2017

Es herrscht totale Stille. Eine Lampe in mir erlischt. Alles, was gelärmt und gedröhnt hat, die ganze Panik, die Wut und der Frust verschwinden in einem riesigen Nichts.

Ich gehe in die Finsternis hinein.

Meine Kinder sind bei mir, ich höre sie weinen. Ich halte ihre kleinen Hände in meinen, aber weiß, dass ich ihnen nicht mehr gerecht werde. Wie werde ich ihnen jemals gerecht werden?

Ein Mensch ist Vergangenheit, Gegenwart, Zukunft. Aber wenn keine Zukunft mehr vor einem liegt, wenn die Gegenwart eine Leerstelle ist: Was bleibt? Erinnerungen und Geschichte. Es heißt, dass man so lange lebt, wie sich die Leute an einen erinnern, obwohl alle wissen, dass der Tod endgültig ist und die Erinnerungen rasch verblassen.

Ich sehe dein Gesicht, aber nicht dich.

Dein Herz schlägt, ich kann die Vibrationen unter meiner Hand fühlen, aber du bist nicht mehr da. Du hast uns verlassen.

Es ist der längste Moment unseres Lebens. Bella und William klammern sich an meine Hände, keiner von uns will loslassen.

Bald wird dein Herz in einem anderen Körper schlagen.

Dr. Arif sagt, dass deine Organe mehrere Leben retten können, und das sollte vielleicht ein Trost sein, aber in der Finsternis gibt es nur Finsternis.

Ich wünschte, dass es stattdessen wehtun würde, dass ich zornig sein könnte.

»Wollen Sie, dass ich den Krankenhauspfarrer rufe?«, fragt Dr. Arif.

»Was kann er denn ausrichten?«

Ich will keinen Pfarrer haben. Mein Gott nimmt kleinen Kindern nicht die Mutter.

Jemand zündet eine Kerze auf dem Tisch an. Die Flamme brennt direkt neben deinem schönen Gesicht auf dem Kissen, den Grübchen auf den Wangen, dem Muttermal und den dünnen Lippen.

Ich versuche, mich zu erheben, aber die Füße sind schwer, und der Körper fällt von mir ab, als würde ich in den Fußboden hinabgesogen werden.

»Verlass mich nicht, Liebling«, flüstere ich.

Bella stürzt sich auf dich und zerrt an deinem Arm.

»Wach auf, Mama! Wach auf!«

Sienna nimmt die Kinder mit nach draußen, und ich halte deine Hand, als Dr. Arif fragt, ob ich bereit sei.

Wie kann ich jemals bereit sein? Nichts im Leben bereitet einen Menschen auf so etwas vor.

»Sind Sie bereit?«

Ich werde nie bereit sein.

»Ich liebe dich«, sage ich.

Ein letzter Kuss.

»*Fürimmer.*«

Hier endet *Fürimmer*.

43. MIKAEL

Vor dem Unfall
Winter 2016

Ich hatte die Kisten mit dem Weihnachtsschmuck aus dem Schuppen geholt, hängte Sterne auf und probierte verschiedene Kerzenleuchter aus. Die Kinder spielten mit der Krippe, die ich von meinen Eltern geerbt hatte, als Bianca atemlos nach Hause kam.

»Tut mir leid, bin ich zu spät?«

Ein rascher Kuss, dann umarmte sie William, bei dem die drei Weisen aus dem Morgenland gerade Josef und das Jesuskind mit ihren Stöcken angriffen.

»Guck mal, Mama! Ein fliegender Esel«, sagte Bella.

Bianca lachte gezwungen.

»Jetzt bin ich wirklich wütend«, flüsterte sie mir zu.

Ich legte den Papierstern zur Seite, der sich weigerte, am Fensterrahmen kleben zu bleiben.

»Du weißt doch, dieser Bengt«, sagte sie. »Der hier im Haus gewohnt hat.«

»Ja klar.«

»Er hatte ein Enkelkind, ein Mädchen, das Alice hieß, auf das er ab und zu aufgepasst hat. Und du weißt, dass Fa-

257

bian ihn Opa genannt hat und sich ihm ständig aufgedrängt hat.«

Das klang nach Gun-Britt oder vielleicht Ola, aber das war nicht der passende Zeitpunkt für Proteste.

»Das Ganze endete damit, dass Fabian das Mädchen begrabschte. Sie haben zusammen in einem aufblasbaren Pool gebadet, als Fabian die Idee hatte, seine Finger in ihren Unterleib zu stecken.«

Etwas Saures stieg vom Magen in meine Kehle.

»Wo hast du das denn gehört?«

»Das ist doch wohl nicht das Entscheidende. Bengts Tochter ist jedenfalls ausgeflippt. Wer wäre das nicht? Sie hat bei der Polizei Anzeige erstattet, aber Bengt hat sich weiter mit Fabian und Jacqueline getroffen. Schließlich hat die Tochter jeden Kontakt mit Bengt abgebrochen.«

Ich dachte an Bella.

»Wann war das? Wie alt war Fabian, als das passierte?«

»Als er sich an dem Mädchen vergriffen hat?«, wiederholte Bianca mit Nachdruck. »Er war so acht, neun Jahre. Die Polizei hat die Angelegenheit ans Jugendamt weitergeleitet.«

»Wir können Fabian nicht mit Bella allein lassen«, sagte ich.

Er konnte einem leidtun, aber man durfte ihm nicht trauen. Und wenn es um Bella ging, wollte ich kein Risiko eingehen.

»Ola findet, dass wir mit der Kindergartenleitung sprechen oder der Gemeinde eine E-Mail schreiben sollten«, sagte Bianca. »Jacqueline sollte nicht mit Kindern arbeiten dürfen.«

Das klang drastisch. Und nicht ganz logisch.

»Sie kann doch nichts dafür, dass das passiert ist.«

»Es war Jacquelines Verantwortung«, sagte Bianca. »Ein

Achtjähriger muss verstehen, dass man ein Mädchen nicht auf diese Weise anfasst. Hör jetzt auf, sie zu verteidigen.«

»Ich verteidige niemanden.«

War die Sache wirklich so eindeutig? Wenn es um Fabian Selander ging, war nichts eindeutig.

»Du musst auch mit dem Direktor in deiner Schule darüber sprechen«, sagte Bianca, »dass du Fabians Mentor sein sollst. Ich finde das gar nicht gut.«

Sie hatte schon recht, das war keine besonders gute Idee. Wir brauchten Abstand zu Jacqueline und Fabian. Zugleich fand ich es unglaublich schade, weil Fabian tatsächlich Vertrauen zu mir hatte. Nichts würde sich verbessern, wenn die Erwachsenenwelt ihn im Stich ließ.

»Ich denke, wir sollten mit Bella und William darüber reden«, sagte Bianca.

Ich war skeptisch, wollte aber keinen Disput riskieren. Schon bald saßen beide Kinder mit erschrockenen Mienen auf dem Sofa.

»Ihr wisst, dass man niemals den Körper eines anderen Menschen berühren darf«, sagte Bianca.

Sie hatte rote Wangen und sah mich hilfesuchend an.

»Stopp, fass mich nicht an!«, sagte ich.

Diesen Spruch hatten sie im Kindergarten gelernt.

Bella lächelte wissend.

»Dein Körper gehört dir«, sagte Bianca. »Niemand darf ihn anfassen.«

War das wirklich nötig? Die Kinder wirkten in erster Linie verwirrt.

»Aber wenn ich will, dass jemand ihn anfasst?«, wollte Bella wissen.

Bianca verzog den Mund. Wieder sah sie zu mir.

»Es gibt bestimmte Stellen, die niemand anfassen darf«, sagte ich. »Da ist es egal, ob du es willst oder nicht.«

»Welche Stellen?«

»Tja, zwischen den Beinen.«

»Wie?« Bella lachte.

Bianca zeigte mit dem Finger auf ihren Schoß.

»Hier zum Beispiel.«

»An der Scheide?«

»Genau.«

»William hat keine Scheide«, sagte Bella. »Er hat einen Penis.«

»Es darf auch niemand Williams Penis anfassen«, sagte Bianca.

»Und niemand darf meine Scheide anfassen«, sagte Bella fröhlich.

»Ganz richtig.«

»Ich selbst auch nicht?«

Bianca atmete tief durch, sie hatte ein hochrotes Gesicht.

»Na ja, doch, du selbst schon«, sagte ich.

»Okay«, erwiderte Bella. »Und wenn ich Pipi gemacht habe? Dann dürft ihr mich abtrocknen?«

»Ja, natürlich.«

»Mama und Papa dürfen meine Scheide anfassen«, sagte Bella.

Bianca stützte die Ellbogen auf.

»Ja, genau, wenn wir dich abwischen.«

»Oder wenn ihr Salbe drauftut.«

»Ja, klar, wenn wir Salbe drauftun.«

Bianca starrte mich an. Sie schüttelte den Kopf.

Während ich mich für einen neuen Kampf mit dem Weihnachtsstern wappnete, stampfte sie an mir vorbei in den Flur.

»Das ist ja prima gelaufen«, sagte sie und verschwand die Treppe hinauf.

Am ersten Tag der Weihnachtsferien nahm ich die Kinder mit zum Eisstadion in Lund. Bianca hatte eine Wohnungsbesichtigung, was insofern gut passte, als William und Bella nur Schlittschuh laufen durften, wenn sie es nicht mit ansehen musste.

Seit sie irgendwo im Internet über ein Video gestolpert war, in dem ein Kind von einem Eishockeyschläger im Gesicht getroffen wurde, hatte sie dieselbe Einstellung zu Schlittschuhen wie zum Fliegen, zu Schiffen, zu Jahrmärkten und allem anderen, was ein Risiko für Leben und Gesundheit bedeuten konnte.

Ich hatte aufgehört, dagegen anzureden. Biancas Ängste entbehrten jeder Logik, und meistens war es am einfachsten, sich anzupassen, um sie nicht unnötig zu beunruhigen.

Als William ein Baby war, hatte sie eine Weile eine Verhaltenstherapie gemacht. Einen oder zwei Monate lang hatte ich eine eindeutige Verbesserung bemerkt, aber im Lauf der Zeit war alles wieder wie vorher geworden.

»Können wir auf dem Heimweg bei McDonald's essen?«, fragte William, als ich ihm die Schlittschuhe aufschnürte.

»Bitte, Papa«, sagte Bella und klammerte sich an mich.

»Na klar können wir das.«

Wir fuhren mit dem Auto zum Bahnhof und aßen bei Burger King am Knut den stores torg.

»Wisst ihr, was? Mama arbeitet heute ganz in der Nähe. Wollen wir hingehen und sie besuchen?«

Die Wohnung, wo die Besichtigung stattfinden sollte, lag nur einen Steinwurf entfernt in der Winstrupsgatan. In Stockholm war ich mehrmals bei ihren Besichtigungen dabei gewesen. Meistens inkognito. Es glich einem Spiel. Ich hatte mich umgeschaut wie jeder andere Interessent auch. Natürlich gab ich kein Gebot ab, meldete mich nie zu Wort. Aber es herrschte eine gewisse Spannung, und ich war immer so stolz auf Bianca, es machte mich glücklich zu beobachten, wie geschickt sie war, wie kompetent und charmant. Hinterher unterhielten wir uns stundenlang über die Wohnung und die Interessenten. Manchmal wetteten wir, wer ein Gebot abgeben und wer letztendlich die Immobilie kaufen würde.

»Wollen wir so tun, als würden wir Mama nicht kennen?«, fragte ich Bella und William, als wir uns dem Haus näherten, vor dem ein Kollege mit dem Logo der Maklerfirma am Revers stand.

»Warum?«, fragte Bella.

»Wir tun so, als wollten wir die Wohnung kaufen.«

»Das wird ein Spaß«, sagte William.

Er tippte Bella an und rannte eine Runde um mich herum.

Im Treppenhaus duftete es nach Kaffee. Im dritten Stock stand die Tür weit offen, und im Vorraum streiften wir blaue Plastiküberzieher über unsere Schuhe.

»Guck mal«, sagte Bella und tanzte auf dem Teppich herum.

Ich drängelte mich räuspernd und stöhnend durch den schmalen Flur. Ein riesiger Typ mit Hipsterbart musste sich gegen die Wand pressen, damit wir an seinem Bauch vorbeikamen. Ich warf einen Blick nach hinten, um mich zu vergewissern, dass William und Bella mir folgten.

Das Wohnzimmer verlief in einem großen Bogen um einen

schönen Kachelofen herum, einer der schönsten, den ich je gesehen hatte. Die Leute schoben sich in kleinen Grüppchen über den Dielenboden.

Mitten im Zimmer stand Bianca und überstrahlte alle in ihrem glatt gebügelten Blazer und dem offenen Haar.

»Mama!«, rief Bella.

»Du Dummkopf«, meinte William. »Wir wollten doch so tun, als ob ...«

Ich strich ihm über den Arm.

»Macht nichts. Nächstes Mal.«

Ich sah Bianca quer durchs Zimmer an. Ich hatte erwartet, dass sie verblüfft wäre, sogar befürchtet, sie könne wütend sein, aber in ihrem Gesicht stand ein ganz anderer Ausdruck. Angst.

»Was macht ihr hier?«, fragte sie Bella.

Im nächsten Moment begriff ich, warum. Neben ihr, mit einem Stapel Hochglanzprospekte im Arm, stand niemand anders als Ola Nilsson.

»Ist irgendwas passiert?«, fragte er.

Es war nicht ganz klar, an wen sich seine Frage richtete.

Was machte er hier? Bianca hatte nie erwähnt, dass er zu ihren Besichtigungen mitkam.

»Wir wollten dich überraschen«, sagte ich zu Bianca. »Mama bei der Arbeit besuchen.«

Ich hörte selbst, wie beleidigt ich klang.

Bianca warf mir über die Köpfe der Kinder hinweg einen irritierten Blick zu.

»Wir waren Schlittschuh laufen«, erklärte ich und sah Ola an.

»Das ist kein guter Zeitpunkt«, meinte Bianca. »Wie du siehst, sind ziemlich viele Leute da. Das hätte ich dir sagen können, wenn du vorher angerufen oder mir eine Nachricht geschrieben hättest.«

»Dann entschuldige bitte«, entgegnete ich. »Wir werden nicht weiter stören.«

Ich packte William und Bella und schob sie in Richtung Wohnungsflur.

»Aber Papa! Wir sind doch gerade erst gekommen. Wir wollten doch …«

»Ein andermal«, sagte ich. »Wir besuchen Mama ein andermal bei der Arbeit.«

Die Kinder verstummten sofort und ließen den Kopf hängen. Ich merkte, dass mein Ton zu hart gewesen war.

Als wir vor dem Haus in der Krachmacherstraße parkten, hatte ich zwei neue Nachrichten von Bianca im Handy. Sie entschuldigte sich, falls sie unfreundlich gewirkt habe, und schrieb, dass sie megagestresst gewesen, die Besichtigung aber wunderbar gelaufen sei. Die ersten Gebote seien schon eingetroffen.

Ich schrieb zurück: *Kein Problem.*

Und dann: *Was hat Ola dort gemacht?*

Das klang bestimmt, als wäre ich eifersüchtig, aber das war mir egal. Ich hatte allmählich genug von Ola. Was lief da eigentlich zwischen ihm und Bianca?

Ich half den Kindern beim Anziehen der Schlafanzüge und beim Zähneputzen. Während Bella ein Buch zum Vorlesen aus dem Regal heraussuchte, kam Biancas Antwort:

Er war als Vertreter der Bank dabei. Das machen die manchmal.

Zwei Stunden später erwachte ich im Doppelbett, mit Bella und William rechts und links von mir und dem aufgeschlagenen Buch auf der Brust. Keine Bianca.

Vorsichtig stand ich auf, ohne die Kinder zu wecken, und schlich mich in den dunklen Flur hinaus. Gedämpfte Geräusche und ein flimmerndes blaues Licht aus Williams Zimmer. Bianca hatte sich in sein Bett gelegt und schlief mit dem Handy neben sich auf dem Kissen.

Ich blieb stehen und betrachtete sie lange. Die Luft entwich langsam aus mir, als wäre soeben etwas in mir zerstochen worden.

44. JACQUELINE

Vor dem Unfall
Winter 2016

Zum ersten Mal überhaupt fand das Hoffest nicht im Sommer statt. Wir hatten keine Wahl gehabt, als Åke seine Idee von einer Silvesterparty präsentiert hatte. Wir hatten ihn im Sommer überredet, das Fest zu verschieben, und jetzt mussten wir uns natürlich hübsch fügen.

»Dabei hassen doch sowieso alle diese Feste«, sagte Fabian. »Niemand will da hin.«

»Aber Micke und Bianca sind nett, oder?«, erwiderte ich. »Du kannst ja nach dem Essen wieder nach Hause gehen.«

Ich drehte mich in meinem neuen Kleid mit den Spaghettiträgern vor dem Spiegel.

»Was sagst du?«

»Schick«, meinte Fabian ohne größeres Interesse.

Unter massivem Widerstand zog er sich das Hemd an, das einzige, das er besaß, setzte die Basecap auf und wartete an der Haustür auf mich.

Als wir über den Innenhof gingen, hallten vereinzelte Knaller in der kühlen Abendluft wider. Gun-Britt hieß uns mit Sekt und einer Umarmung willkommen. Ola, Bianca und

Micke waren schon da, aufgebrezelt und mit schicken Schuhen.

»Schade, dass Peter nicht kommen konnte«, meinte Gun-Britt.

»Ach, er kommt nicht?«, hakte Ola sofort nach.

Er sah so zufrieden aus, dass es sogar Bianca auffiel.

»Er muss arbeiten«, behauptete ich.

Das war nicht die ganze Wahrheit. Ich war vierzig und brachte es nicht fertig, eine normale Beziehung zu führen. Peinlich war nur der Vorname.

Der ganze Herbst war ein einziges Hin und Her gewesen. Einen Tag hatten Peter und ich uns gestritten, uns angeschrien und mit Gegenständen beworfen. Am nächsten Tag gab es Entschuldigungen und Versöhnungssex, wieder zum Leben erweckte Zukunftsträume und Schmetterlinge im Bauch.

Am zweiten Weihnachtstag hatte er mich angebrüllt, weil ich Fabian zu teure Geschenke gekauft hätte. Es endete damit, dass ich ihn zum wer weiß wie vielten Mal rauswarf.

Jetzt blieb mir zumindest die Sorge erspart, dass er mich zu Silvester bloßstellen könnte. Niemand wollte eine Wiederholung meiner Geburtstagsparty vom letzten Sommer.

»Guten Rutsch«, sagte Micke und prostete mir mit Sekt zu.

»Gutes Neues«, entgegnete ich und lächelte.

Nach dem Abendessen baute Åke ein wahres Flaschenbüfett auf. Ich hielt mich an Wein, aber Ola und Micke benahmen sich wie kleine Kinder im Süßwarenladen. Es dauerte nicht lange, da lallten beide und lachten lauthals.

»Darf ich jetzt nach Hause gehen?«, fragte Fabian. »Du hast es mir doch versprochen.«

Ich bat ihn, sich bei Gun-Britt und Åke zu bedanken, bevor er ging. Es war natürlich schade, dass mein Junge inzwischen so groß war, dass er bei solchen Anlässen nicht mehr dabei sein wollte, aber ich konnte mich noch gut an meine eigene Kindheit erinnern. Mein Vater hatte mich oft gezwungen, zu schrecklichen Erwachsenenveranstaltungen mitzukommen.

Bianca saß neben mir und glotzte Fabian hinterher, als er ging. Die Stimmung zwischen uns war ein bisschen steif, und ich suchte nach einem Gesprächsthema.

»Ich freue mich so über mein Praktikum im Kindergarten«, sagte ich. »Es macht wirklich total Spaß. Richtig tolle Kinder.«

Das war keine Übertreibung. Ich liebte meine neue Arbeit.

»Wie schön«, sagte Bianca knapp und verbarg ein Gähnen hinter der Hand.

Ich überlegte, wie wir das Gespräch fortsetzen könnten, aber Bianca wandte sich an William, der auf der anderen Seite von ihr saß.

Hatte ich irgendetwas falsch gemacht, oder war sie nur ganz allgemein mürrisch? Bianca hatte viel Kontakt mit Ola, seitdem sie in der Immobilienabteilung der Bank arbeitete. Hatte er schlecht über mich geredet? Das hätte mich nicht weiter gewundert.

»Wie geht es dir denn jetzt, Ola?«, erkundigte sich Åke und füllte sein Glas zum zigten Mal nach. »Bist du noch immer krankgeschrieben?«

»Ich arbeite halbtags«, antwortete Ola. »Die Ärzte behaupten, ich hätte etwas, was sie PTBS nennen.«

»PSBT? Was ist das?«, wollte Åke wissen.

»P-T-B-S«, buchstabierte Ola. »Posttraumatische Belastungsstörung.«

»Kommt unter Kriegsveteranen ziemlich häufig vor«, ergänzte Micke.

»Ach, das ist so ein Arztgelaber. Solche Buchstabenkombinationen sind heutzutage ja in Mode«, sagte Ola und trank glucksend einen Schluck.

»Oje«, sagte Gun-Britt, die wie eine Kellnerin um den Tisch herumlief. »So ein großes Problem wegen dieses Überfalls?«

»Das ist doch wohl kein Wunder«, entgegnete Ola. »Man geht zum Training ins Fitnessstudio, und dann tauchen auf einmal zwei Halbstarke auf und überfallen einen. Natürlich hinterlässt so was Spuren.«

»Aber es ist doch schon eine geraume Zeit her«, betonte Åke.

»Erst mal habe ich ja auch ganz normal gearbeitet«, sagte Ola. »Ich habe gar nicht so viel darüber nachgedacht, aber dann ist die Angst plötzlich wiedergekommen. Bestimmte Situationen lösen Panik bei mir aus. Obwohl ich immer introvertiert gewesen bin, fällt mir das Alleinsein inzwischen schwer.«

Vermutlich hing er deshalb die ganze Zeit mit Bianca herum. Er fühlte sich einsam und hatte Langeweile.

»Es muss ja wohl erlaubt sein, sich nicht gut zu fühlen«, sagte Bianca und betrachtete Ola mit sanftem Blick. »Mal wieder typisch, wenn Männer sich nicht zugestehen, verletzlich zu sein.«

Sie wirkte gut informiert. Mit mir hatte Ola gar nicht darüber gesprochen.

»Aber die Polizei hat diese Räuber sicher bald gefasst, oder?«, meinte Micke.

Ola drehte sein Glas zwischen den Fingern.

»Ja, aber dann gab es einen Haufen Probleme bei den Ermittlungen. Es hat ewig gedauert.«

»Es ist doch über ein Jahr her«, sagte ich.

Ola sah irritiert aus.

»Ja, in drei Wochen ist zumindest endlich die Gerichtsverhandlung.«

Ich betrachtete ihn verstohlen. Die Art, wie er Bianca ansah, beunruhigte mich. Seltsam, dass sie ihn noch nicht durchschaut hatte.

»Hoffentlich kriegen sie eine ordentliche Strafe aufgebrummt«, meinte Åke.

Mit einem Seufzer stellte Ola das Glas auf den Tisch.

»Bestimmt nicht. Sie sind erst siebzehn.«

»Das schwedische Rechtssystem ist ein Witz«, bemerkte Åke.

Bianca fand es am wichtigsten, dass die Jungs etwas aus der Sache lernten und keine Verbrechen mehr begingen. Ich demonstrierte deutlich, dass ich ganz ihrer Meinung war.

»Die Hoffnung stirbt zuletzt«, sagte Ola.

Micke drehte sich zu ihm um.

»Wirst du in der Gerichtsverhandlung als Zeuge auftreten?«

Irgendetwas sagte mir, dass Micke schon die Antwort wusste. Er hatte ihn nur gefragt, um ihn zu ärgern.

»Nein, daraus wird nichts«, antwortete Ola.

»Wie? Du wirst nicht vor Gericht aussagen?«

»Nein.« Ola rutschte unbehaglich auf dem Stuhl herum. »Es gibt mindestens zehn Personen, die betroffen sind. Da können sich andere einbringen.«

»*Lassen* sie dich nicht vor Gericht aussagen?«, fragte Gun-Britt.

»Denn du hast sie doch erkannt, oder?«, hakte Micke nach. »Du hast sie bei der Polizei identifiziert. War es nicht so?«

»Doch.« Ola kaute auf der Unterlippe herum. »Aber es ist

nicht dasselbe, wenn man ihnen vor Gericht gegenübersitzt. Die Ärzte meinen, es wäre nicht gut für meinen Heilungsprozess.«

Er hatte Angst. Das war ja auch verständlich.

»Es ist sicher schwierig, vor Gericht auszusagen«, meinte Bianca.

Ich nickte, um ihr beizupflichten.

»Allerdings baut unser Rechtssystem darauf, dass die Leute erzählen, was sie wissen«, sagte Micke. »Angenommen, alle Opfer von Verbrechen würden so argumentieren wie Ola. Bestimmt ist das schwierig, aber ...«

»Die werden sowieso nicht bestraft«, sagte Ola. »Ein Gespräch mit einer Tante vom Jugendamt reicht. *Armer kleiner Junge, mit einer so schwierigen Kindheit.* Und ich gehe das Risiko ein, ihnen in der Stadt jederzeit in die Arme zu laufen.«

»Ich verstehe dich«, sagte Åke.

Aber Micke ließ nicht locker. Mir kam es so vor, als wolle er Ola eins auswischen. Vermutlich ärgerte er sich darüber, dass Bianca so viel Zeit mit ihm verbrachte.

»Ich finde, es ist die Pflicht eines jeden Bürgers, sich für das Rechtssystem zu engagieren«, sagte Micke.

Bianca starrte ihn wütend an, während Bella anfing zu weinen.

»Ich bin nach Köping gezogen, damit ich so etwas nicht erleben muss«, erklärte Ola. »Ich will nicht in so was involviert werden.«

»Aber du bist involviert!«

»Jetzt reicht's«, sagte Bianca und hob Bella auf den Schoß. »Du schreist, Micke.«

Sie übertrieb. Es war ja nur eine Diskussion.

»Hörst du denn nicht …«

»Schsch!«

Ich war verblüfft. Micke war zwar betrunken, aber deshalb brauchte sie ihn doch nicht zu behandeln wie ein kleines Kind.

»Das ist leicht gesagt, wenn man es nicht selbst erlebt hat«, meinte Bianca und strich Bella über die Wange. »Ich war immer deiner Meinung, Micke. Dass ich mich bereit erklären würde, vor Gericht als Zeugin auszusagen. Aber wenn es wirklich hart auf hart käme, weiß ich gar nicht … Ist es das tatsächlich wert?«

Ola und Åke stimmten ihr zu, aber Micke schien kein Interesse daran zu haben, mit seiner Frau vor Publikum zu diskutieren. Er schob den Stuhl zurück und schlug die Beine übereinander, sah in eine andere Richtung.

»Ich gehe jetzt nach Hause und bringe die Kinder ins Bett«, verkündete Bianca. »Bella ist total müde.«

Micke wollte sich gerade erheben, doch Bianca legte ihm die Hand auf die Schulter und presste ihn geradezu auf den Stuhl zurück.

»Bleib sitzen«, sagte sie. »Ich komme vor zwölf zurück. Falls ich nicht vorher einschlafe.«

Eine halbe Stunde später war auch Ola verschwunden. Mickes Augen waren klein und gerötet, als er mich darum bat, noch mehr Geschichten von meiner Zeit in den USA zu erzählen. Ich lachte, während ich von arschigen Fotografen und schleimigen Agenten sprach, von Designern, neben denen Narziss geradezu selbstlos gewirkt hätte, von den irren Luxusgewohnheiten der Amerikaner, von Drogen und sexuellen Neigungen.

»Was für ein Leben du geführt hast«, sagte Åke.

»Ach, eigentlich bin ich ein ganz normales Kleinstadtmädel.

Girl next door. Ich habe in diesen Kontext eigentlich nie rein-
gepasst.«

Micke sah mich mit verträumtem Blick an.

»Dabei interessiere ich mich nicht einmal für Glitzer und
Glamour«, fuhr ich fort. »Ich habe mir eigentlich nie besonders
viel aus Kleidern oder Schmuck und Schuhen gemacht. Und
bin trotzdem glücklich.«

Genau so fühlte ich mich. Frei und glücklicher als je zuvor.
Der Alkohol spielte sicher eine gewisse Rolle, aber vor allem
war ich erfüllt von dem Gedanken an das neue Jahr, das vor
mir lag. Zwölf Monate voller Abenteuer und Möglichkeiten.
2017 würde mein Jahr werden.

Ohne Peter. Ohne miese Beziehungen.

»Gleich wird das Neujahrsgedicht vorgetragen!«, rief Gun-
Britt, die im Fernsehsessel saß.

»Wie? Ist es schon zwölf?«, fragte Micke und fummelte an
seinem Handy herum. »Bianca muss eingeschlafen sein.«

»Wo ist eigentlich Ola abgeblieben?«, wollte Åke wissen.

»Er ist nach Hause gegangen«, antwortete Micke. »Ich glaube,
es lag an diesem PTBS.«

»Oder am Alkohol«, meinte Gun-Britt.

Ich hakte mich bei Micke ein.

»Komm, ich will das Feuerwerk sehen«, sagte ich.

Er schwankte, und ich musste ihn auf dem Weg durch den
Flur an der Hand halten. Als ich ihm in die Jacke half, stellte
ich fest, dass der linke Träger meines Kleids heruntergerutscht
war.

»Kommt ihr mit, oder wie?«, fragte Micke.

»Wir bleiben hier«, meinte Gun-Britt. »Es knallt so verflucht
laut.«

Micke lächelte mich an. Wir gingen auf den Rasen hinaus und betrachteten die sprühenden Farbexplosionen am Himmel. Mit offenem Mantel, ohne Schal und Mütze fröstelte ich neben Micke. Ich bemerkte, wie sich das Feuerwerk in seinen Augen spiegelte.

Ein kräftiger Knall brachte die ganze Nacht zum Vibrieren, und ich steckte meinen Arm unter Mickes Jacke. Meine Zähne klapperten, die Kälte war perfekt und der Himmel rot, blau und golden gefärbt. Als ich mich an Mickes warmen Körper lehnte, hatte er Raketen und Sterne im Blick.

»Ein gutes neues Jahr.«

Wir atmeten uns warme Rauchwölkchen zu. Feuerwerk überall.

»Gutes neues Jahr«, flüsterte ich.

Seine Zunge schmeckte nach Himmel.

45. FABIAN

Vor dem Unfall
Frühling 2017

Nach der Silvesterparty ist nichts mehr wie zuvor. Erst hat es mich angeekelt und mich wütend gemacht, doch sobald sich der Schock gelegt hat, beginne ich stattdessen die Vorteile zu sehen.

Ich erzähle meiner Mutter nicht, dass ich sie gesehen habe, aber wenn ich Micke in der Wohnanlage oder in der Schule begegne, kommt es mir so vor, als würde in mir ein Licht angezündet, ohne dass ich etwas dagegen tun könnte. Ich glaube, das Ganze kann richtig gut werden.

An einem langweiligen Dienstag im Januar fallen drei Mädchen aus der Neunten in der Schulmensa über mich her. Der Direktor kommt, und es geht hoch her.

»Er hat Suzi auf die Brüste geglotzt. Widerliches Ekelpaket!«, sagt das eine Mädchen.

Deshalb hat Suzi mir eine Kelle Steckrübenmus ins Gesicht geklatscht.

»Das ist sexuelle Belästigung, verdammt«, sagt sie zum Direktor.

Warum läuft sie dann in einem so kleinen Oberteil herum,

275

aus dem alles herausquillt? Sie will doch nur, dass die Leute sie anstarren.

»Wir müssen Micke holen«, sagt der Direktor. »Das ist eine typische Aufgabe für einen Mentor.«

Ich muss mit knurrendem Magen in einem Gruppenraum sitzen und warten. Als Micke schließlich im Trainingsanzug und mit verschwitztem Stirnband eintrifft, ist die Mittagspause fast vorbei.

»Warum ist das passiert?«

Er klingt nicht müde, sondern eher interessiert. Als wäre ich ihm wirklich wichtig. Ich bin das nicht gewöhnt und weiß nicht, wie ich reagieren soll. Aber es fühlt sich sehr gut an.

»Weil ich ein Spacko bin«, sage ich. »Ein Ufo.«

Als ich jünger war, dachte ich oft, dass ich auf dem falschen Planeten gelandet sei. Die Psychologen und Ärzte konnten sich nur deshalb nicht einigen, was mit mir los war, weil sie noch nie einen Außerirdischen gesehen hatten.

»Du bist überhaupt kein Ufo«, sagt Micke. »Aber ich verstehe, wie du dich fühlst.«

Tut er das wirklich? Ich kann mir nicht vorstellen, dass Micke je so etwas erleben musste. Er ist so normal. So fröhlich und charmant und unkompliziert. Einer, den alle mögen.

Er verurteilt mich zumindest nicht. Und klingt weder wütend noch übertrieben mitleidig. Er ist lösungsfokussiert, das gefällt mir.

»Ist es wahr, was die Mädchen sagen? Dass du Suzi auf die Brüste gestarrt hast?«

»Glaub schon. Mein Blick ist da irgendwie hängen geblieben. Das war nicht meine Absicht.«

Wenn es jemand anders gewesen wäre und nicht ausgerechnet ich, dann hätte Suzi vermutlich ihre Brüste noch mehr vorgestreckt und es genossen, im Mittelpunkt zu stehen. Bei mir war das natürlich etwas anderes.

»Hat sie dich mit Essen beworfen?«, fragt Micke.

»Ja.«

Ich zeige ihm den Fleck auf dem Pullover.

»Ich hoffe, der Direktor folgt unseren Regeln und schließt sie von der Schulmensa aus.«

Ich lächele ihn an. Meinen Mentor.

Im Hinterkopf habe ich noch immer das Bild von ihm und meiner Mutter in der Silvesternacht. Das gibt mir Hoffnung.

Wobei mir für Suzi schon eine bessere Strafe einfallen würde als ein lascher Ausschluss von der Schulmensa. Denn die Chilisuppe und die Frikadellen würde sie wohl kaum vermissen.

»Wie läuft's zu Hause?«, fragt Micke plötzlich.

Das ist noch nie vorgekommen. Hat es etwas mit dem Kuss zu tun? Interessiert er sich für meine Mutter?

»Peter?«, fragt er. »Ist er noch immer …«

Meine Antwort kommt sofort.

»Nein.«

Micke kann seine Zufriedenheit nicht verbergen. Es ist genau das, was er hören will. Aber ich kann ihn nicht anlügen, das würde er sofort merken.

»Er kommt jedenfalls nicht mehr so oft«, sage ich deshalb. »Er streitet sich meistens mit meiner Mutter.«

Micke sieht besorgt aus. Er und Bianca streiten sich bestimmt nie. Zumindest nicht so wie meine Mutter und Peter. Und Micke ist jemand, der es nicht aushalten würde, von einer Ungerechtigkeit zu erfahren, ohne etwas dagegen zu unternehmen.

»Ich wünschte, sie könnte jemand … Besseren kennenlernen«, sage ich.

Micke ist nicht blöd. Bestimmt hat er begriffen, was ich
meine, aber er sagt kein Wort und gibt auch nichts von seinen
Gefühlen preis. Ich schätze ihn dafür. Er will mir natürlich
keine falschen Hoffnungen machen.

Als wir zurück in die Mensa kommen, haben die Angestellten eine Portion für mich aufgehoben. Es macht nichts, dass
ich die Besprechung in Mathe verpasse, ich bin sowieso viel
weiter als alle anderen.

»Danke für deine Hilfe«, sage ich zu Micke.

»Ist doch selbstverständlich«, sagt er.

Und ich beschließe, auf Suzi und ihre Freundinnen zu pfei-
fen. Natürlich würden sie eine Vendetta verdienen, aber ich
will Micke nicht enttäuschen.

Am Samstag kommt Peter zurück. Meine Mutter sagt, dass sie
die Einsamkeit nicht aushält.

»Aber du könntest doch jemand anders kennenlernen?«,
schlage ich vor. »Peter macht nur Stress.«

»Das ist nicht so einfach«, meint meine Mutter.

Aber mal ernsthaft. Das kann doch nicht so schwer sein?

Wenn man will, dann kann man das auch.

Peter hört wieder lauten Hardrock im Wohnzimmer. Sie
saufen und schreien, und was sie sonst noch machen, will ich
lieber nicht wissen. Ich drehe die Lautstärke in meinen Kopfhörern voll auf und versuche, mich auf mein Spiel zu konzentrieren, aber der Bass dröhnt dumpf durch Boden und Wände,
es juckt und kribbelt in mir, und am Ende muss ich raus.

Ich ziehe mir im Flur die Schuhe an. Auf dem Sofa liegen

meine Mutter und Peter halb aufeinander, und ich muss wegsehen, sonst muss ich kotzen.

»Wo gehst du hin?«, ruft meine Mutter durch die Wand aus lärmenden E-Gitarren.

»Raus!«, schreie ich und knalle die Tür zu.

Ich fahre ein paar Runden mit dem Rad durchs Viertel, während es immer dunkler wird. Im Zentrum hängen die Mopedtypen aus dem Umland rum, und in einem Wäldchen an der Gemeindewiese hockt eine Gruppe Mädels, die heimlich rauchen. Ansonsten ist es in Köpinge leer und ruhig. Als ich zurück zur Krachmacherstraße komme, steige ich vor der Nummer dreizehn vom Fahrrad. Der Volvo steht auf der Einfahrt. Ich sehe mich um und schleiche zum Gartentor. Gucke durch den Spalt zwischen den Brettern hindurch, aber sehe nichts Außergewöhnliches.

»Warum stehst du hier?«

Als ich mich umdrehe, entdecke ich Ola, der mir über den Innenhof entgegenkommt.

»Ich habe dich vom Fenster aus gesehen«, fährt er fort. »Ist irgendwas passiert? Du zitterst ja vor Kälte.«

Das war mir gar nicht aufgefallen.

»Ich bin eine Runde Fahrrad gefahren.«

Aus Olas Mund treten Rauchwolken. Er riecht nach Schnaps und Alte-Männer-Parfüm.

»Es ist Samstagabend um halb zwölf. Du solltest nach Hause gehen.«

Ich sage nichts, rühre mich nicht vom Fleck.

»Hat es was mit Peter zu tun?«, fragt Ola.

Wir schauen beide auf unser Haus. Von hier klingt es, als würde die Musik das ganze Gebäude zum Pulsieren bringen.

»Warum schmeißt sie ihn nicht raus?«, fragt Ola. »Ich habe versucht, mit ihr zu reden.«

Als ob sie auf ihn hören würde. Meine Mutter interessiert sich nicht die Bohne für Olas Meinung.

»Soll ich mit reinkommen?«, fragt er.

Das ist seltsam. Ola ist noch nie nett zu mir gewesen. Er hat natürlich ein verborgenes Motiv, aber welches?

Als er hierherzog, dauerte es nur wenige Tage, ehe er sich an meine Mutter ranmachte. Ich hatte kein Problem damit, auch wenn mir seine Frau natürlich leidtat. Erst als er anfing, schlecht über Bengt zu reden, wurde mir klar, wie er tickt.

»Okay«, sage ich schließlich.

Bin gespannt, was passiert. Ich weiß ja, dass Peter kein Fan von Ola ist.

Ich schiebe mein Rad hinter ihm her über den Hof. Olas Arme sind hart und angespannt, er streckt die Finger aus und ballt sie zu Fäusten, streckt sie aus und ballt sie wieder zu Fäusten.

Als ich die Tür öffne, drängelt er sich an mir vorbei und geht in den Flur.

»Hallo? Hallo!«

Die Musik verstummt, und meine Mutter erhebt sich mühsam vom Sofa.

»Ich habe Fabian draußen auf dem Hof gefunden«, erklärt Ola. »Er wäre beinahe erfroren.«

Das ist natürlich übertrieben, aber meine Mutter kann ruhig einen Anpfiff vertragen.

»Hör auf, er ist doch kein Baby mehr«, sagt Peter.

Er bleibt mit aufgeknöpfter Hose auf dem Sofa sitzen. Seine dreckigen Füße liegen auf dem Couchtisch.

»Warum läufst du denn auch einfach so raus?«, fragt meine Mutter.

Ola betritt das Wohnzimmer.

»Du solltest vielleicht mal deine Prios überprüfen?«, sagt er.

Auf einmal schwingt sich Peter vom Sofa hoch und drückt seine Brust heraus. Meine Mutter versucht, ihn am Arm festzuhalten.

»Misch dich bloß nicht ein«, sagt Peter zu Ola.

Er ist besoffen, genau wie meine Mutter.

»Hör auf jetzt«, sagt sie.

Aber Peter reißt sich los und torkelt auf Ola zu.

»Wolltest du noch was von mir, oder wie?«

Man kann beinahe sehen, wie die Wut aus Olas Augen schießt, aber Peter ist doppelt so groß wie er, und ein Schlag aufs Maul liegt in der Luft.

»Geh jetzt«, sagt meine Mutter.

Langsam geht Ola rückwärts in den Windfang. Peter stützt sich auf die Rückenlehne des Sofas. Meine Mutter kommt in den Flur und sieht mich an wie damals, als ich klein war. Es fühlt sich gut an, dass sie sich Sorgen macht.

»Verdammter Idiot«, murmelt Peter und schaltet die Musik wieder an, sobald Ola weg ist.

Meine Mutter macht mir heißen Kakao und holt eine Fleecedecke. Als wir ins Wohnzimmer kommen, hat Peter seinen Kopf auf die Armlehne gelegt und schnarcht laut mit offenem Mund.

»Du weißt doch wohl, dass du meine Nummer eins bist«, sagt meine Mutter, als wir uns setzen. »Du bist immer meine Nummer eins.«

46. JACQUELINE

Vor dem Unfall
Frühling 2017

Es war nicht das erste Mal, dass ich versuchte, eine Beziehung totzuschweigen. Doch Peter war beharrlich. Wenn ich seine SMS nicht beantwortete, vergingen nur wenige Minuten, ehe er anrief. Und wenn ich nicht ans Telefon ging, stand er bald vor der Haustür und klopfte an.

»Ich dachte, es wäre irgendwas passiert. Du hast mir einen Schrecken eingejagt.«

So lief es schon seit über einem Jahr, und ich wusste nicht, wie ich die Sache beenden sollte. In Gedanken war ich längst darüber hinweg, aber dann saß ich in der Küche mit meinem Wein, und meine Gedanken wurden trüb, und die Einsamkeit schmerzte, und plötzlich konnte ich nicht Nein sagen, wenn er sich meldete.

Seit Silvester hatte ich oft an Micke gedacht. An den Kuss, das Feuerwerk und seine Umarmung, in der ich mich so geborgen gefühlt hatte. All das hatte irgendwas in Gang gesetzt, irgendetwas, wogegen ich mich nicht wehren konnte. Wie unglaublich naiv! Mit uns beiden konnte es doch sowieso nie etwas werden.

»Könntest du dir vorstellen, aus Köpinge wegzuziehen?«, wollte ich eines Abends von Fabian wissen.

Das war nicht besonders durchdacht, aber unsere Umzüge waren ja noch nie sonderlich durchdacht gewesen.

»Nein! Warum das?«

Fabian hasst plötzliche Veränderungen.

Aber dann:

»Nach Kalifornien? Ziehen wir nach Hause zu Papa?«

Ich hatte eher an Halmstad oder Kungälv gedacht. In Emmaboda gibt es ein gemütliches Café.

»Mal sehen.«

Ich will nicht behaupten, dass ich Ausschau hielt, aber ich konnte die Einfahrt der Familie Andersson vom Küchenfenster aus sehen, und manchmal tauchte er dort auf, und die Erinnerung an die Silvesternacht entfachte ein neues Feuer.

Eines Abends, als es dunkel war und ich gesehen hatte, wie Bianca und die Kinder mit dem Volvo weggefahren waren, ergriff ich die Gelegenheit. Micke stand am Garagentor und dehnte sich, er war eben von einer Joggingrunde zurückgekehrt. Es war das erste Mal, dass ich seit Silvester mit ihm allein war.

»Na du«, sagte ich. »Wie läuft's mit dem Training?«

Er nahm einen Fuß und dehnte seinen Oberschenkel. Der Schweiß lief ihm von der Stirn, und die Brustmuskulatur spannte unter dem engen Laufshirt.

»Man ist eben nicht mehr fünfunddreißig.«

Er lachte in Richtung Himmel, und der warme Atem verwandelte sich in der Garagenbeleuchtung in Rauch. Als würde ihn ein magnetisches Feld umgeben, das mich anzog und festhielt.

»Wir überlegen gerade, ob wir wegziehen sollen«, sagte ich.

Es war eine kindische Art, eine Reaktion hervorzulocken. Aber es funktionierte. Micke ließ seinen Fuß sinken und schüttelte das Bein aus.

»Wohin denn?«

Ich erahnte eine gewisse Beunruhigung.

»Weiß noch nicht so genau. Småland vielleicht, Emmaboda.«

Micke nickte. Er sah erstaunt aus, aber mehr auch nicht. Was hatte ich erwartet? Dass er mich festhalten und bitten würde zu bleiben?

Einige lange Sekunden vergingen. Schweigend standen wir da und atmeten uns Rauchwölkchen zu.

»Sag mal, das, was an Silvester passiert ist…«

Jetzt flüsterte er, es fiel ihm schwer, mir in die Augen zu sehen. Ich hielt den Atem an und hoffte immer noch, dass er etwas anderes sagen würde.

»Ich liebe Bianca. Es wäre fatal, wenn sie etwas erfahren würde.«

»Natürlich«, sagte ich, während in mir die Enttäuschung eine Bruchlandung machte. »Das war nur ein kleines Küsschen.«

Micke sah erleichtert aus.

»Ich hatte zu viel getrunken«, fuhr er fort. »Es war einfach ein Versehen, oder?«

»Mmm.«

Ich unterdrückte den Schmerz. Tötete meine Hoffnung und drückte sie in dasselbe schwarze Loch zurück, aus dem sie einmal hervorgekrochen war.

»Niemand wird etwas von Silvester erfahren«, sagte ich. »Du kannst dich auf mich verlassen.«

284

Micke atmete auf und legte sich erleichtert eine Hand auf die Brust. Ich drehte mich um und ging.

Für solche wie Micke bin ich nie etwas anderes gewesen als ein Versehen.

47. MIKAEL

Vor dem Unfall
Frühling 2017

Genau genommen gab es überhaupt keinen Zwang, gemeinsam den Innenhof zu verschönern. So etwas übernahm eigentlich das Gartenbauamt. Die Putz- und Aufräumtage, jeweils ein Sonntag im Frühling und im Herbst, waren ganz und gar auf Åkes Mist gewachsen. Zusammen fegten wir den Innenhof, kümmerten uns um die Bepflanzung und strichen die Gartenmöbel neu. Gun-Britt lud uns zum Kaffee ein, und Åke grillte Würstchen.

»Wir legen Wert auf Traditionen. Alles ist leichter, wenn man sich gegenseitig hilft«, erklärte er. Offensichtlich hatte er nie darüber nachgedacht, dass außer ihm und Gun-Britt niemand ein besonderes Interesse an den Putztagen hatte und dass sie nicht mehr stattfinden würden, sobald er tot umgefallen war.

Eigentlich war es noch viel zu früh, der erste Sonntag im März, aber wenn Åke etwas entschieden hatte, dann waren weitere Diskussionen müßig.

Ich half ihm, die Gartenbänke zu streichen, während Jacqueline in den Beeten herumwühlte. Ein Stück entfernt fegte Bianca die Zweige zusammen, die Ola von den Bäumen schnitt.

Jedes Mal, wenn Jacqueline und Bianca in der Nähe voneinander waren, wurde ich nervös. Seit Jacqueline das Praktikum im Kindergarten machte, versuchte ich, Bella so oft wie möglich hinzubringen und abzuholen. Auch wenn ich mir zu neunundneunzig Prozent sicher war, dass Jacqueline Bianca gegenüber nie etwas von Silvester erwähnen würde, konnte ich mich von dieser Sorge nicht ganz befreien. Ein unbesonnenes Wort, eine einzige kleine Andeutung – das könnte reichen, dass meine Welt zusammenbrach.

Wie hatte ich das nur zulassen können? Dieser flüchtige Augenblick um zwölf hatte mich komplett gefangen genommen und alles andere außer Kraft gesetzt. Von der Nacht und dem Feuerwerk in den Bann gezogen, hatte ich es zugelassen, dass meine Lippen die von Jacqueline berührten. Ich war alles andere als unschuldig. Ich hatte sie nicht davon abgehalten, sie weder weggestoßen noch mich selbst losgerissen. Ich war ein Arschloch, ein Schwein, einer der Männer, die ich mein Leben lang zutiefst verachtet hatte.

Ich war noch nie untreu gewesen. So etwas hatte es für mich einfach nicht gegeben. Das passte überhaupt nicht zu mir. Jedenfalls hatte ich das bisher geglaubt.

Hinterher hatten wir uns eine ganze Weile in den Augen des anderen ausgeruht, und ich war mir sicher gewesen, dass wir die Situation beide gleich eingeschätzt hatten, als ein Versehen, etwas, was nie hätte passieren dürfen. Jetzt war ich nicht mehr so überzeugt. Hatte Jacqueline sich Hoffnungen auf etwas anderes gemacht? Auf mehr?

Natürlich hatte ich sofort Panik bekommen. Das neue Jahr wurde mit Skispringen im Fernsehen eingeläutet und mit einer Schlinge um den Hals. Ich wollte Bianca wirklich davon erzählen, doch ich schwankte zu lange, während ich auf die perfekte Gelegenheit wartete. Bald waren mehrere Tage vergangen, und irgendwann war es für mich undenkbar. Besser, ich vergaß die Sache und löschte sie aus meinem Gedächtnis. Es würde nie wieder passieren. Ich hasste mich selbst, weil ich es zugelassen hatte, und ich liebte Bianca so sehr, dass es schmerzte.

Jetzt stand sie auf dem Hof und hielt eine Leiter fest, während Ola hochkletterte, um ein paar herausragende Äste einer Birke abzusägen.

»Beeil dich«, sagte Bianca und schloss die Augen.

Sie hatte extreme Höhenangst. Dabei war es egal, ob sie selbst oder jemand anders auf der Leiter stand.

Ola schwankte absichtlich hin und her, erschreckte und ärgerte sie, indem er sich übertrieben viel Zeit ließ. Sie lachten miteinander.

»Schaut mal«, sagte Åke plötzlich.

Ein Polizeiauto fuhr langsam auf den Hof. Peter schaltete das Blaulicht an, woraufhin Bella und William vor Begeisterung auf- und abhüpften.

»Dürfen wir mal im Polizeiauto sitzen?«

Peter ging an ihnen vorbei.

»Hallo, Herr Wachtmeister«, meinte Åke. »Wie wäre es mit einer Tasse Kaffee?«

Er nahm den Becher in Empfang und stiefelte zu Jacqueline hinüber.

»Du gehst ja nicht ran, wenn man anruft. Ich wusste nicht, was los war.«

Jacqueline sah sich unbehaglich um.

»Nicht jetzt«, sagte sie leise. »Wir haben unseren Aufräumtag.«

Ich dachte daran, was Fabian gesagt hatte, dass Peter immer Ärger machte. Und ich erinnerte mich an Jacquelines Verzweiflung nach ihrem Vierzigsten im Sommer. Vielleicht war es nicht so erstaunlich, dass sie sich nach etwas anderem sehnte.

»Ich akzeptiere es nicht, wie Luft behandelt zu werden«, erklärte Peter. »Das weißt du.«

Jacqueline flüsterte eine Entschuldigung. Ganz kurz streifte mich ihr Blick, und ich glaubte, eine eindringliche Bitte zu erahnen.

»Dürfen die Kinder sich mal ins Polizeiauto setzen?«, fragte ich, um die Situation zu entschärfen.

Bella und William waren schon halb ins Auto gestiegen.

»Wie? Ja, klar.«

Peter brummte noch irgendwas, dann hob er die Kinder nacheinander auf den Fahrersitz und zeigte ihnen, wie der Polizeifunk funktionierte.

»Wolltest du immer schon Polizist werden?«, fragte William.

»Wollen das nicht alle kleinen Jungs?«, entgegnete Peter und wuschelte ihm durchs Haar. »Aber es ist ein tougher, undankbarer Job. Heute würde ich mich wohl für einen anderen Beruf entscheiden.«

Er streckte sich und trank einen Schluck Kaffee.

»Stimmt, sieht verdammt anstrengend aus«, meinte Åke lachend.

Peter starrte ihn an.

»Du hast ja keine Ahnung. Ihr solltet mal eine Nacht bei mir im Auto mitfahren. Nach Rosengård, Kroksbäck und Lindängen. Außerhalb der rosa schimmernden Blase hier in Köpinge.«

»Verstehe«, sagte Åke. »Wir sind hierhergezogen, weil unsere Kinder nicht in Malmö aufwachsen sollten.«

»Jetzt übertreibst du aber«, sagte ich. »So schlimm ist es auch wieder nicht.«

Ich mag Malmö. Västra Hamnen, Lilla Torg und Möllan. Die Stadt ist viel europäischer als Stockholm.

»Hör zu«, sagte Peter. »Jeden Tag nehme ich Leute fest, die stehlen, andere überfallen und misshandeln, aber sie kriegen nie eine Strafe aufgebrummt. Sie lachen mich aus. Während ich ihnen die Handschellen anlege, grinsen sie mir ins Gesicht. Denn sie wissen ebenso gut wie ich, dass sie in ein paar Stunden wieder auf freiem Fuß sein werden.«

Er redete schnell, beinahe manisch.

»Ihr kapiert nicht, wie aussichtslos es ist. Ihr seid genauso blind wie alle anderen Durchschnittsschweden. Ihr interessiert euch mehr für Steuervergünstigungen bei haushaltsnahen Dienstleistungen und niedrige Zinsen als dafür, dass junge Mädchen vergewaltigt werden und die Täter frei herumlaufen. Ihr habt keine Ahnung, wie es in Wirklichkeit läuft.«

»Hör auf«, sagte Jacqueline. »Niemand hält dein Politikgelaber aus.«

Peter sah sie beleidigt an. Währenddessen versuchte ich, William vom Polizeiauto wegzulotsen. Natürlich konnte ich nachvollziehen, dass ihm sein Job manchmal aussichtslos vorkommen musste. Ich kannte einen Teil seiner Argumente aus der Schulwelt, aber die Situation konnte unmöglich so finster sein, wie Peter sie darstellte.

»Am besten wäre es, nach Island zu ziehen«, sagte er. »Dort gibt es zwei Morde pro Jahr. *Zwei.* Die Polizei muss nicht mal bewaffnet sein.«

Jacqueline sah ihn müde an. Vielleicht wäre es am besten für alle, wenn er tatsächlich nach Island zog?

»Weißt du, diese Jungs, die Ola überfallen haben«, fuhr er fort. »Die haben eine Bewährungsstrafe bekommen und müssen Sozialstunden ableisten. Der reinste Witz.«

Mit einer entschlossenen Bewegung schraubte er den Deckel der Thermoskanne ab, um sich Kaffee nachzuschenken. Ola war von der Leiter geklettert und überquerte gerade den Hof, mit Bianca im Schlepptau.

»Aber harte Strafen haben keinen sonderlich präventiven Effekt«, wandte ich ein. »Da muss man nur mal auf die USA schauen.«

Peter pustete auf den dampfend heißen Kaffee.

»Ich scheiß drauf, ob es abschreckend wirkt. Aber mir sind die Opfer wichtig und ihre Angehörigen. Man sollte keinen anderen Menschen töten dürfen und nach ein paar Jahren wieder auf freiem Fuß sein. Wenn man jemanden umbringen will, muss man sich nur einen Minderjährigen suchen. Ein Fünfzehnjähriger kriegt in Schweden achtzig Prozent Strafnachlass. Achtzig Prozent! Wenn das Strafmaß zehn Jahre Gefängnis ist, dann wird er zu zwei Jahren verurteilt und ist nach anderthalb Jahren wieder draußen.«

»Stimmt das wirklich?«, wollte Gun-Britt wissen. Sie aß Kuchen und fing dabei mit der anderen Hand die Krümel auf.

Das klang tatsächlich unplausibel. Ich kannte mich aber nicht gut genug aus.

»Natürlich stimmt das«, erwiderte Peter. »Und unter fünfzehn bist du nicht einmal strafmündig. Ein Vierzehnjähriger, der in Schweden jemanden ermordet, kommt in ein Wohnheim und darf mit ein paar Batiktanten vom Jugendamt quatschen.«

»Jetzt reicht's«, sagte Jacqueline.

Wie konnte ein Polizist nur so einen Unsinn reden?

Auf einmal kam Bella über den Innenhof gelaufen.

»Guckt mal! Ich hab ein Skelett gefunden!«

Instinktiv übernahm Peter das Kommando. Große Schritte über den Asphalt. Breitbeinig, mit klapperndem Gürtel. Ola, Åke und ich folgten ihm zur Thujahecke an der Ecke, wo Bella ihnen den Fundort zeigte.

Peter drehte sich um, fixierte Ola mit dem Blick und machte sich über ihn her wie ein hungriges Raubtier.

»Waren das deine Katzenviecher?«

»Das sind keine Freigänger«, antwortete Ola mürrisch.

Peter stellte sich an die Hecke und legte mit dem Fuß die federbesetzten Knochenreste eines Vogels frei.

48. JACQUELINE

Vor dem Unfall
Frühling 2017

Ein bisschen bevorzugt man natürlich ein Kind, wenn man die Eltern kennt und sogar neben ihnen wohnt. Bevorzugen ist wohl das falsche Wort. Man ist aufmerksamer, schenkt dem Kind ein bisschen mehr Zeit und Fürsorge. Ich hätte mir nichts Schlimmeres vorstellen können, als dass Bella im Kindergarten etwas zugestoßen wäre, dass sie sich verletzt und ich Bianca und Micke hätte in die Augen sehen und ihnen davon erzählen müssen.

Als mein Praktikum begann, erklärte ich die Situation und fragte, ob ich nicht in Bellas, sondern in eine andere Gruppe kommen könnte.

»Da mach dir mal keine Gedanken«, sagte die Kindergartenleitung. »In Köpinge sind die meisten Nachbarn. Alle kennen irgendjemanden, der jemanden kennt. Wenn wir auf so etwas Rücksicht nehmen würden, hätten wir bald gar keine Mitarbeiter mehr.«

Vielleicht machte ich mir unnötig Sorgen? Bella war fröhlich und wohlerzogen, wir verstanden uns gut, und Bianca sah ich nur selten. Das Einzige, was mich nervös machte, war, dass ich so gut wie jeden Tag Micke begegnete. Ich konnte ihn nicht anschauen, ohne dass die Silvesternacht in meiner Erinnerung aufstieg.

Bei der Arbeitsvermittlung bekam ich jede Menge Lob für meinen Einsatz im Kindergarten. Alle waren so zufrieden: die Chefin, die Kollegen, die Kinder und ihre Eltern. Vielleicht sollte ich darüber nachdenken, eine Ausbildung zur Erzieherin zu machen? Es gab Möglichkeiten, die Ausbildung mit einem verlängerten Praktikum zu kombinieren.

An einem Freitag im März stattete uns der Winter noch einen kurzen Besuch ab. Völlig unerwartet kam Wind auf und leerte den Innenhof des Kindergartens. Als wir auf dem Teppich im Gruppenraum saßen, stoben die Schneeflocken heftig über die Rutsche und die Schaukeln vor dem Fenster.

Fröstelnd kamen nach und nach die Eltern vorbei und holten ihre Kinder ab. Auf den Straßen war bestimmt die Hölle los. Schneechaos und Blitzeis. Es war kurz vor fünf, und bald war nur noch Bella da.

»Laut Plan hätte sie vor zehn Minuten abgeholt werden sollen«, sagte meine Kollegin Elahe.

Wir würden in einer halben Stunde schließen. Hoffentlich war nichts passiert.

»Ich rufe jetzt die Eltern an«, sagte Elahe zehn Minuten später.

Bella und ich puzzelten. Die Zeit verging, und ich versuchte, meine zunehmende Unruhe vor Bella zu verbergen.

Als Elahe zurückkam, hatte sie die Kindergartenleitung dabei.

»Der Vater ist auf irgendeiner Freizeit«, berichtete Elahe. »Er arbeitet ja an der Köpingeskolan. Offenbar soll Bella heute von ihrer Mutter abgeholt werden, aber wir erreichen sie nicht.

Das Handy scheint ausgeschaltet zu sein. Ich habe zwei Sprach-
nachrichten hinterlassen und eine SMS geschickt.«

Vor dem Fenster fiel der Schnee in dichten Flocken. Es
war sicher nicht leicht, von Lund hierherzufahren. Was, wenn
Bianca vom Weg abgekommen war?

»Wir hätten vor fünf Minuten schließen sollen«, sagte die
Chefin. »Kann einer von euch mit dem Mädchen hierbleiben?«

»Leider nicht«, sagte Elahe. »Ich habe noch einen Termin.«

Bella merkte, dass irgendwas nicht stimmte.

»Jacqueline«, sagte sie. »Wo ist Mama?«

»Sie kommt bald«, versicherte ich.

Natürlich wollte ich bei ihr bleiben, aber Fabian war schon
seit dem Schulschluss vor mehreren Stunden allein zu Hause.
Wenn das Essen nicht um sechs Uhr abends auf dem Tisch
stand wie immer, würde er einen Wutanfall bekommen.

»Ich weiß nicht, wie die Regeln sind«, sagte ich, »aber ich
könnte Bella mit zu mir nach Hause nehmen.«

Die Chefin sah mich an.

»Stimmt, ihr seid ja Nachbarn.«

Sie strahlte.

»Dann kennst du ihre Eltern ziemlich gut, oder?«

»Doch, ja.«

Zumindest glaubte ich das.

»Was hältst du davon, Bella?«, fragte die Chefin. »Gehst du
mit zu Jacqueline nach Hause, bis deine Mama kommt?«

Es dauerte doppelt so lange wie sonst, bis wir uns durch den
Schnee nach Hause gekämpft hatten.

»Was ist dein Lieblingsessen?«, fragte ich Bella.

»Köttbullar, Kartoffelbrei, braune Soße und Preiselbeeren.«

»Dann sollst du das bekommen.«

Sie saß am Küchentisch, während ich Wasser aufkochte und Hackfleisch in der Mikrowelle auftaute. Fabian saß neben uns und trommelte mit den Fingern auf der Tischplatte.

»Willst du so lange YouTube gucken?«, fragte er Bella. »Komm mit in mein Zimmer.«

Ich zuckte zusammen, aus purem Reflex.

Aber Bella war schon voller Enthusiasmus aufgestanden.

»Ihr könnt doch die Tür offen lassen, oder?«, fragte ich.

Fabian sah mich gekränkt an.

Ich schämte mich. Er musste sich doch darauf verlassen können, dass ich ihm vertraute. Ich, seine Mutter.

Ich machte Köttbullar, Kartoffelbrei und Soße aus der Tüte. Ab und zu stellte ich die Dunstabzugshaube aus und lauschte auf die Geräusche aus Fabians Zimmer. Musik und Stimmen aus dem Computer, Bellas glückliches Lachen.

Wir hatten uns gerade zu Tisch gesetzt, als Bianca kam.

Große Schneekristalle wehten in den Vorraum, als ich die Tür öffnete. Sie trug eine Mütze und einen Schal.

Entsetzt sah sie mich an.

»Ist Bella hier?«

Mit schneenassen Schuhen stapfte sie mitten in die Küche.

»Mama! Ich hab Köttbullar und Kartoffelbrei gekriegt!«

Bianca starrte mich an. Ihre Bewegungen waren fahrig.

»Kapierst du eigentlich, was ich mir für Sorgen gemacht habe? Ich saß auf der Autobahn fest, und der Akku vom Handy war leer.«

»Tut mir leid«, sagte ich. »Wir haben uns auch große Sorgen gemacht.«

»Ist das eigentlich erlaubt? Dass man ein Kind einfach mit zu sich nach Hause nimmt?« Sie hob Bella hoch und trug sie davon wie einen Hampelmann.

»Lass mich, Mama! Ich will mehr Köttbullar!«

Fabian und ich starrten uns schweigend an.

»Ich hätte beinahe die Polizei gerufen«, sagte Bianca. »Ist dir klar, was du getan hast? Als ich zum Kindergarten gekommen bin, um mein Kind zu holen, war es weg!«

Ich versuchte zu erklären, dass der Kindergarten geschlossen hätte und dass ich ihr nur einen Gefallen tun wollte, aber Bianca weigerte sich, mir zuzuhören.

»Wir haben mehrmals angerufen«, sagte ich. »Micke ist verreist, und du bist nicht rangegangen. Aber du hast doch gesehen, dass wir dir eine Nachricht hinterlassen haben?«

Sie blinzelte mich an.

»Ja, das habe ich gesehen. Aber erst viel später.«

»Warum kriege ich keine Köttbullar?«, brüllte Bella, während Bianca sie in den Overall stopfte.

»Du bekommst Köttbullar, mein Herz. Du bekommst, was du willst. Aber erst gehen wir nach Hause.«

Ihre Stimme zitterte. Sie war völlig aus der Fassung.

Vielleicht hätte ich mehr Verständnis für ihre Reaktion aufbringen sollen? Ich wäre auch verzweifelt gewesen, wenn ich mein Kind nicht gefunden hätte. Aber ich wurde das Gefühl nicht los, dass es eigentlich um etwas anderes ging.

»Bis Montag«, sagte ich zu Bella.

Sie winkte mir durch den Schneesturm zu, ehe Bianca sie über den Hof nach Hause schleppte.

»Bianca mag uns nicht«, stellte Fabian fest, nachdem er das Besteck gekreuzt auf den Teller gelegt hatte.

»Wie kommst du denn darauf?«

»Weil es stimmt.«

»Das glaube ich nicht«, sagte ich.

Dabei wusste ich eigentlich, dass er recht hatte.

Am Sonntag spielten Fabian und ich Othello auf dem Sofa. Ein paar weiße Flecken auf dem Rasen waren alles, was vom Schnee geblieben war. Jetzt saßen Elstern und Laubsänger auf den Bäumen.

»Allmählich wird es langweilig«, sagte ich, als Fabian zum neunten Mal in Folge gewann.

»Othello kann nie langweilig werden«, sagte er und bereitete eine neue Runde vor.

Ich sah ihm gern zu, wenn er mit den Spielsteinen herumhantierte. Seine Geduld und die minutiöse Genauigkeit. Ich selbst habe mir immer anhören müssen, wie schlampig ich bin.

»Mama«, sagte er abwartend. »Warum wollte Papa nicht mit uns nach Schweden kommen?«

Er drehte noch einen Spielstein um.

»Das ist ... kompliziert«, sagte ich. »Die Liebe ist kompliziert.«

»Warum? Entweder mag man sich oder eben nicht.«

In dieser Nacht schlief ich unruhig und stand früh auf. Zum Frühstück brachte ich nicht mehr herunter als eine Tasse Tee. Ich hätte am Wochenende mit Bianca reden sollen. Hätte zu ihr rübergehen sollen, um alles aufzuklären. Am Freitagabend war sie völlig aufgelöst gewesen.

Deshalb war ich am Montagmorgen früh im Kindergarten und wollte die Sache ansprechen, wenn Bianca oder Micke Bella ablieferten.

Jedes Mal, wenn ein Elternteil die Tür aufzog und die Schuhe auf dem Teppich abstreifte, stand ich im Eingangsbereich und wartete. Bald waren alle Kinder da, und das Frühstück stand bereit.

»Wir vermissen Bella«, sagte ich zu Elahe.

»Die Eltern haben sie krankgemeldet.«

Nach dem Mittagessen kam die Chefin in die Gruppe und holte mich. Ich sollte mich so bald wie möglich bei der Arbeitsvermittlung in Lund einfinden. Ich hatte nicht einmal Zeit, mich von den Kindern zu verabschieden.

In der Arbeitsvermittlung saß meine Sachbearbeiterin mit tiefen Falten auf der Stirn vor mir.

»Ich wünschte, ich könnte etwas dagegen unternehmen. Das ist ganz allein eine Entscheidung der Gemeindeverwaltung.«

Mit sofortiger Wirkung sollte ich vom Kindergarten in ein Altersheim außerhalb von Köpinge wechseln.

»Aber ich fühle mich dort so wohl. Ich habe sogar darüber nachgedacht, ob ich eine Ausbildung zur Erzieherin machen sollte.«

Erneut bedauerte die Sachbearbeiterin diese Entscheidung, die *von oben* gekommen sei. Sie selbst könne nichts dagegen tun.

»Aber die Leiterin des Kindergartens hat doch vorgeschlagen, dass ich Bella mit zu mir nach Hause nehme. Wir waren uns einig.«

»Es tut mir wirklich sehr leid.«

Die Gemeindeverwaltung hatte eine Beschwerde bekommen und entschieden, dass der Kindergarten kein passender Ort für mich sei.

»Steckt Bianca Andersson dahinter? Die Mutter des Mädchens? Ich glaube, sie hat etwas gegen mich. Das ist was Persönliches.«

Wie bescheuert! Ich hatte Bianca einen Gefallen getan, und das war nun der Dank.

»Laut Aussage der Gemeindeverwaltung handelt es sich um eine Gesamtbewertung«, meinte die Sachbearbeiterin. »Einzelne Beschwerden von Eltern werden normalerweise nicht berücksichtigt.«

Fabian hatte recht gehabt. Bianca mochte uns nicht. Das war eine Rachehandlung, eine Kriegserklärung. Aber warum? Natürlich das alte Lied. Die Konkurrenz, die Angst davor, bestohlen und ersetzt zu werden. Hatte sie herausgefunden, was an Silvester passiert war?

Ich schrieb Micke eine Nachricht:

Hast du Bianca von deinem »Versehen« an Silvester erzählt?

Die Antwort kam postwendend:

NEIN! Hat sie irgendwas gesagt?

Ich ließ ihn eine Weile zappeln. Das war gemein, aber ich war so furchtbar wütend.

Als ich von der Arbeitsvermittlung nach Hause fuhr, zwang ich den Clio zur Höchstgeschwindigkeit. Mein Sichtfeld wurde schmaler, und ein nur allzu bekanntes Gefühl überkam mich.

Die Ohnmacht.

Die totale und unüberwindliche Machtlosigkeit.

Ich würde nicht zum Opfer werden. Nicht noch einmal.

Ich blieb am Straßenrand stehen und suchte in meinen Handykontakten nach Bianca. Der Daumen zitterte, als ich schrieb.

DANKE, dass du mein Leben versaut hast. Das werde ich nie vergessen!

49. MIKAEL

Vor dem Unfall
Frühling 2017

Ich war mit einer neunten Klasse auf eine mehrtägige Skireise nach Isaberg in Småland gefahren und mit Süßigkeiten und Kuscheltieren für die Kinder zurückgekehrt.

In der Küche verteilte Bianca Tomatensoße auf dem ausgerollten Pizzateig.

»Keine Knochenbrüche?«, fragte sie. »Oder Saufgelage?«

»Zumindest habe ich nichts davon bemerkt. Allerdings kriegt man nach einem halben Liter Wodka nicht mehr so viel mit.«

Biancas Reaktion war zurückhaltend. Wir konnten nicht mehr über dieselben Witze lachen.

»Erzähl, was ist passiert?«, sagte ich und schnappte mir eine Scheibe Salami von der rohen Pizza.

»Ich hatte eine Wohnungsbewertung, die länger gedauert hat«, sagte Bianca. »Es war der totale Schneesturm, und mein Handyakku war leer. Ich hatte keine Ahnung, dass der Kindergarten schon um halb sechs zumacht.«

Bei ihrer Ankunft war alles dunkel und abgesperrt gewesen. Sie war kopflos um die Gebäude herumgelaufen und völlig außer sich gewesen.

»Bella war verschwunden. Verstehst du, wie ich mich gefühlt habe?«

Erst nach einer Weile hatte sie an einer Tür einen handgeschriebenen Zettel gefunden.

»Ich dachte, das wäre ein schlechter Scherz. Wer tut so was? Wie unprofessionell ist das denn?«

Im Schulhort hatte es keine Probleme gegeben. William hatte zwar allein mit einer genervten Erzieherin dort gewartet, aber niemand war auf die Idee gekommen, ihn mit zu sich nach Hause zu nehmen.

»Jacqueline wollte doch nur nett sein«, sagte ich und massierte Biancas Nacken.

Sie erstarrte und drehte den Kopf.

»Du findest, dass es meine Schuld ist. Ich hätte den Termin abbrechen und rechtzeitig nach Hause fahren sollen, dann wäre es nie passiert.«

»Nein, das habe ich nicht gesagt.«

Sie bückte sich, zog eine Küchenschublade auf und wühlte darin herum.

»Ich habe der Kindergartenleitung gemailt und auch der Verantwortlichen bei der Gemeindeverwaltung. So geht das doch nicht!«

»Ernsthaft? Jetzt übertreibst du aber.«

Sie schloss die Schublade mit einem Knall.

»Ich weiß, dass du eine Schwäche für Jacqueline hast, aber wenn es die Kinder trifft, geht es zu weit. Was ist, wenn Fabian ...«

Ein Schreck durchfuhr mich.

»Sie hat doch nicht etwa Bella mit Fabian allein gelassen?«

»Das weiß ich nicht. Ich weiß nur, dass das ein Ende haben

muss. Ola hat erzählt, dass Jacqueline bei ihm dasselbe getan hat. Sie hat versucht, sich in seiner Familie einzunisten. Sie waren gerade erst hierhergezogen.«

Mein schlechtes Gewissen plagte mich, auch wenn Ola sicher nicht der Richtige war, um sich in so einer Angelegenheit zu äußern.

Bianca zog sich die Ofenhandschuhe über und schob die Pizzableche in den Ofen.

»Aber ist es denn nötig, Jacqueline solche Schwierigkeiten zu machen?«, meinte ich. »Sie hat nicht einmal eine feste Stelle im Kindergarten. Das ist nur ein Praktikum.«

Die Ofentür fiel mit einem Knall zu.

»Ich will so wenig wie möglich mit Jacqueline zu tun haben. Das sollte auch dein Ziel sein.«

Vermutlich hatte sie recht.

»Komm, Liebling.«

Ich legte den Arm um sie und strich über das Grübchen an ihrem Kinn, bevor ich sie küsste.

»Du bist mein Ein und Alles«, sagte ich.

»Sicher?«

Die Ofenhandschuhe fielen auf den Boden, und ich nahm ihre Hände.

»Jacqueline Selander ist mir vollkommen egal. Das ist dir doch hoffentlich klar, oder?«

Wenn Bianca wollte, dass ich mich von Jacqueline fernhielt, dann musste das so sein. Auf gar keinen Fall würde ich unsere Ehe aufs Spiel setzen, meine großartige Familie.

Zwei Tage später erfuhren wir, dass Jacqueline nicht mehr in den Kindergarten kommen würde. Es war am besten so.

Ich tauschte den Wintermantel mit Pelzkragen gegen eine dünne Stoffjacke, aber der März war wie immer ein Betrüger, denn am nächsten Tag schlug das Wetter wieder um, und ein beharrlicher Regen hielt mich die halbe Nacht wach.

Der Morgen kam wie eine Dampfwalze. Aufgeregte Stimmen aus dem Garten und die Kinder im Schlafanzug auf der Türschwelle.

»Papa, du musst aufwachen. Die Nachbarn sind hier.«

Bianca war schon draußen auf der Holzterrasse, wo Åke stand und herumschrie.

»Bei uns ist eingebrochen worden!«

Er gestikulierte ununterbrochen, während Gun-Britt versuchte, ihn zu beruhigen. Daneben stand Ola mit ernstem Blick, und am Gartentor tauchte Peter auf, unrasiert und mit zerzaustem Haar. Offenbar hatte er die Nacht bei Jacqueline verbracht. Ich wurde nicht schlau aus ihrer Beziehung.

»Jetzt ist es also auch hierher nach Köpinge gekommen«, sagte Åke.

»So etwas gibt es überall«, erwiderte Peter.

Gun-Britt sah aus, als würde sie jeden Moment anfangen zu weinen.

»Vor zwanzig Jahren wäre das nie passiert. Nicht hier. Aber die Leute können nicht mehr Mein und Dein unterscheiden.«

»Bist du dienstlich hier?«, erkundigte ich mich bei Peter.

In erster Linie, um ihn zu ärgern, aber das schien er nicht zu begreifen.

»Nein, verdammt. Ich hab grad ein freies Wochenende.«

»Wann ist es passiert?«, wandte ich mich an Åke. »Wart ihr zu Hause?«

»Das ist diesen Kriminellen doch scheißegal«, sagte Peter.

»Ihr habt verdammt Glück gehabt, dass ihr nicht aufgewacht seid. Wer weiß, wie es dann ausgegangen wäre.«

»Ich habe noch die alte Schrotflinte von meinem Bruder auf dem Dachboden«, sagte Åke. »Ich glaube, es ist an der Zeit, sie runterzuholen.«

Das klang nicht nach einem Scherz.

»Haben sie die Tür aufgebrochen?«, fragte ich.

»Die sind nicht weiter als bis zur Garage gekommen«, erwiderte Åke. »Sie haben meine Motorsäge gestohlen. Die war nigelnagelneu.«

»Und man weiß ja, dass man sich nicht auf die Versicherungsgesellschaft verlassen kann. Wir bekommen garantiert keine einzige Krone zurück«, meinte Gun-Britt.

»Habt ihr keine Alarmanlage?«, fragte Peter.

Åke gab ein Schnaufen von sich.

»Ist das wirklich nötig?«

Åke und Gun-Britt hatten sich für eine bedeutend billigere Lösung entschieden: den gefälschten Aufkleber eines Sicherheitsdienstes an der Fassade. Leider sah der so amateurmäßig aus, dass nicht einmal ein drogenabhängiger Kleinkrimineller darauf reinfallen würde.

»Diese Sicherheitsdienste sind unverschämt teuer«, sagte Gun-Britt.

Irgendwann im Lauf der Nacht hatten ein oder mehrere Täter die Garagentür der Nummer zwölf aufgebrochen. Mit schweren Schritten und unter heftigem Fluchen führte Åke uns über die Straße, um uns die Einbruchsspuren zu demonstrieren. Er vermutete, dass sie ein ganz normales Brecheisen benutzt hatten.

»Ihr solltet vielleicht trotzdem die Polizei anrufen«, schlug ich vor. »Es könnte Fingerabdrücke oder irgendwelche anderen Spuren geben.«

»Völlig sinnlos«, sagte Peter. »In solchen Fällen fahren wir gar nicht erst hin. Man sollte sich besser auf Sicherheitsdienste und Security-Leute verlassen.«

Übertrieben wie immer, aber es hatte keinen Sinn, Peter zu widersprechen.

»So schlimm?«, wollte Ola wissen. »Dann ist der Wohlfahrtsstaat wohl bald Geschichte.«

»Man kann doch nicht in jeder Einfamilienhaussiedlung Security-Leute patrouillieren lassen«, meinte Åke. »Das ist untragbar.«

»Na ja.« Peter kratzte sich an den Bartstoppeln. »Ich kenne ganz gute Beispiele für Nachbarschaftswachen. Dabei schließen sich Leute zusammen und unterstützen sich gegenseitig, um die Lage unter Kontrolle zu halten. Die Ergebnisse können sich sehen lassen. Wenn man außerdem einen entsprechend erzogenen Hund dabeihat, kann man das Pack ziemlich gut fernhalten.«

»Wie jetzt?«, hakte ich nach. »Eine Art Bürgerwehr?«

Das klang doch total krank.

»Ich rede von Nachbarschaftswachen.«

Åke beugte sich vor und senkte die Stimme.

»Börje in der Nummer einundzwanzig hat ein paar Rowdys verjagt, die neulich in ihrer Wohnanlage herumgepöbelt haben. Ich begreife nicht, wo diese Gangster herkommen, das können jedenfalls keine Leute aus Köpinge sein.«

Ich hätte beinahe losgelacht, aber die anderen sahen sehr bedrückt aus.

»Als Polizist kann ich natürlich nicht teilnehmen«, fuhr

Peter fort. »Aber wenn ihr ein paar gute Ratschläge braucht … Man sollte zum Beispiel darauf achten, nicht zu konfrontativ zu sein. Diese Typen haben womöglich Messer und anderes Zeug bei sich. Wenn sie dann noch unter Drogeneinfluss stehen, weiß man nicht, was sie anstellen.«

Åke stampfte mit dem Fuß auf den Boden.

»Wenn ich zwanzig Jahre jünger wäre, hätte ich die Sache sofort angepackt. Es geht darum, rechtzeitig vorzubeugen.«

Er warf Ola einen auffordernden Blick zu. Dieser wiederum sah mich an.

»Na klar kann man sich gegenseitig unterstützen«, sagte ich. »So wie diese Nachtwanderer.«

Die anderen starrten mich an, als hätte ich rein gar nichts begriffen.

»Ich kann einen Plan aufstellen«, schlug Ola vor.

Das war vielleicht nicht ganz das, was ich gemeint hatte, aber Åke war gleich Feuer und Flamme.

»Ich rede mit den Leuten von den anderen Wohnanlagen. Immerhin wohne ich hier, seit die Häuser gebaut wurden.«

»Klingt vernünftig«, sagte Peter. »Wenn ihr nichts dagegen unternehmt, gewinnt das kriminelle Pack bald die Oberhand. Das kann schnell gehen.«

»Ich kenne jemanden im Viertel, der einen Hund hat«, meinte Ola.

»Prima«, sagte Åke. »Den nehmen wir mit.«

Ich ging mit einem unwirklichen Gefühl davon. Meinten diese Leute das ernst? Meine alten Freunde in Stockholm wären fassungslos gewesen, wenn sie das gehört hätten.

»Das ist ja unheimlich mit dem Einbruch«, sagte Bianca, als wir am Frühstückstisch saßen. »Zum Glück haben wir eine Alarmanlage.«

Das hatten wir, allerdings nicht an der Garage. Und wir hatten auch keine Außenhausüberwachung. Die Alarmanlage funktionierte nur, wenn niemand zu Hause war. Aber das musste Bianca nicht wissen.

»Es ist ohnehin unwahrscheinlich, dass auch bei uns eingebrochen wird«, sagte ich. »Die schlagen bestimmt nicht zweimal in derselben Wohnanlage zu.«

Zugleich konnte ich mich einer gewissen Sorge nicht erwehren. Dabei ging es mir weniger darum, dass irgendwelche Gegenstände verschwinden könnten. Materielles lässt sich immer ersetzen. Es ging eher um ein diffuses Gefühl von verlorener Freiheit, einer Verletzung unserer Integrität.

»Am Ende wird man ganze Gebiete mit Mauern versehen. *Gated communities*. Kameraüberwachung und Sicherheitsleute, die alle kontrollieren, die hereinwollen.«

»Von mir aus gern«, sagte Bianca. »Wenn das nötig ist.«

Hatten wir schon immer so unterschiedliche Meinungen gehabt?

»Na ja, ich weiß nicht.«

In so einer Welt sollten meine Kinder nicht aufwachsen.

»Nachbarschaftswachen«, brummte ich. »Ein bisschen übertrieben, oder?«

Am nächsten Freitag zerkleinerte ich Tomaten und Gurke für unseren Tacoabend, füllte Salsa in eine Schüssel und schnitt den Fetakäse klein, als Bianca aus dem Flur hereingestürmt kam.

»Jetzt ist es passiert.«

Sie drückte mir ihr Telefon in die Hand.

»Schau mal hier. Ein Lkw hat eine Menschenmenge auf der Drottninggatan niedergemäht.«

Ich versuchte, mir den Text auf dem Display durchzulesen, während Bianca alles erzählte, was sie gehört hatte. Zahlreiche Verletzte, mehrere Tote, ein Lkw, der mitten ins Kaufhaus Åhléns gerast war. Gerüchte über bewaffnete Männer und Bombendrohungen. Ganz Stockholm im Chaos.

»Man ist nirgends mehr sicher.«

Zwei Wochen zuvor hatte es einen ähnlichen Anschlag auf der Westminster Bridge in London gegeben. Davor hatten Bianca und ich locker davon gesprochen, im Sommer dorthin zu fahren. Das würde jetzt wohl kaum infrage kommen.

Am Abend verfolgten wir die Berichte aus Stockholm in einer Welt, die wir nicht mehr wiedererkannten. Die Szenen in der Drottninggatan wie im Krieg. So fremd. So weit weg und dennoch so erschreckend nah.

»Stell dir vor, ich wäre auf die Fortbildung gefahren«, sagte Bianca. »Ich hätte dort sein können, als der Lkw kam.«

»Die Fortbildung wäre aber auf dem Messegelände gewesen«, hielt ich dagegen. »Und sie hätte doch auch nicht an diesem Wochenende stattgefunden, oder?«

»Nein, aber es hätte zu dieser Zeit an diesem Ort sein können. Rein hypothetisch.«

»Liebling, man kann sich nicht isolieren. Dann gewinnen die Terroristen.«

»Das haben sie schon«, sagte Bianca. »Sie haben schon vor Langem gewonnen.«

Sobald die Kinder eingeschlafen waren, warf ich mich müde

und pappsatt von den Tacos aufs Sofa. Gerade klickte ich mich durch das unüberschaubare Angebot von Netflix, als es an der Tür klingelte.

»So spät?«

Bianca erhob sich und versuchte, in die Dunkelheit hinauszuspähen. Ich ging zur Tür und öffnete.

»Hallo.«

Vor der Tür stand Ola ganz in Schwarz, bekleidet mit einer Art allwettertauglicher Uniform mit jeder Menge Taschen. Neben ihm ein Mann, den ich vom Sehen kannte.

»Jetzt ist es so weit«, sagte Ola.

»Was meinst du?«

Bianca hielt sich im Hintergrund, und Ola reckte sich und winkte ihr zu.

»Wir drehen heute Abend eine erste Runde. Ich habe einen Plan gemacht.«

Der andere Mann grüßte und stellte sich als Krille aus Saltkrokan vor.

»Mein Sohn ist in deiner Klasse. Tristan.«

Richtig. Tristan in der 7 c. Ein guter Ringer.

Sein Vater hatte sich einen Stacheldraht quer über den Handrücken tätowieren lassen. Er trug einen dichten Bart und führte einen Labrador an der Leine.

»Guck mal hier«, sagte Ola und zeigte mir ein DIN-A5-Blatt. »Wir können natürlich tauschen, wenn es irgendeinen Termin gibt, der dir nicht passt.«

Der Labrador bellte, und Krille zog irritiert an der Hundeleine.

Ola grinste.

»Jetzt wird hier wieder Ruhe einkehren.«

50. JACQUELINE

Vor dem Unfall
Frühling 2017

Nach zwei Tagen in dem muffigen Altersheim zwischen Gestöhne und Gekeuche, mit menschlichen Wracks, die sich in die Hose machten, und Kollegen, die sich meinen Namen nicht merken wollten, gab ich auf und meldete mich krank.

Ich vermisste den Kindergarten und die Kinder. Noch nie war ich so gekränkt gewesen und hatte mich so ungerecht behandelt gefühlt. Dabei hatte ich immerhin zehn Jahre in der Modelbranche gearbeitet.

Der Küchentisch wurde mein ständiger Aufenthaltsort. Heruntergezogene Jalousien und starker Kaffee. Eine Flasche Wein nach dem Mittagessen, um die Gedanken auszuhalten, die in meinem Kopf kreisen.

Peter terrorisierte mich weiterhin mit SMS und Nachrichten per Messenger, und wenn die Nächte am längsten waren und mich die Einsamkeit quälte, war es so leicht, einfach nachzugeben. Nur noch eine Nacht, ein letztes Mal, dann würde ich ihn nie wieder hereinlassen.

Ich war eingesperrt und sah keinen Ausweg. Gewissen Menschen fällt alles in den Schoß, während solche wie ich zu ewigem Scheitern und ewiger Hoffnungslosigkeit verdammt sind. Beinahe sehnte ich mich nach einer Katastrophe oder irgendetwas anderem, was alles entscheiden und etwas Neues erzwingen würde.

Allmählich begann die Wut in mir zu schwelen. Die Glut wurde zu Feuer.

Bianca hatte nicht auf meine SMS geantwortet. Das war auch nicht nötig. Denn mit Sicherheit war sie es gewesen, die sich bei der Gemeindeverwaltung beschwert hatte, es war ihre Schuld, dass ich im Kindergarten hatte aufhören müssen.

Eines Samstags, als Fabian mit seinem Fahrrad weggefahren war und ich einen Liter Rotwein intus hatte, ging ich die wenigen Meter über den Innenhof der Wohnanlage und öffnete das Gartentor der Nummer dreizehn.

Es brannte in mir. Ich hatte in der Nacht mehrere Stunden wach gelegen und darüber nachgedacht, wie ich mich rächen konnte. Ich musste für meine Rechte einstehen, die Sache war einfach nicht okay. Ich hatte Biancas überhebliche Miene und ihre Selbstgefälligkeit gründlich satt.

Der Volvo stand nicht in der Einfahrt. Das hieß wohl, dass sie allein zu Hause war. Ich versuchte, mich zu konzentrieren, die Gedanken zu sortieren und die richtigen Worte zu finden. Ich würde nicht unter die Gürtellinie gehen und sie persönlich angreifen, aber Bianca musste erfahren, was sie mir angetan hatte.

Zu meinem Erstaunen öffnete Micke die Tür.

»Hallo?«, sagte er.

Seine Augen hatten die Wirkung einer beruhigenden Medizin. Ich hatte die Gedanken an die Silvesternacht verdrängt, aber jetzt kehrte alles zurück.

»Ist Bianca nicht zu Hause?«, fragte ich.

»Sie ist mit den Kindern zu einer Freundin in Malmö ge-fahren.«

Micke blieb an der Tür stehen, als wollte er demonstrieren, dass ich nicht in seinem Haus willkommen war.

»Ich muss reden«, sagte ich.

Wenn Bianca nicht zu Hause war, gab es andere Optionen. Ich hatte diese Möglichkeit sogar erwogen, mich aber ziemlich schnell dagegen entschieden. Als Micke jetzt vor mir stand, erschien mir dieser Entschluss auf einmal gar nicht mehr so eindeutig.

»Ich weiß nicht«, sagte Micke. »Ich glaube ...«

Er verlor den Faden und trat zur Seite, als ich mich ins Haus drängte.

»Weißt du, was Bianca getan hat?«

Er schloss die Tür hinter sich. Sah beschämt aus.

»Immer mit der Ruhe.«

Das war eine Beleidigung. *Immer mit der Ruhe.*

»Ich darf nicht im Kindergarten bleiben. Unglaublich, oder? Dabei habe ich mich dort so wohlgefühlt. Sie hat mein ganzes Leben versaut.«

Micke runzelte die Augenbrauen.

»Bist du betrunken?«

»Hör auf«, sagte ich. »Die Gemeindeverwaltung hält mich für ungeeignet. Die haben irgendeine alte Anzeige beim Jugend-amt gefunden. Vor allem aber hat sich ein Elternteil beschwert. Rate mal, wer?«

Micke fuhr sich mit der Hand übers Kinn. Er wusste offenbar nicht, was er sagen sollte, und das machte mich nur noch wü-tender.

»Verdammt!«, sagte ich. »Warum will man jemandem das Leben so ruinieren?«

»Ich glaube nicht, dass es Biancas Ziel war, dein Leben zu ruinieren. Sie hat nur Angst bekommen. Du weißt, wie paranoid sie sein kann.«

Ach, Micke. Immer so verständnisvoll.

Dabei wusste ich mit Bestimmtheit, dass es persönlich gemeint war.

»Bianca ist zu spät zum Kindergarten gekommen. Ich wollte ihr einen Gefallen tun«, sagte ich.

Meine Stimme drohte zu brechen.

Micke legte mir die Hand auf den Arm und sah mir tief in die Augen.

»Ich werde mit Bianca reden«, sagte er. »Wir können die ganze Sache sicher mithilfe der Gemeindeverwaltung aufklären.«

Micke war einer, der Sachen wieder in Ordnung brachte. So etwas war ich nicht gewöhnt.

Er ließ meinen Arm los, aber ich hielt seinen Blick fest.

Wir blieben ein bisschen zu lange stehen.

Ich folgte ihm in die Küche. Sein Rücken versprach Harmonie. So gerade und stark. Ein Rücken, neben dem man jeden Morgen aufwachen könnte.

»Es gibt bestimmt einen anderen Kindergarten, wo du arbeiten kannst«, sagte er und lehnte sich an den Kühlschrank. »Da findet sich schon eine Lösung.«

In seiner Welt fand sich immer eine Lösung. Ich wünschte, mein Leben wäre auch so einfach.

Mit einer langsamen Bewegung warf ich das Haar über die Schultern nach hinten, schob meine Daumen in den Hosenbund und zog meine Jeans am Schritt hoch.

Micke konnte nicht wegsehen.

Mein Körper ist mein Fluch und mein Segen, aber auch eine Waffe.

Vielleicht steckte Begehren dahinter, als ich mich zu ihm vorbeugte. Oder die Sehnsucht nach etwas Besserem? Oder ich wollte es Bianca einfach nur heimzahlen.

»Nein«, sagte Micke.

Ich strich mir ein paar Haarsträhnen aus dem Gesicht und näherte mich ihm.

»Nein, Jacqueline.«

Langsam zeichnete mein Finger Linien in sein Gesicht. Seine Augen zuckten, und seine Hände wehrten sich, bis ich ihn plötzlich gegen den Kühlschrank drückte.

»Geh jetzt«, sagte er.

Aber sein Blick bat mich zu bleiben.

Ich sog seinen Duft ein. Meine Hand streifte seine Jeans, die Luft vibrierte.

»Ich will nicht. Ich liebe Bianca. Meine Familie.«

Unsere Blicke waren ineinander verhakt. Der raue Jeansstoff blieb an meinen Nägeln hängen.

»Hör auf«, sagte er.

Es klang wie: *Küss mich.*

Meine Hand glitt über seinen Schritt. Er war steinhart.

»Gleich«, sagte ich.

Micke keuchte schwer. Ich packte ihn am Nacken und küsste ihn.

Hinter uns ging die Haustür auf.

Micke wich aus und wischte sich mit der Hand über den Mund.

Im Flur stand Bianca, über dem Arm eine Handtasche.

»Wie? Was …?«

Beinahe tat sie mir leid. Aber nur beinahe.

»Jacqueline wollte sich was ausleihen«, sagte Micke.

Bianca fiel die Tasche aus der Hand.

»Danke fürs Ausborgen«, sagte ich und drängte mich an ihr vorbei in den Flur.

Auf dem Innenhof schien mir die Frühlingssonne in die Augen. Durch das gleißende Licht liefen sie über, und es rauschte im ganzen Körper.

51. FABIAN

Nach dem Unfall
Montag, den 16. Oktober 2017

Ich sitze vor dem Vernehmungsraum und blättere in einer Autozeitschrift. Das Sofa drückt gegen meinen Rücken. Egal, wie ich mich hinsetze, drehe und wende.

Meine Mutter wird eine halbe Ewigkeit vernommen. Als die Polizisten mit ihr herauskommen, hat sie wieder ein bisschen Farbe im Gesicht. Es ist nicht mehr so offensichtlich, dass sie nächtelang nicht richtig geschlafen hat.

»Es ist wohl am besten, wenn ich bei der Vernehmung von Fabian dabei bin«, sagt sie zu der dunkelhäutigen Polizistin. »Er ist schließlich minderjährig.«

Die Polizistin, die Emelie heißt, wirft ihrem glatzköpfigen Kollegen einen Blick zu. Er scheint darüber zu entscheiden.

»Ich schaff das selbst«, sage ich zu meiner Mutter.

Vermutlich ist es so am einfachsten.

»Sicher?«

Sie traut mir nicht. Manchmal ist sie kein bisschen besser als alle anderen.

»Kein Thema«, sage ich. »Du kannst ja hier warten.«

Im Vernehmungsraum liest Emelie irgendwelche Nummern

und Sätze vor, ehe die Aufzeichnung beginnt. Sie sagt, dass ich als Zeuge vernommen werden soll.

»Als Erstes erzähl uns bitte vom vergangenen Freitag, Fabian.«

»Okay.«

Ich fange von vorne an. Wie wir zu Ica fuhren und einkauften. Meine Mutter schob den Einkaufswagen, und ich hakte die Einkaufsliste ab. Wir packten die Einkäufe ins Auto und fuhren auf direktem Weg nach Hause. Gerade als wir auf den Innenhof einbogen, tauchte Bianca auf dem Fahrrad auf, und meine Mutter hatte keine Chance, rechtzeitig zu bremsen.

»Warte mal kurz«, sagt Emelie. »Kehren wir noch mal zu Ica zurück. Wie lang hat der Einkauf gedauert? Ganz grob geschätzt?«

»Zwanzig Minuten vielleicht? Eine halbe Stunde?«, tippe ich.

Emelie wirkt zufrieden.

»Habt ihr im Geschäft mit jemandem gesprochen?«, fragt sie.

»Nein, nicht wirklich. Wir haben natürlich ein paar Leute gegrüßt. Ich glaube, meine Mutter hat kurz mit dem Typen an der Kasse geredet. Ansonsten weiß ich nicht so genau.«

»Und dann?«, fährt Emelie fort. »Als ihr wieder auf den Parkplatz rauskamt?«

Ich bin vorbereitet. Ich weiß, was ich sagen soll. Trotzdem verhaken sich die Worte irgendwie, streiken und bleiben hängen.

»Wir ... Das ... Vor ...«

»Habt ihr vor dem Supermarkt jemanden getroffen?«, fragt der Glatzkopf ungeduldig.

»Ola, unseren Nachbarn. Wir sind ihm auf dem Parkplatz in die Arme gelaufen.«

Plötzlich juckt es am Hals. Am Nacken. Überall. Ich muss mich kratzen.

»Habt ihr mit Ola gesprochen?«, will der Glatzkopf wissen.

Die beiden Polizisten glotzen mich komisch an. Ich versuche, mich nicht mehr zu kratzen.

»Er wollte unseren neuen Wagen sehen. Es ist ein BMW 323, Baujahr 2014.«

»Und dann?«, fragt Emelie.

»Was dann?«

»Was war mit Ola, nachdem er sich das Auto angeschaut hatte? Wo ist er hin?«

Ich betrachte meine Hände, strenge mich an, sie stillzuhalten.

»Er ist gegangen. Ich glaube, er hatte sein eigenes Auto dabei.«

Emelie blättert in ihren Unterlagen. Es läuft gut, ich kriege das hin. Es juckt gar nicht mehr so stark.

»Dann seid ihr nach Hause in die Krachmacherstraße gefahren. Habt ihr im Auto über irgendwas Besonderes gesprochen?«

Ich versuche, mich zu erinnern.

»Glaub nicht.«

»Was ist dann passiert?«, fragt der Glatzköpfige. »Erzähl.«

»Wir sind auf den Innenhof eingebogen und ... Meine Mutter hat geschrien.«

»Was hast du gesehen, als ihr auf den Hof eingebogen seid, Fabian?«

»Irgendwas Rotes ist vorbeigeflattert. Meine Mutter hat geschrien, und dann hat es geknallt. Alles ist so schnell gegangen.«

Emelie wirft ihrem Kollegen einen seltsamen Blick zu. Habe ich irgendwas Falsches gesagt?

»Erst hat deine Mutter geschrien, und danach seid ihr mit dem Fahrrad zusammengestoßen?«, fasst der Glatzkopf zusammen. »Habe ich dich da richtig verstanden?«

Ich kratze mich am Ausschnitt des Pullovers.

»Es könnte auch umgekehrt gewesen sein.«

Emelie sieht enttäuscht aus.

»Aber ich glaube schon, dass sie zuerst geschrien hat«, sage ich rasch.

Ich weiß, wie Kriminaltechniker arbeiten. Im Fernsehen habe ich gesehen, dass sie den Zeitpunkt herausfinden können, wann ein Auto gebremst hat, indem sie die Spuren im Asphalt untersuchen.

»Wir würden dir gern noch ein paar weitere Fragen stellen«, sagt Emelie. »Vielleicht kommen dir einige davon seltsam vor, und womöglich ist es dir unangenehm, sie zu beantworten, aber wir müssen noch ein paar Fragezeichen beseitigen.«

»Okay.«

Ich spanne meinen gesamten Körper an.

»Hat deine Mutter sich oft mit Mikael und Bianca Andersson getroffen?«

»Nicht direkt. Wir sind ja Nachbarn. Und ...«

Ich starre auf die Tischplatte.

»Und?«

Emelie beugt sich vor.

»Micke ist mein Sportlehrer«, sage ich. »Und meine Mutter hat in Bellas Kindergarten gearbeitet.«

»Hm, wir haben erfahren, dass es einen Vorfall im Kindergarten gab. Hat deine Mutter dir etwas davon erzählt?«

»Nein. Oder na ja ...« Was meint sie mit Vorfall? »Als Schneesturm war und Bella nicht von Bianca abgeholt wurde?«

»Genau«, sagt Emelie. »Erzähl, was du darüber weißt.«

»Tja, meine Mutter hat Bella mit zu uns nach Hause genommen und hat Köttbullar gemacht. Aber Bianca war total sauer, als sie kam.«

Emelie wirkt zunächst zufrieden, aber gleich darauf fängt sie wieder an herumzunerven.

»Hast du gehört, was sie an diesem Abend zueinander gesagt haben?«

»Weiß nicht mehr genau. Bianca hat ziemlich geschimpft. Sie fand es nicht richtig von meiner Mutter, Bella mit nach Hause zu nehmen.«

»Was hat deine Mutter dann gesagt?«

»Sie hat nicht viel gesagt. Aber dann durfte sie nicht mehr im Kindergarten arbeiten.«

»Wie fand sie das?«, fragt Emelie.

»Sie war traurig. Danach war sie jeden Tag betrunken.«

Emelies Augen bekommen einen traurigen Ausdruck, und der Glatzkopf übernimmt.

»Deine Mutter hatte im Frühherbst einen längeren Klinikaufenthalt«, sagt er. »Wo hast du in dieser Zeit gewohnt?«

Mein Magen verkrampft sich. Ich will nicht darüber reden. Nicht einmal daran denken.

»In so einem Wohnheim für Jugendliche.«

Ich meide den Blickkontakt mit ihnen.

»Du hast keinen Kontakt zu deinem Vater, wenn ich es richtig verstanden habe«, fährt der Glatzköpfige fort.

»Er wohnt in den USA.«

»Und deine Mutter hat keinen neuen Partner oder Lebensgefährten?«

Haben sie das noch gar nicht herausgefunden?

»Sie war sehr lange mit Peter zusammen. Er ist Polizist.«

Emelie sagt, dass sie weiß, um wen es sich handelt.

»Sie haben sich ziemlich viel gestritten. Haben Schluss gemacht und sind wieder zusammengekommen«, erzähle ich. »Jetzt wird wohl nichts mehr draus. Meine Mutter und ich haben darüber gesprochen, ob wir nicht umziehen sollten.«

»Warum denn das?«, will der Polizist wissen.

Ich zucke mit den Schultern.

»Haben Sie schon mal in einem Kaff gewohnt?«

Emelie lächelt verhalten.

»Ich wohne in Teckomatorp«, sagt der Kahlrasierte.

»Dann wissen Sie ja Bescheid.«

»Es tut mir leid, Fabian. Ich hoffe, du verstehst, warum wir dir so schwierige Fragen stellen. Wir müssen den Dingen auf den Grund gehen, wenn so etwas passiert«, erklärt Emelie.

»Okay.«

Ich kapiere doch, wie polizeiliche Ermittlungen laufen.

Dann ist die Vernehmung zu Ende, und ich werde wieder zu meiner Mutter gelassen. Sie sitzt mit einer dieser albernen Klatschzeitungen auf dem Sofa, und ihre Knie zittern.

»Wie ist es gelaufen, mein Schatz? Geht es dir gut?«

»Na klar.«

Sie muss sich zusammenreißen. Die Polizisten werden natürlich misstrauisch, wenn sie zitternd dasitzt.

»Wie gesagt, die Techniker haben jetzt die Analyse Ihres Autos abgeschlossen«, sagt Emilie. »Wenn Sie noch eine Weile hier warten, dann können Sie den Wagen gleich mitnehmen.«

Meine Mutter und ich drängen uns auf dem unbequemen Sofa zusammen. Ich kratze mich, und die Knie meiner Mutter hüpfen auf und ab.

Sie wiederholt die ganze Zeit, dass alles wieder gut wird und dass ich ganz beruhigt sein kann. Als ob ich es wäre, der hier runterkommen muss.

»Sie sind schon ganz schön lange weg«, sagt sie, als ein paar Minuten vergangen sind.

Ich schweige.

Jetzt juckt es bis hinunter zum Bauch.

»Ich glaube, ich bin allergisch gegen unser Waschmittel.«

Meine Mutter verspricht, ein neues zu kaufen. Es gibt welche speziell für Allergiker.

»Jetzt kommen sie endlich«, sagt sie und erhebt sich, als Emelie sie bittet, sitzen zu bleiben.

»Wir haben leider traurige Nachrichten.«

Meine Mutter hält mitten in der Bewegung inne.

»Ist was mit dem Auto?«

»Nein«, sagt Emelie und reicht meiner Mutter den BMW-Schlüssel.

»Wir müssen die Klassifizierung der Straftat ändern«, sagt der Glatzkopf.

Emelie senkt den Blick.

Was ist los?

»Bianca Andersson ist am Vormittag verstorben.«

52. MIKAEL

Vor dem Unfall
Frühling 2017

Bianca fuhr mit den Kindern zurück nach Malmö zu Lisa, und ich konnte ihr natürlich keinen Vorwurf deswegen machen.

Ich liebe dich und unsere Familie, schrieb ich ihr in einer SMS. *Ich würde dich nie betrügen.*

Ich wusste nicht einmal, ob das stimmte. Wo verlief die Grenze zur Untreue? Die Initiative war nicht von mir ausgegangen. Jacqueline war betrunken gewesen, und ich hatte gesagt, dass sie gehen solle, aber natürlich hätte ich entschiedener sein sollen. Ich hätte sie wegschubsen und aus dem Haus werfen sollen. Ich war nicht stark genug gewesen und hatte mich schließlich mitreißen lassen.

All das hatte ich Bianca erzählt. Ich war hundertprozentig ehrlich gewesen. Ich erklärte, warum Jacqueline herübergekommen war, nicht um sich etwas auszuleihen, sondern dass sie sichtlich betrunken und empört gewesen war und mit Bianca hatte reden wollen.

Aber es hatte keinen Sinn. Bianca hörte nicht zu. Völlig aufgelöst packte sie die Sachen der Kinder in zwei IKEA-Taschen, ohne mich anzusehen. Ich konnte mich kaum von Bella und William verabschieden.

Wir können zu einer Beratung gehen, schrieb ich ihr in einer SMS am Samstagabend. *Es tut mir so leid. Ich liebe dich! Wir ziehen von hier weg.*

Ich bekam keine Antwort.

Stattdessen klingelte es an der Tür.

Tausende Gedanken schossen mir durch den Kopf. Im Flurspiegel erhaschte ich einen Blick auf mein verzerrtes Gesicht, bevor ich die Tür öffnete.

»Bist du bereit?«

Draußen stand Ola in seiner schwarzen Outdoormontur.

»Nicht heute Abend. Es passt nicht.«

Ich hatte unsere Nachtwanderung ganz verdrängt, und Ola war der letzte Mensch auf Erden, mit dem ich mich jetzt unterhalten wollte.

»Wie jetzt? Bianca und die Kinder sind doch nicht da.«

Woher wusste er das, verdammt? Ich wurde wütend.

»Hast du mit ihr gesprochen?«

Ola schüttelte rasch den Kopf.

»Ich habe gesehen, wie sie weggefahren sind.«

»Wie gesagt, ich kann heute Abend nicht.«

»Aber du hast doch den Plan bekommen«, beharrte er und wühlte aus einer seiner Taschen den Zettel hervor. »Hier steht es. Du und ich heute Abend. Wenn du nicht kannst, hättest du früher Bescheid geben müssen.«

Ich wollte ihn bitten, sich seinen verdammten Plan in eine beliebige anatomische Öffnung zu schieben. Ich wollte sagen, dass ich mich weigerte, eine Gesellschaft mit Wachtrupps und Bürgerwehren zu akzeptieren. Stattdessen sagte ich:

»Na gut. Ich komme gleich.«

Wir gingen den Fahrradweg entlang und grasten eine Wohnanlage nach der anderen ab, während sich die Finsternis immer dichter um die Häuser schloss. Ola zeigte vollen Einsatz, legte die Hände an Schuppenfenster und spähte hinein, hängte sich über Zäune und zerschnitt mit dem Lichtkegel der Taschenlampe die Dunkelheit in den Gärten.

Ich seufzte und fühlte mich, als wären wir wieder zwölf und würden Superhelden spielen.

Wir sprachen nicht viel. Der Kloß im Hals und die vielen durcheinanderwirbelnden Gedanken beschäftigten mich schon genug. Auf dem Gehweg am Spielplatz blieben wir unter einer Laterne stehen, und Ola erzählte mir von dem Überfall, den er erlebt hatte. Die Sache hatte ihn in den Grundfesten erschüttert.

»Ich glaube, das ist eine der schlimmsten Sachen, die einem Menschen passieren können«, sagte er. »Das Sicherheitsgefühl zu verlieren.«

»Seltsam«, erwiderte ich. »In allen Filmen und Büchern wird Sicherheit als etwas eher Albernes beschrieben, wovon man sich besser lösen sollte, um frei zu werden.«

Nachdenklich richtete Ola seinen Blick auf die Gemeindewiese.

»Diese Sicht der Dinge verpufft schnell, wenn man sein Sicherheitsgefühl wirklich verloren hat.«

Er hatte sicher recht. Ich war in vielerlei Hinsicht privilegiert.

Wir kamen zum dritten Mal an unserer Wohnanlage vorbei und sahen Jacqueline, die über ein Glas Wein gebeugt in der Küche saß.

»Sie trinkt zu viel«, bemerkte Ola. »Ich glaube, es geht ihr nicht gut.«

Das schlechte Gewissen drückte mich wieder.

»Sie durfte nicht im Kindergarten bleiben«, sagte ich. »Hat Bianca nicht erzählt, was passiert ist?«

Ola war ganz Ohr, als ich vom Schneesturm erzählte und wie Jacqueline Bella mit zu sich nach Hause genommen hatte. Er begriff nicht, warum Bianca so extrem reagiert hatte.

»Jacqueline hat versucht, ihr einen Gefallen zu tun«, sagte er, während wir über den Innenhof spazierten.

Diese Äußerung erstaunte mich. Sonst ergriff Ola doch meistens Biancas Partei.

Ich wollte ihn bitten, genau das zu Bianca zu sagen, als ich plötzlich etwas in unserer Garage bemerkte. Eine Bewegung in dem kleinen Fenster. Einen schwachen Lichtschein, der an der Wand zuckte.

»Was zur Hölle …?«

Ola winkte mir verstohlen.

»Komm«, sagte er.

Mir war unbehaglich zumute, als ich ihm folgte. Schnelle, leise Schritte zur Einfahrt.

»Schhh«, machte Ola.

Er hielt die Taschenlampe wie eine Pistole und zielte auf die Tür. Es herrschte kein Zweifel. Einbruchsspuren.

»Ich rufe die Polizei«, sagte ich.

Ola sah mich skeptisch an.

»Das hat keinen Sinn. Die schaffen es nicht rechtzeitig hierher.«

Er packte die Türklinke.

»Das könnte gefährlich werden«, sagte ich.

Ola atmete durch die Nase. Seine Augen wurden ganz schmal, ehe er die Tür aufzog und schrie:

»Stehen bleiben!«

Der Lichtkegel der Taschenlampe fing zwei junge Burschen in Trainingsjacken und Sneakers ein.

»Keine Bewegung!«, rief Ola.

Ich erkannte die Einbrecher sofort.

»Ich weiß, wer sie sind«, sagte ich. »Liam und Bleridon. Sie waren auf der Köpingeskolan.«

»Ihr verdammten Schweine«, zischte Ola.

»Das sind doch noch Kinder«, meinte ich. »Sie sind nicht mal achtzehn.«

Schnaubend vor Wut stampfte Ola auf die Jungs zu, während er sie noch immer mit dem Lichtkegel gefangen hielt.

»Mach die Tür zu.«

Ich tat, was er sagte.

Liam und Bleridon rührten sich nicht vom Fleck.

»Immer mit der Ruhe, okay?«, sagte Liam. »Wir sind gleich wieder weg. Versprochen, wir hauen sofort ab.«

Das klang nach einem guten Vorschlag. Ich kannte die Jungs. Ich hatte Liam in Sport gehabt, er war ein guter Handballer und wirklich in Ordnung. Er war nur auf die schiefe Bahn geraten, nachdem die Eltern sich hatten scheiden lassen. Bleridon war einer von diesen unsicheren Typen, die sich behaupteten, indem sie sich in allen Situationen knallhart gaben.

»Vergiss es«, sagte Ola. »Stellt euch an die Wand.«

»Aber…«

Unnötig heftig schubste Ola mich zur Seite und machte ein paar rasche Schritte auf die Jungs zu. Aus einer seiner Hosentaschen zog er einen langen schwarzen Gegenstand.

»Was ist das?«, fragte ich.

Ein Schlagstock. Einer dieser ausklappbaren Teleskopschlagstöcke.

»Hände an die Wand!«, brüllte Ola.

»Hör auf«, sagte ich. »Wir rufen ihre Eltern an. Wir erstatten Anzeige bei der Polizei.«

Ola wischte alle Einwände vom Tisch und fuchtelte mit dem Schlagstock herum.

»Du weißt ebenso gut wie ich, dass nichts passiert, wenn wir Anzeige erstatten.«

Plötzlich versuchte Liam, sich an uns vorbeizudrängeln. Sofort schwang Ola den Schlagstock. In diesem Moment sah Bleridon seine Chance gekommen und rannte hinter Ola zur Tür. Ich wich aus und ließ ihn vorbei.

»Jetzt reicht's«, sagte ich.

Aber Ola fuchtelte weiter mit dem Schlagstock vor Liam herum.

»Ich schwör's, ich zeig dich an«, sagte Liam.

Seine Wange war geschwollen, und er spuckte Blut.

»Scheiße«, sagte ich.

Sie blieben breitbeinig voreinander stehen, wie bei einem Duell.

Schließlich trat Ola einen Schritt zurück, noch immer mit erhobenem Schlagstock. Liam strich sich über die aufgeplatzte Lippe und sah mich mit gekränktem Blick an, ehe er auf den Hof hinausstolperte und verschwand.

Ola lockerte seinen Griff um den Schlagstock und ließ ihn sinken.

In meinem Kopf wirbelten die Gedanken wild umher. Ich hatte Gewalt schon immer verabscheut, aber nach dem Zwischenfall an der Schule in Stockholm hatte ich akzeptieren müssen, dass Gewalt in uns allen steckt. Direkt unter der Haut. Bei Ola. Aber auch bei mir.

»Verdammt«, sagte Ola.

Heftig keuchend beugte er sich vor.

»Das behalten wir für uns, oder?«

»Unbedingt«, sagte ich.

Wenn sich Lügen und Geheimnisse schon einen Weg in dein Leben gebahnt haben, fällt es dir nicht besonders schwer, einem weiteren Geheimnis Zutritt zu gewähren.

53. MIKAEL

Nach dem Unfall
Montag, den 16. Oktober 2017

Unser Zuhause ist ein Geisterhaus. Ein muffiger Geruch wie in einem Sommerhäuschen, und alle Lampen sind erloschen. Nur die Wände knacken.

Der Esstisch sieht aus wie ein Blumenladen. Vorsichtig drehe ich die kleinen Kärtchen um.

Wir denken an euch.

Voller Trauer und Liebe.

Ich sacke in mich zusammen, wie ein ausgewrungener Lappen, vollkommen ausgelaugt, stürze in die Finsternis. Ich bringe es nicht einmal mehr fertig zu weinen.

Sienna geht mit Bella und William nach oben in ihre Kinderzimmer, während ich eine ganze Stunde in der Dusche stehe und das Wasser über meinen Körper strömen lasse. Ich wühle eine Badebürste aus Biancas Schublade hervor und schrubbe mich ab. Als ich aus der Dusche steige, ist die Luft dick vor Dampf, und ich habe rote Flecken am ganzen Körper.

Ich stelle mich ans Wohnzimmerfenster. Schlage mit der Stirn gegen die Scheibe. Die Welt dort draußen hat keine Farbe mehr. Ich weiß nicht, wie ich ohne Bianca leben soll.

Ich bin am Ende. Vollkommen kraftlos. Es fühlt sich so an, als würden alle Muskeln versagen.

Mit zitternder Hand schenke ich mir einen Whisky ein und lasse mich aufs Sofa sinken. Krampfhaft versuche ich, Bilder von Bianca heraufzubeschwören, andere als die letzten, mit denen sie mich zurückgelassen hat, aber die Erinnerungen sind nichts als vage Schatten. Ich kann ihr Gesicht nicht mehr vor mir sehen. Ihre Stimme ist auch weg. Geblieben sind nur der BMW auf dem Innenhof, das niedergemähte Fahrrad im zuckenden Blaulicht und Jacqueline, die schreit.

Ich stehe auf, um mir nachzuschenken, aber auf halber Strecke zum Barschrank klingelt mein Handy.

Unbekannte Nummer.

Ich überlege, ob ich rangehen soll. Im letzten Moment drücke ich auf das grüne Hörersymbol.

»Micke hier.«

»Spreche ich mit Mikael Andersson? Ich rufe von der Polizei in Lund an.«

Der Anrufer ist derselbe Ermittler, der mich am Samstag vernommen hat. Er erklärt, dass er aktuelle Informationen für mich hat.

»Die Ermittlungen haben ergeben, dass keine Straftat nachgewiesen werden kann. Was am Freitag passiert ist, war ein Unfall.«

Das kann unmöglich stimmen. In der Zeitung stand doch, dass Jacqueline verdächtigt wird, ein Verbrechen begangen zu haben.

»Das dürfen Sie nicht tun«, sage ich zu dem Beamten.

Ich mache ein paar unsichere Schritte und lege die Hand auf die Rückenlehne des Sofas.

»Wir haben den Unfallort und das Fahrzeug kriminaltechnisch überprüft und die Unfallbeteiligten vernommen«, sagt er. »Ich verstehe, dass es schwer für Sie ist, aber alles deutet darauf hin, dass es ein Unfall war.«

Ich will ihm widersprechen, doch die Worte bleiben in der Kehle stecken. Wie kann man einen Menschen totfahren, ohne dass es irgendwelche Konsequenzen hat? Ich will wissen, was aus der *Fahrlässigkeit im Straßenverkehr* und aus der *fahrlässigen Körperverletzung* geworden ist.

»Kümmern Sie sich lieber um Ihre Familie«, sagt der Polizist am Telefon. »Ihre Kinder brauchen Sie jetzt mehr als je zuvor.«

Ich drücke das Gespräch weg und stolpere zum Sofa.

War das alles? Bianca ist für immer weg, und das Ermittlungsverfahren ist eingestellt. Und ich soll einfach weitermachen wie vorher?

Allmählich füllt sich der Leerraum in mir. Das Schwarze bekommt eine Farbe. Nicht von Trauer oder Schmerz, sondern von flammend roter Wut.

Ich muss mit Jacqueline reden.

»Wie geht es dir?«, fragt Sienna.

Sie steht im Flur und hat schwarze Augenringe.

»Ich … Bianca …«

Es geht nicht, ich kann nichts Vernünftiges von mir geben.

»Die Kinder schlafen jetzt«, sagt Sienna.

»Danke.«

Ich reibe mir über die Schläfen.

»Jacqueline«, sage ich. »Ich muss mit Jacqueline reden.«

Sienna schnieft.

»Warum das? Ist das wirklich vernünftig?«

Vielleicht nicht. Aber ich will Jacqueline in die Augen sehen, wenn sie sagt, dass es ein Unfall war, dass sie Bianca auf dem Fahrrad nicht gesehen hat. Ich will ihr sagen, dass sie mein Leben und das meiner Kinder zerstört hat.

»Bianca schien davon überzeugt zu sein, dass zwischen dir und Jacqueline etwas gelaufen ist«, sagt Sienna. »Sie hat geschrieben, dass sie euch erwischt hat. Hast du meine Schwester betrogen?«

»Ja, ich habe Jacqueline geküsst. Es hat überhaupt nichts bedeutet, aber es ist passiert. Ich liebe Bianca, ich habe sie immer geliebt. Sie ist mein Ein und Alles.«

Im Präsens. Es kann nie anders sein.

Ich knete die Hände und presse die Stirn gegen die Knöchel. Atmen, atmen. Wie soll ich das nur überleben? Ich habe Bianca betrogen, und jetzt ist sie nicht mehr da.

»Bianca hat dir wohl nie von der SMS erzählt, die sie bekommen hat?«, fährt Sienna fort.

»Welche SMS?«

Sienna schluckt. Ihre Augen sind gerötet.

»Wenn ich Bianca richtig verstanden habe, hat sie sich bei der Gemeindeverwaltung über Jacqueline beschwert wegen dieser Sache mit Bella im Kindergarten. Als Jacqueline davon erfuhr und ihren Praktikumsplatz verlor, hat sie eine ziemlich bedrohliche SMS an Bianca geschickt.«

»Was meinst du? Das hätte Bianca mir doch erzählt.«

Sienna schüttelt den Kopf.

»Bianca hat es sich anders überlegt. Sie hat begriffen, dass sie zu tief gesunken war, als sie den Vorfall mit Jacqueline meldete. Aber sie war eifersüchtig und hatte Angst, Jacqueline könnte dich ihr ausspannen.«

Das ist zu viel für mich.

Wenn wir doch nur miteinander geredet hätten.

»Was stand denn in der SMS von Jacqueline?«

Sienna setzt sich in den Sessel mir gegenüber, schlägt die Beine übereinander und beugt sich vor.

»Sie schrieb, dass Bianca ihr Leben zerstört hat. Dass sie nie vergessen wird, was sie ihr angetan hat.«

Die Worte fressen sich in mich hinein. Wie weit wäre Jacqueline bereit gewesen zu gehen? Aus eigener Erfahrung weiß ich, dass es gar nicht so schwer ist, wie man denkt, alle vorstellbaren Grenzen zu überschreiten.

»Wie häufig habt ihr euch denn im Sommer geschrieben? Bianca hat mir nie erzählt, dass ihr wieder Kontakt zueinander hattet.«

Ich streiche mit der Hand über die Brust. Die Haut brennt noch immer, weil ich sie so hart geschrubbt habe.

»Das letzte Mal war kurz vor diesem Nachbarschaftsfest, zu dem ihr gehen wolltet«, sagt Sienna. »Sie war sauer auf mich, als ich ihr meine Meinung schrieb.«

Ich sollte vielleicht nicht fragen, aber ich tue es trotzdem.

»Was war denn deine Meinung?«

»Dass sie dich verlassen sollte«, sagt Sienna.

Ich kann es ihr kaum verübeln.

»Ich habe auch gedacht, dass unsere Beziehung gelaufen wäre«, sage ich.

Sienna presst ihre Knie zusammen.

»Was ist passiert?«

54. MIKAEL

Vor dem Unfall
Frühling 2017

Spät am Sonntag kam Bianca mit den Kindern aus Malmö zurück.

»Ein Einbruch? Wie unheimlich!«

Sie hatte meine Nachrichten nicht gelesen.

Jetzt stand sie an der Garagentür und musterte den Tatort. Ich hatte versucht, den Blutfleck auf dem Boden zu beseitigen, aber eine dunkle Stelle auf dem Zement war geblieben.

»Was ist das?«, fragte Bianca.

»Ola hat sein wahres Gesicht gezeigt.«

Sie sah mich an, als würde ich sie wieder anlügen. Als ich vom Schlagstock erzählte, schüttelte sie den Kopf, wollte es nicht glauben.

»Wir wissen doch, was er mit der Vertretung vom Pflegedienst gemacht hat«, sagte ich. »Insofern ist es keine Überraschung.«

»Aber das kann man doch nicht vergleichen«, meinte Bianca. »Die Typen, die in unsere Garage eingebrochen sind, waren ja nicht gerade unschuldig.«

Ich traute meinen Ohren nicht. Sie verteidigte Olas Verhalten auch noch.

»Er hatte einen Schlagstock dabei«, sagte ich. »Diese Jungs sind siebzehn Jahre alt.«

»Manchmal bist du naiv, Micke. Du weißt sehr wohl, was Ola durchgemacht hat, seitdem er überfallen wurde. Er hat mir erzählt, dass er sich einen Schlagstock und einen Schlagring besorgt hat. Es war ein Glück, dass wenigstens einer von euch etwas dabeihatte, um sich zu schützen. Die Sache hätte sonst richtig übel ausgehen können.«

Ich wusste nicht, was in meine Frau gefahren war. Wir hatten völlig unterschiedliche Auffassungen darüber, wie man Sicherheit gewährleistet.

»Übrigens bist du wirklich nicht der Richtige, um diese Angelegenheit zu beurteilen«, sagte sie. »Wegen der Sache in Stockholm und dann noch wegen diesem Andy.«

Das traf mich natürlich.

Nicht nur Ola neigte zu Gewalttätigkeit. Das wussten wir beide. Ich stemmte mich gegen einen Schatten aus Schuld, der mein Inneres verdüsterte.

»Entschuldige«, sagte ich. »Ich verstehe nicht, wie es so weit kommen konnte. Wenn ich doch nur alles ungeschehen machen könnte!«

»Aber das kannst du nicht.«

Biancas durchdringender Blick triefte vor Verachtung.

Es war wieder Sommer, aber in unserem Garten sangen keine Vögel. Bianca saß hohläugig unter dem Sonnenschirm und sah zu, wie die Kinder auf dem Rasen Ballons mit Wasser füllten.

»Wir müssen darüber reden«, sagte ich.

»Es gibt nicht viel zu sagen.«

Damals, als wir uns gerade kennengelernt hatten, konnten wir über alles reden. Rücken an Rücken hatten wir im Rålambshovsparken gesessen, während die Sonne unterging. Nichts kam uns schwierig vor, alles war möglich. Als ich Bianca fragte, was für sie in einer Beziehung am wichtigsten sei, brauchte sie keine Bedenkzeit. *Ehrlichkeit. Wenn wir nur ehrlich zueinander sind, können wir alles schaffen.*

Bianca hatte gesehen, wie Jacqueline mich geküsst hatte. Das würde sich nie aus dem Gedächtnis löschen lassen.

»Ich will nicht jemand anders die Schuld in die Schuhe schieben«, sagte ich jetzt und nahm Biancas schlaffe Hände in meine. »Aber Jacqueline hat die Initiative ergriffen. Ich habe versucht, Nein zu sagen. Es wird nie wieder vorkommen.«

»Du hast versucht, Nein zu sagen?«

Ich hörte ja selbst, wie das klang. Warum verdammt noch mal hatte ich Jacqueline nicht widerstanden? Nach der Silvesternacht hatte ich beschlossen, dass etwas Vergleichbares nie wieder passieren durfte. Und dennoch … Was für ein Mensch war ich eigentlich?

»Ich wusste es«, sagte Bianca. »Eine Weile habe ich geglaubt, dass ich allmählich verrückt werde. Aber es hat die ganze Zeit gestimmt. Sie war hinter dir her.«

Das klang so dramatisch. Als wären das nicht alles Zufälle gewesen.

»Ich liebe dich von ganzem Herzen, Bianca.«

Sie machte den Eindruck, als wäre alles vorbei.

»Warum hat Jacqueline gedacht, dass du Interesse an ihr hast? Was für Signale sendest du eigentlich aus?«

Sie hatte sicherlich recht. Ich war empfänglich gewesen.

»Es hat sich so angefühlt, als ob … ich weiß nicht … als würden wir uns voneinander entfernen. Du hast so viel gearbeitet. Es war so schwierig, zu dir vorzudringen.«

»Das heißt, ich bin schuld?«

»Nein!«

Ich war sonst nicht so ungeschickt, was Formulierungen betraf.

»Ich habe es dir gesagt. Ich habe dich ausdrücklich gebeten, dich von Jacqueline fernzuhalten! Kapierst du es nicht? Die Leute haben es bemerkt. Man spricht über euch.«

»Du meinst, dass Gun-Britt klatscht und tratscht?«

Bianca stand auf. Ihre Hände glitten langsam aus meinem Griff.

»Ich weiß nicht, ob ich dir je wieder vertrauen kann, Micke.«

Ihre Stimme versagte. Voller Verzweiflung beugte ich mich vor und versuchte, sie festzuhalten, sie zu umarmen, aber sie entzog sich.

»Verzeih mir, Liebling«, sagte ich immer und immer wieder. »Verzeih mir.«

Das klang pathetisch, aber es war die Stimme meines Herzens.

Biancas Wangen waren nass.

Ich wollte wirklich alles erzählen. Ich glaube auch an Ehrlichkeit. Hundertprozentige Ehrlichkeit. Aber jetzt kam es mir vollkommen unmöglich vor, die Silvesternacht zu erwähnen. Das würde mich noch tiefer in die Finsternis hineinkatapultieren.

»Kannst du mir jemals verzeihen?«, fragte ich.

Wir standen so nah voreinander, dass ich fühlte, wie ihr Herz klopfte, und ihren Atem an meinem Kinn spürte. Trotzdem waren wir noch nie so weit voneinander entfernt gewesen.

»Wenn du mich nicht mehr liebst, musst du es mir sagen«, flüsterte ich.

Eine weitere Lüge.

Wenn sie mich nicht mehr liebte, wollte ich es niemals erfahren.

55. JACQUELINE

Vor dem Unfall
Sommer 2017

Am schwedischen Nationaltag hisste Åke die blaugelbe Flagge in seinem Garten. Mittlerweile trank ich zum Frühstück, zum Mittagessen und am Abend Wein. Das war die einzige Möglichkeit für mich, damit die Einsamkeit erträglich, die Gedanken in einem Nebel blieben und die Gefühle weniger Stacheln hatten.

Ich saß am Küchentisch, als Peters Auto auf den Hof einbog. Mehrere Tage nacheinander hatte er mir Nachrichten geschickt, und ich hatte ihn mal ignoriert, mal spöttisch geantwortet und dann wieder zugegeben, dass ich seine Gesellschaft vermisste.

Ich steckte die Füße in die Sandalen und lief hinaus in die Einfahrt.

»Hallo, du Schöne«, sagte Peter und küsste mich auf die Wange.

»Was tust du hier?«

»Ich wollte euch zum Essen einladen«, sagte er. »Es gibt echten Pitepalt, zur Feier des Nationaltags. Nach einem Rezept meiner Großmutter.«

Ich starrte ihn an. Es war mir unangenehm, dass er weiterhin auftauchte und sich verhielt, als wäre nichts geschehen und alles in bester Ordnung. Aber ich wollte keine Szene machen.

»Sag mal, bist du besoffen?«, fragte er. »Es ist gerade mal halb zwölf.«

Unsanft schüttelte ich seine Hand ab.

»Heute ist Tag der schwedischen Flagge. Ich feiere.«

Wir sahen zum hellblauen Himmel und zu der Flagge, die über Åkes und Gun-Britts Dach träge in der Brise wehte.

»Ich habe mal deinen Nachbarn in unserem System gesucht«, sagte Peter.

»Micke?«

»Nein, nein. Ola. Offenbar ein ziemlich scheinheiliger Typ. Er hat nämlich ein paar Leichen im Keller.«

»Warum schnüffelst du hinter meinen Nachbarn her?«, fragte ich. »Ist das überhaupt erlaubt?«

Peter lachte glucksend.

»Ist doch gut zu wissen, wen man so als Nachbarn hat.«

Ich tat so, als würde mich das nicht kümmern. Stützte mich mit der Hand an der Wand des Schuppens ab und blinzelte in die Sonne.

»Er ist wegen schwerer Körperverletzung verurteilt worden«, fuhr Peter fort. »Er hat einen Typen vom Pflegedienst zusammengeschlagen, weil er der Meinung war, dass seine Mutter nicht die Hilfe bekam, die sie brauchte.«

»Erzähl mir was Neues«, konterte ich.

Unterdessen hatte Åke uns entdeckt. Er lief von seiner Garage auf uns zu, in Pantoffeln und zu kurzen Shorts.

»Hallo!«, sagte er und zeigte uns einen kleinen runden Gegenstand aus Plastik. »Jetzt haben wir auch eine Alarmanlage. Wir haben ein verdammt gutes Angebot bekommen.«

»Nur ein bisschen zu spät«, bemerkte Peter.

Åke war gekränkt.

»Die kommen doch zurück. Das ist hier ein gesetzloses Land. Die Behörden haben die Kontrolle verloren. Hast du nicht gehört, dass sie auch in Mickes Garage waren?«

»Nein«, sagte Peter und funkelte mich wütend an.

Ich verdrehte die Augen. Warum sollte ich ihn über die neuesten Ereignisse in der Krachmacherstraße informieren?

»Doch, doch, Ola und Micke haben sie auf frischer Tat ertappt«, fuhr Åke fort. »Richtige Rowdys waren das. Am nächsten Tag habe ich bei allen Sicherheitsdiensten angerufen.«

Er gab das runde Plastikding Peter, der es ohne größeres Interesse betrachtete.

Mir kam der Gedanke, dass ich vielleicht auch eine Alarmanlage installieren sollte. Das kleine, behütete Köpinge war nicht mehr sicher.

»Was hat das denn gekostet?«

Åke lächelte zufrieden. Er liebte es, mit seinen besonderen Schnäppchen anzugeben.

»Zweieinhalbtausend.«

Woher sollte ich das Geld nehmen?

»Dann kann die Qualität ja nicht sonderlich gut sein«, stellte Peter knapp fest und gab Åke den Kunststoffgegenstand zurück.

Gerade als Åke protestieren wollte, öffnete sich das Gartentor von Hausnummer dreizehn, und Micke ging zum Volvo, der in der Sonnenhitze funkelte. Als er uns sah, blieb er stehen und zögerte.

»Sieh mal einer an«, sagte Åke. »Der Mann, der Mythos, die Legende: Micke – unser Stadtviertelpolizist!«

Micke tat so, als würde er lachen. Er wippte auf seinen weißen Sneakers vor und zurück und warf einen Blick über die Schulter.

Stimmen aus dem Garten. Auch Bianca und die Kinder waren auf dem Weg zum Auto.

»Ich gehe rein«, sagte ich zu Peter.

Ich war kein »Versehen« mehr für Micke. Ich war die totale Versagerin.

Auf halbem Weg zum Haus verlor ich eine Sandale und musste auf einem Bein balancieren, während ich versuchte, sie mir wieder anzuziehen. Hinter mir verstaute Bianca die Kinder im Auto. Ihre Stimme hatte einen genervten Unterton.

»Jetzt fahren wir.«

Micke setzte sich gehorsam hinter das Steuer und lenkte das Auto aus der Einfahrt. Im Rückspiegel meinte ich Biancas mordende Blicke zu erahnen.

Sie war im selben Moment ins Haus gerauscht, in dem ich ihren Mann geküsst hatte.

Zuerst hatte ich mir eingeredet, dass genau das meine Absicht gewesen sei. Dass ich Bianca verletzen wollte, als Vergeltung für das, was sie mir angetan hatte.

Aber müsste es mir dann nicht besser gehen? *Mission accomplished* und so. Stattdessen wurde alles noch schlimmer, und bald begriff ich, dass es nichts als Selbstbetrug war. Es ging dabei weder um Bianca noch um Rache. Es ging nur um Micke.

Peter quengelte herum, und ich brachte es nicht fertig, mich zu wehren. Er machte gefüllte Kartoffelklöße, während ich Wein in mich hineinkippte. Eine dunkle, schwere Wolke lag über meinen Gedanken.

Nach geraumer Zeit, lautem Geschirrklappern und hunderten von Flüchen rief Peter, dass das Essen fertig sei.

»Komm schon, Fabian, ehe es kalt wird!«

Ich ertränkte die verkochten Kartoffelfetzen in den Preiselbeeren und machte gute Miene zum bösen Spiel, als Peter mich fragte, wie es mir schmeckte. Fabian war weniger diskret und schob eigentlich nur die Kloßstücke zwischen den Preiselbeerpfützen herum.

»Iss gefälligst ordentlich«, sagte Peter. »Du hast schlechtere Tischmanieren als die Putzleute im Bahnhof.«

Fabian richtete sich auf und stach die Gabel in ein Kloßstück.

»Es gibt Kinder, die gar nichts zu essen bekommen«, brummte Peter.

Ich versuchte, Fabian mit kleinen Gesten dazu zu bringen, wenigstens den Anschein zu erwecken, als würde er essen. Schließlich kaute er und murrte.

»Du kannst doch wenigstens so tun, als würde es dir schmecken, verdammt?«, sagte Peter. »Ich habe Herzblut hineingelegt und zwei Stunden investiert, die ich nie zurückbekomme.«

»Tut mir leid«, sagte Fabian.

Er faltete seine Serviette auf und spuckte das aus, was er im Mund hatte.

Peter warf das Besteck hin.

»Hast du sie nicht mehr alle, du Rotzlöffel?«

»Aber es schmeckt nicht.«

Peter drehte sich zu mir.

»Willst du ihm dieses Verhalten durchgehen lassen? Wann hast du eigentlich vor zu reagieren?«

Ich bemühte mich, ruhig zu bleiben. Er wusste doch, wie Fabian war. Warum ließ er sich provozieren?

»Jetzt hört auf«, sagte ich. »Alle beide. Ich pack das nicht. Lass Fabian in Ruhe. Das ist doch egal, oder nicht?«

Peter donnerte die Hände auf den Tisch.

»Scheiße! Da gibt man sich Mühe und versucht etwas Gutes zu kochen. Das Rezept meiner Großmutter. Wie wär's, wenn du endlich probieren würdest, ihn zu erziehen, und ihm zeigen würdest, wo der Hammer hängt?«

Fabian beugte sich vor und ließ den Kopf über den Teller mit den Kartoffelklößen hängen.

»Keiner hat dich gebeten, Palt zu kochen«, sagte ich und erhob mich. »Keiner hier will Klöße essen. Wir haben dich nicht einmal eingeladen.«

Jetzt reichte es. Und wieder ging es gegen Fabian.

»Was meinst du?«, erwiderte Peter. »Brauche ich etwa eine verdammte Einladungskarte?«

Abrupt stand ich auf.

»Fabian hat recht. Das schmeckt nach Kotze«, sagte ich und leerte meinen Teller in den Abfalleimer. »Und hör auf, mir zu sagen, wie ich meinen Sohn erziehen soll. Du hast keine Ahnung, wie das geht.«

Fabian hob langsam den Kopf und lehnte sich zurück, als säße er im Kino.

»Danke, das war alles«, sagte ich und zog an Peters Pullover. »Jetzt kannst du gehen.«

»Was zum Teufel …?«

Fabian ging mit mir nach draußen in den Windfang, wo ich die Tür sperrangelweit öffnete. Der Wind war abgeflaut, und die schwedische Flagge im Garten gegenüber hing schlaff herab wie ein alter Lappen.

»Nimm die Sterne mit, wenn du gehst«, sagte ich zu Peter.

Ich schob Fabian ins Badezimmer und schloss uns ein. Ich saß auf dem Badewannenrand, mein Junge auf dem Klodeckel. Keiner von uns sagte etwas, bis die Haustür zufiel.

56. FABIAN

Vor dem Unfall
Sommer 2017

Im Sommer bin ich viel mit dem Fahrrad unterwegs. Ich fahre nie in eine bestimmte Richtung, mit einem bestimmten Ziel. Ich mag das Radfahren an sich. Den Wind und die bekannten Viertel, die an mir vorbeirasen. Das Gefühl, alles zugleich zu sehen, während ich woandershin unterwegs bin.

»Wo willst du hin?«, fragt meine Mutter mich im Windfang.

»Ich geh Rad fahren«, antworte ich.

Die Gemeindewiese, der Hügel, der Spielplatz. Durch die Unterführung, vorbei an der Schule und den Fußballplätzen, weiter zu Ica. Manchmal finde ich eine Pfandflasche, die ich abgeben kann. Bisweilen bleibe ich stehen und schaue anderen beim Fußballspielen oder Seilspringen zu. Ich tue so, als hätte ich eine geheime Mission, als wäre ich ein Spion, der Dinge sieht, die niemand sonst bemerkt.

Das ist auch eine Möglichkeit, meiner Mutter aus dem Weg zu gehen. Ich hasse es, wenn sie so besoffen ist, dass sie nur noch dösend in der Küche sitzt. Dann ist sie nicht meine richtige Mutter. In solchen Momenten sehne ich mich ganz besonders nach meinem Vater.

An einem sonnigen Tag, als ich am Hügel bei der Gemeindewiese herumfahre, ruft jemand meinen Namen. Hinter einem
Bauwagen sitzen ein paar Typen, die ich von der Schule kenne.

»Rauchst du, Fabian?«, fragt einer von ihnen.

Auf seiner Basecap ist ein ausgestreckter Mittelfinger zu sehen.

»Du kriegst zwanzig Kröten, wenn du die hier runter-
schluckst«, sagt ein anderer mit einer Adidasmütze.

Er schwenkt eine qualmende Kippe herum, und alle lachen.
Ich auch. Es ist der reine Selbstmord, nicht über die Witze der
anderen zu lachen.

»Ich hab eine bessere Idee«, meint der Typ mit der Basecap
grinsend und winkt mir, damit ich ihm folge.

Erst als ich davorstehe, sehe ich das Loch. Ungefähr zwei
mal zwei Meter, ziemlich tief. Aus dem Boden ragt ein gelbes
Plastikrohr. Um das Loch ist ein Absperrband gespannt. Doch
das ist dem Typen mit der Basecap scheißegal.

»Du kriegst hundert Kronen, wenn du runterspringst.«

»Vergiss es.«

Ich bin doch kein Idiot. Ich stelle mich ganz vorn an den
Rand und schaue hinunter. Das Loch ist bestimmt anderthalb
Meter tief, vielleicht sogar zwei, ich werde nicht von allein wie-
der hochkommen, wenn ich hineinspringe.

»Dreihundert?«, frage ich.

Es wäre ein guter Beitrag für die Kalifornienreise, die meine
Mutter und ich machen werden.

»Der ist ja ganz schön frech«, meint die Adidasmütze.

Währenddessen sammelt der Typ mit der Basecap bei den
anderen Geld ein. Dann fächert er einen zerfledderten Stapel
Geldscheine in seiner Handfläche auf.

»Zweihundertsechzig. Du kriegst den ganzen Scheiß, wenn du runterspringst.«

»Sicher?«

Das ist leicht verdientes Geld. Sie werden mich nicht dort unten zurücklassen, das würden sie sich niemals trauen. Und wenn, dann schreie ich eben, bis mich jemand hört.

»Ich schwöre bei Gott«, sagt der Basecap-Typ und streckt mir die Hand entgegen.

»Okay, aber erst will ich das Bargeld.«

Der Typ zögert.

Ich bin nicht blöd. Natürlich weiß ich, dass sie sich über mich lustig machen, aber das ist mir egal. Zweihundertsechzig Kronen sind trotz allem zweihundertsechzig Kronen.

Er drückt mir die knisternden Geldscheine in die Hand. Ich zähle sie und stecke sie in die Tasche meiner Shorts. Dann hocke ich mich hin und springe ins Loch hinein.

Der Basecap-Arsch lacht hysterisch und macht High Five mit den anderen.

Das Loch ist wirklich tief. Als ich Anlauf nehme und mit gestreckten Armen nach oben springe, erreiche ich gerade mal den Rand.

»Super gemacht, Fabian«, sagt der Basecap-Typ. »Jetzt musst du nur wieder raufkommen.«

»Das krieg ich schon hin.«

Big deal. Früher oder später schaffe ich es.

»Los jetzt, Fabian!«, ruft der mit der Mütze.

Ich unternehme ein paar vergebliche Versuche. Ziehe mich hoch auf die Fußspitzen und strecke die Arme so weit aus, wie es geht, bis ich den Rand berühre. Stelle den Fuß auf das gelbe Rohr und versuche, mit den Händen Halt zu finden. Über mir leuchten die Handykameras, und die Jungs lachen.

Ich setze mich wieder hin. Es hat keinen Sinn. Ebenso gut kann ich hier sitzen und warten, bis ihnen langweilig ist und sie aufhören.

»Ein kleiner Fabian saß im Loch, konnte nicht mehr rauf«, singt jemand.

Sie lachen und albern herum. Ich bemühe mich, dichtzumachen und an etwas anderes zu denken.

Doch auf einmal scheint die ganze Clique auf die Gemeindewiese zu laufen.

»Hallo, du da! Warte mal und komm kurz her!«

Ich spitze die Ohren.

Trippelnde Schritte dort oben, eine zögerliche Stimme und wieder dröhnendes Lachen.

»Wir haben ein seltenes Tier gefangen«, sagt der Basecap-Typ. »Es sitzt da unten.«

Sie flüstern und lachen. Bald kommen die Schritte näher, und ich stehe auf.

Am Rand des Lochs steht William.

»Hallo«, sage ich.

Von allen, die hätten vorbeikommen können, ist es ausgerechnet er.

»Hilf mir rauf«, sage ich. »Sie haben mir zweihundertsechzig Kronen gegeben, wenn ich runterspringe, aber ich muss selbst wieder raufkommen.«

William starrt mich an.

»Gib mir deine Hand«, sage ich und strecke ihm meine Arme entgegen.

»Jetzt«, zischt der Typ mit der Basecap. »Mach schon!«

Die anderen stimmen ein und feuern ihn an.

Ich sehe flehend zu William hoch. Plötzlich macht er sich an seiner Hose zu schaffen, und ehe ich reagieren kann, spritzt die Pisse auf mich herunter.

Ein Geruch nach Krabben, ein metallischer Geschmack im Mund. Ich spucke und schnaube, das Auge brennt, aber nichts davon ist von Bedeutung. Nicht die Pisse tut weh.

Als ich endlich wieder etwas erkennen kann, ist William weg. Um das Loch herum steht die übrige Clique mit weit offenen Mündern und giftigen Zungen. Hohngelächter und leuchtende Handykameras.

»Komm her«, sagt der Basecap-Typ.

Er hockt sich neben das Loch und bietet mir seine Hand an. »Ich helfe dir hoch.«

Ich fahre mit dem Rad davon. Schnell, schnell, auf direktem Weg nach Hause. Atemlos, mit einem Kloß im Hals und Tränen in den Augen.

Ich hasse sie. Hasse alles und jeden.

Als ich mich wasche, meide ich den Blick in den Spiegel über dem Becken. Ich will mich nicht sehen. Die fette, hässliche, eklige Missgeburt.

Ich stürme an meiner Mutter vorbei in den Flur und schließe mich in mein Zimmer ein, mit Computer und Kopfhörern. Allmählich lässt die Wut nach, während ich widerliche Feinde auf dem Bildschirm mit Kugeln durchlöchere.

Nach einer halben Stunde kommt meine Mutter und klopft an. Ich beende das Spiel und setze mich neben sie auf die Bettkante.

»Wie geht es dir, mein Schatz?«

Ich kann die Fassade nicht länger wahren. Tränen laufen mir

langsam die Wangen herab, und meine Mutter ist ganz verzweifelt.

Sie stinkt aus dem Mund nach saurem Wein, aber ich lasse trotzdem ihre Nähe zu. Ich wünschte, dass alles anders wäre. Dass meine Mutter und ich anders wären.

»Mein Schatz.«

Sie legt den Arm um mich, und er darf dort liegen bleiben.

»Warum gibt es solche wie mich, Mama?«

Was ich auch mache, es geht immer schief. Ich sehe keinen Grund, warum ich weitermachen soll.

»Aber mein Schatz, so darfst du nicht denken. Niemals.«

Aber ich kann den Gedanken nicht aufhalten.

»Ist irgendwas passiert?«, fragt meine Mutter. »Kann ich was tun?«

Ich weiß, dass sie mich liebt, aber das reicht nicht.

»Ich will nicht, dass du so viel trinkst«, sage ich. »Ich mag es nicht, wenn du betrunken bist.«

Sie nimmt ihren Arm weg und lässt den Kopf sinken.

Meine Mutter kann mir nicht helfen.

Ich muss das allein regeln.

Wie ich es immer getan habe. Wie ich es immer tue.

57. JACQUELINE

Vor dem Unfall
Sommer 2017

Ich blockierte Peters Nummer. Diesmal war wirklich *finito* –
für immer. Ich musste netter zu mir selbst sein, aber vor allem
zu Fabian. Wir hatten so lange in diesem Zirkus aus Streit und
Chaos gelebt, und manchmal vergaß ich, dass es gar nicht so
sein musste und es in meiner Verantwortung lag, dieses Muster
zu durchbrechen.

Es gab eine andere Art von Leben.

Das Sommerwetter dieses Jahr nervte. Sobald ich durchs
Küchenfenster die Sonne erahnte, lief ich hinaus in den Garten
und sonnte mich. Aber es gab nur kurze Phasen mit blauem
Himmel. Bald trieben die Wolkenmassen wie fluffige Bergmassive heran, und ich bekam Gänsehaut vor Kälte.

Mitte Juli, an einem der wenigen schönen Tage, lag ich auf
der Sonnenliege hinter dem Haus und döste vor mich hin, als
ich Schritte hörte.

Ich erhob mich so rasch, dass ich Sternchen sah. Am Gartentor stand Ola mit Paisleyhemd, Flipflops und schwarzer Sonnenbrille.

»Was machst du?«, fragte er.

Ich sah auf meinen Bikini hinab.

»Sonne mich.«

Als wir uns kennenlernten, konnte ich Olas jungenhaftem Lächeln kaum widerstehen. Jetzt störte es mich.

»Ich hab was organisiert«, sagte er. »Eine Überraschung für Fabian.«

»Was denn?«

Ola hatte sich immer von Fabian genervt gefühlt. Das war einer von vielen Gründen, warum aus uns beiden nichts werden konnte.

»Eine Überraschung«, sagte er lächelnd. »Ich denke, er wird sie ziemlich gut finden.«

Bestimmt hatte er irgendwelche Hintergedanken, vielleicht sollte das eine Art Annäherungsversuch sein, aber im Moment war ich in erster Linie beunruhigt wegen Fabian.

»Ich mache mir Sorgen um ihn«, gestand ich Ola. »Ich weiß nicht, was ich tun soll.«

Ich befürchtete, dass Fabian destruktive Gedanken hatte.

Er hatte mich gebeten, mit dem Trinken aufzuhören, aber sobald ich daran dachte, ging es mir so schlecht, dass ich noch mehr trank.

»Wir müssen uns gegenseitig helfen«, sagte Ola.

Er ging an mir vorbei in den Garten und betrachtete die Sonnenliege.

»Die Sommerferien machen ihn fertig«, sagte ich. »Er braucht Struktur. In der Schule funktioniert es viel besser, seit Micke sein Mentor ist.«

Ola lehnte sich zurück.

»Ist das wirklich eine gute Idee?«

»Was meinst du?«

Er schob die Sonnenbrille nach oben.

»Komm schon, Jackie. Ich bin doch nicht blind. Du hast eine einzigartige Fähigkeit, deine Nachbarn zu verführen.«

»Hör auf, mich Jackie zu nennen. Und nur damit du es weißt: Da läuft nichts zwischen Micke und mir.«

»Ach nein?«

»Nein.«

»Da muss ich mich an Silvester wohl getäuscht haben.«

Mir gelang es, mein Erstaunen zu verbergen.

Wie konnte das sein? Ola war doch früher nach Hause gegangen.

»Ich weiß nicht, was du da gesehen haben willst.«

»Du hast doch nicht etwa vergessen, wie mein Schlafzimmer aussieht?«, entgegnete er. »Das Fenster an der Giebelseite?«

Ich versuchte, mich zu erinnern, aber mein Gedächtnis war natürlich durch den Wein zum Frühstück und zwei große Gin Tonics getrübt.

»Um zwölf Uhr wollte ich mir vorm Zubettgehen das Feuerwerk anschauen«, fuhr Ola fort. »Du weißt doch, man blickt von meinem Schlafzimmerfenster direkt in Åkes und Gun-Britts Garten.«

Scheiße.

Er hatte sein Wissen lange für sich behalten. Warum kam er erst jetzt darauf zu sprechen?

»Wir hatten zu viel getrunken«, erklärte ich. »Das war nichts. Nur ein kleines Küsschen.«

»Also ungefähr wie mit mir«, sagte Ola. »Wie hast du unsere Beziehung noch mal genannt? Ein Abenteuer?«

Ich schämte mich noch immer dafür, dass ich mich damals hatte mitreißen lassen. Ola war zwar keineswegs unschuldig, aber ich hätte es besser wissen müssen. Er und seine Frau hatten gerade erst das Haus gekauft und waren hierhergezogen, und ich hatte alles ruiniert. Es war sein gutes Recht, verbittert zu sein.

»Weiß Peter, dass er Konkurrenz bekommen hat?«, erkundigte sich Ola.

Ich hätte schon damals entschiedener sein sollen. Als unser Abenteuer vorbei war und Olas Ehe den Bach runterging. Es hätte für Ola und mich nie eine gemeinsame Zukunft gegeben. Trotzdem hatte ich im Lauf der Jahre kleine Rückfälle zugelassen. Manchmal war ich weniger konsequent als eine Zwölfjährige.

Mir fiel es schwer, einen Schlussstrich zu ziehen. So war es schon immer gewesen.

»Worauf willst du hinaus?«, fragte ich und fixierte Ola. »Es ist wahr, dass Micke und ich uns an Silvester geküsst haben. Das war ein Fehler, der sich nie wiederholen wird. Soll das eine Art Erpressung sein, oder was? Bianca weiß schon alles.«

Ola legte nachdenklich den Finger ans Kinn.

»Tatsächlich?«

Davon war ich zumindest ausgegangen. So wie ich Micke kannte, hatte er ihr seine Fehltritte gestanden. Vielleicht hatte er ihr versprochen, nie wieder mit mir zu reden. Im schlimmsten Fall würde er auch nicht mehr als Fabians Mentor zur Verfügung stehen.

»Ich glaube ja nicht, dass Bianca alles weiß«, meinte Ola.

»Bitte, noch mehr Drama kann ich nicht brauchen. Geh jetzt.«

Er nahm seine Sonnenbrille und sah mich mit ernstem Blick an.

»Du weißt nicht, warum Micke und Bianca hierhergezogen

sind, oder? Denn dann würdest du Micke nicht als Mentor für Fabian haben wollen.«

»Wieso?«

Als sie gerade hergezogen waren, hatte ich mich schon ein paar Mal gefragt, wovor sie eigentlich geflohen waren.

»Micke ist ziemlich jähzornig. Man glaubt es nicht, er verbirgt es ganz gut«, sagte Ola. »Aber ich habe eine Ahnung davon bekommen, als wir die Diebe in Mickes Garage erwischt haben. Micke ist total durchgedreht und hat die beiden Typen zusammengeschlagen.«

Das klang vollkommen absurd. Andererseits war nicht viel über diesen Einbruch nach außen gesickert.

»Du lügst«, sagte ich.

Micke war der ruhigste, vertrauenerweckendste Mann, den ich kannte. Er würde nicht die Fassung verlieren und auf jemanden losgehen.

»Was meinst du, warum wir die Sache nicht bei der Polizei angezeigt haben?«, fuhr Ola fort.

Meine Haut kribbelte vor Unbehagen.

»Vor einer Weile hat Bianca mir erzählt, warum sie eigentlich hierhergezogen sind«, sagte Ola, ohne mich aus den Augen zu lassen. »Micke hat an seiner früheren Schule in Stockholm einen Wutanfall bekommen. Er hat einen Schüler an die Wand geschubst und ihm beinahe den Arm gebrochen. Ein Fünfzehnjähriger mit allen Diagnosen, die man sich nur vorstellen kann.«

Ich musste sofort an Fabian denken.

Es war mein Vorschlag gewesen, dass Micke sein Mentor sein könnte.

»Er hatte die Wahl, entweder nie wieder als Lehrer in Stockholm zu arbeiten oder aber eine polizeiliche Anzeige und eine Meldung bei der Schulaufsichtsbehörde zu kassieren, mit den entsprechenden Konsequenzen«, sagte Ola.

»Nein, Micke doch nicht.«

»Frag ihn doch selbst«, meinte Ola.

Er setzte seine Sonnenbrille wieder auf. Mein Bikini spiegelte sich darin. Dann öffnete er das Gartentor und lief in seinen ausgelatschten Flipflops davon.

In meinem Kopf rauschte es, als ich mich wieder auf die Sonnenliege legte. Ich fischte ein ertrunkenes Insekt aus meinem lauwarmen Gin Tonic und leerte das Glas, während der Kloß im Hals größer wurde.

Hatte ich ein vollkommen falsches Bild von Micke? War ich wie immer vollkommen blauäugig gewesen?

Das Schlimmste daran war, was ich Fabian damit angetan hatte. Mal wieder.

58. MIKAEL

Vor dem Unfall
Sommer 2017

Ich wünschte, wir wären nie hierhergezogen. Der Traum vom ruhigen Leben in einer Einfamilienhaussiedlung ist eine Chimäre. Ich hätte auf Bianca hören sollen.

Nach zwei Wochen Urlaub kehrte sie zu ihrer Arbeit in der Immobilienabteilung der Bank zurück, während die Kinder und ich weiter Ferien hatten.

Unsere Tagesrhythmen drifteten immer weiter auseinander. Abends schlief Bianca in einem der Kinderbetten ein, nachdem sie den beiden vorgelesen hatte. Wenn ich sie zu wecken versuchte, murmelte sie etwas Unverständliches, seufzte und wandte sich ab. Ich lag da und wälzte mich im Bett herum, versuchte zu lesen, Podcasts zu hören, Schäfchen zu zählen. Häufig schlief ich erst weit nach Mitternacht ein.

Als ich am nächsten Morgen aufwachte, war sie schon zur Arbeit gefahren.

»Was wollt ihr heute machen?«, fragte ich die Kinder.

Das Wetter war herrlich. Nach einer langen Reihe von kühlen, grauen Tagen stand die Sonne hoch am Himmel und ertränkte die Krachmacherstraße in gleißendem Licht.

»Ich will schaukeln«, sagte Bella.

Wir fuhren mit dem Rad zum Spielplatz, wo die Einfamilienhausmuttis ihre Beine auf den Parkbänken bräunten, während ein Vater in verschwitzter Latexkleidung am Schaukelgestell Klimmzüge machte.

»Ich fahre Seilbahn«, sagte William und sauste barfuß davon.

Die Mütter auf der Bank grüßten zerstreut.

»Höher, Papa!«

Ich schleuderte Bellas Schaukel so heftig nach oben, dass ich mich ducken musste.

»Bis in den Himmel!«, rief sie.

Als ich die Schaukel das nächste Mal ergriff, stolperte ich über irgendwas und wäre beinahe hingefallen. Erst als ich die Schaukel losließ und zur Seite trat, wurde mir klar, dass ich mit jemandem zusammengestoßen war. Hinter mir stand Fabian mit den Händen in den Hosentaschen und einem Lächeln von einem Ohr zum anderen.

»Weißt du, was?«

»Du hast mir aber einen Schrecken eingejagt«, sagte ich.

Er musste wirklich aufhören, sich so anzuschleichen.

»Weißt du, was?«, fragte er wieder.

Das Glück leuchtete in seinen Augen.

»Ich bin mit einem M3 gefahren. Also, ich hab am Steuer gesessen! Ola hat einen Freund in Malmö, der ihn verliehen hat. Ich durfte fahren, und Ola hat neben mir gesessen. Das beste Gefühl *ever*!«

Das klang eher nach einer zu lebhaften Fantasie.

»Ola? Unser Nachbar?«

»Ja, er ist total nett geworden. Früher hat er nur geschimpft und rumgenervt, aber jetzt ist er wie ein anderer Mensch.«

»Und er hat dich einen Sportwagen fahren lassen?«

»Einen BMW M3«, sagte Fabian und verschränkte die Arme vor der Brust. »Ich lüge nicht, falls du das denken solltest.«

»Natürlich nicht.«

Ich stoppte die Schaukel und ließ Bella heruntersteigen.

»Vierhunderteinunddreißig PS«, fuhr Fabian fort. »Von null auf hundert in vier Komma drei Sekunden.«

Ich machte ein beeindrucktes Gesicht.

»Komm spielen«, sagte Bella.

Sie nahm Fabian an der Hand und ging mit ihm durch den Sand davon.

»Wollt ihr mit William Seilbahn fahren?«, fragte ich.

Bella schüttelte den Kopf.

»Die Seilbahn ist voll gruselig. Ich will lieber rutschen.«

Ich schlenderte hinter ihnen her – am Sandkasten und an der Bank vorbei, wo die sonnenden Mütter sich abwandten und tuschelten.

Fabian zählte runter: »Drei, zwei, eins«, dann ließ Bella los und rutschte abwärts. Sie kletterten zusammen, und er zeigte ihr, wo sie ihre Füße hinsetzen musste, und ermahnte sie, vorsichtig zu sein.

Bella strahlte. Sie freute sich sehr. William war überhaupt nicht so fürsorglich und fand meistens, dass seine kleine Schwester nur im Weg war. Solange ich dabei war, musste ich mir keine Sorgen machen. Ich ließ Fabian gern eine Weile großen Bruder spielen. Durch diese Rolle schien er mehrere Zentimeter zu wachsen, und ich war mir immer sicherer, dass die Sache mit Bengts Enkeltochter damals ein Missverständnis gewesen war.

Nach einer Weile wollte Bella auf einem Plastikpferd reiten.

Als ich dorthin gehen wollte, erhoben die Sonnenmamas sich von der Bank und winkten mich zu sich.

»Ist er mit dir hier?«

Natürlich wusste ich, wen sie meinten.

»Wer denn?«, fragte ich trotzdem.

Sie blähten die Nasenlöcher, und die Münder wurden klein.

»Wir finden das unpassend. Er ist zu alt, um hier zu spielen.«

»Ich wusste nicht, dass es eine Altersbeschränkung gibt«, sagte ich und zeigte ein bisschen ironisch auf den Latexpapa, der jetzt Liegestütze an der Wand des Spielhäuschens machte.

Die Mütter seufzten und warfen mir strenge Blicke zu. Natürlich konnte ich sie verstehen, aber was sollte auf einem Spielplatz schon groß passieren? Zum Glück schien Fabian nichts mitbekommen zu haben.

»Es ist Zeit, nach Hause zu fahren«, sagte ich zu Bella.

»Nein, ich will weiterspielen!«

Sie warf sich auf dem Pferd vor und zurück, als ritte sie im Galopp.

Fabian sah mich mit einem einvernehmlichen Blick an, ehe er sich an Bella wandte.

»Ich fahre auch nach Hause. Wir können zusammen fahren.«

»Okay!«

Sie stieg sofort vom Pferd und lief hinter ihm her zu den Fahrrädern.

»Komm!«, rief ich William zu, der auf der Rampe an der Seilbahn Schlange stand.

»Ich bleib noch ein bisschen, Papa. Fahrt schon mal vor.«

»Höchstens drei Runden noch«, sagte ich. »Dann kommst du auf direktem Weg nach Hause.«

Fabian hatte Bella geholfen, den Fahrradhelm aufzusetzen. Jetzt stand er da und sah verstohlen zu den Sonnenbrillenmamas auf der Bank.

»Bist du traurig?«, fragte Bella.

Ich hatte es gar nicht mitbekommen, aber Fabian hatte tatsächlich eine Träne im Auge.

Hatte er doch gehört, was sie gesagt hatten?

Beinahe hätte ich die Hand auf seine Schulter gelegt, doch mir fiel rechtzeitig ein, dass Fabian das nicht mochte.

»Hab nur was ins Auge gekriegt«, behauptete er und rang sich ein Lächeln ab.

Wir fuhren die kurze Strecke bis zu unserer Wohnanlage mit dem Fahrrad. An der Einfahrt stieg Fabian ab und verabschiedete sich von Bella.

»Wir sehen uns am Samstag, oder?«, fragte ich.

»Warum?«

»Bei Gun-Britt und Åke. Da ist mal wieder Hoffest.«

Fabian klappte den Fahrradständer runter und bückte sich, um das Rad abzuschließen.

»Wir sind nicht eingeladen.«

Eigentlich logisch. Bianca würde nie zum Hoffest gehen, wenn Jacqueline auch kam. Dass mir das nicht klar gewesen war.

»Wir sehen uns ein andermal«, sagte ich zu Fabian.

Bella zog mich am Pulloverärmel.

»Warum sind sie nicht eingeladen?«

Ich antwortete nicht, sondern setzte meinen Fuß auf das obere Pedal und schwankte ein bisschen, während Bella Fabian zum Abschied zuwinkte. Durchs Fenster vor mir sah ich direkt in die dunkle Küche. Jacquelines blondes Haar, das vorüberflatterte. Aber auch jemand anders. Ein Gesicht zwischen den Schatten, ein Lächeln und eine Hand, die sich hob.

Wahrscheinlich Peter. Mein Gehirn war so darauf geeicht, dass er es sein musste. Aber als ich die Hand hob, um den Gruß zu erwidern, stellte ich fest, dass es gar nicht Peter war, sondern Ola, der mir aus Jacquelines Küche zuwinkte.

59. JACQUELINE

Vor dem Unfall
Sommer 2017

Der Sommer neigte sich dem Ende zu, und die Tage schrumpften. Jeden Morgen blieb die Sonne noch ein paar Minuten länger auf der falschen Seite der Erde. Abends kam die Dunkelheit immer früher und zerschlug die Dämmerung über dem Öresund, von der nur noch gelbrote Splitter blieben.

Wein und Tabletten hielten mich am Leben.

Ich zog die Jalousien herunter und schlug eine Stunde nach der anderen am Küchentisch tot. Der Gedanke, dass Micke die Jungs in der Garage zusammengeschlagen hatte, ließ mir keine Ruhe. Was sagte das über ihn aus? Und über mich?

Ich fühlte mich betrogen.

Stimmte es, dass Micke einem Schüler in Stockholm die Hucke vollgehauen hatte? Dabei schien er doch so für den Lehrerberuf zu brennen und stand immer auf der Seite der Schwachen. Das würde zumindest erklären, warum er und Bianca Hals über Kopf ihr altes Leben aufgegeben hatten und sechshundert Kilometer weiter südlich gezogen waren.

Ich stürzte total ab. Es kam vor, dass ich am Küchentisch erwachte, ohne zu wissen, wie spät es war, ob Nacht oder Tag.

Die Luft roch muffig. Es war drückend heiß, und am Fenster zogen die Fliegen ihre Kreise um die knochentrockenen Pflanzen.

»Mama«, sagte Fabian. »Du kannst nicht die ganze Zeit hier rumsitzen. Du hast gesagt, dass du nicht mehr trinken willst.«

Seine Kleider waren dreckig, ich hatte schon seit Wochen nicht mehr gewaschen. Das Haar war schmutzig und strähnig.

»Das kann doch nicht so schwer sein«, fuhr Fabian fort. »Reiß dich jetzt zusammen.«

Ich schämte mich.

»Das werde ich tun.«

Ich musste es tun. Seinetwegen.

Ich musste den Arsch hochkriegen und mich aus diesem Sumpf ziehen.

»Da gibt es eine Sache, über die wir reden müssen«, sagte ich eines Tages, als der Wein alle war und ich die Küche verlassen musste, um ein neues T-Shirt anzuziehen.

Fabian saß wie immer vor dem Rechner. Er nahm die Kopfhörer ab.

»Ist was passiert?«

Ich wusste nicht, wie ich es ihm erzählen sollte. Wie würde er darauf reagieren? Vielleicht ging dann ja alles den Bach runter?

»Ich habe etwas über Micke gehört«, fing ich nach kurzem Zögern an. »An der Schule, wo er früher gearbeitet hat, ist etwas passiert. Offenbar ist er auf einen Schüler losgegangen.«

Fabian senkte die Augenbrauen.

»Wer hat das gesagt?«

Ich kratzte mich am Hals. Wenn Fabian erfuhr, dass Ola es mir erzählt hatte, würde er es sofort als gelogen abtun.

»Sie sind ja ziemlich plötzlich nach Schonen gezogen«, sagte ich. »Obwohl sie hier niemanden kennen. Das könnte daran liegen, dass in Stockholm irgendwas vorgefallen ist.«

»Aber wer hat das gesagt?«, fragte Fabian wieder.

Er wurde allmählich wütend.

»Das sind bestimmt nur Gerüchte.«

Ich lächelte gezwungen, sammelte mich und nahm Anlauf. Ich musste ihm die Frage stellen.

»Er hat doch wohl nie… Ich meine, du hast noch nie irgendwas bemerkt, oder?«

Wenn er Fabian etwas angetan hatte, würde ich Micke den Hals umdrehen. So einfach war das.

»Aber Mama«, antwortete er. »Es geht um Micke!«

»Ja, ich weiß.«

Natürlich konnte man Ola nicht vertrauen. Vermutlich hatte er sich das alles nur ausgedacht. Aus Eifersucht? Fabian mochte Micke. Das wäre nicht so, wenn er mitbekommen hätte, dass Micke zu Gewalttätigkeit neigte.

»Micke ist der netteste Mensch, den ich kenne«, sagte er.

»Natürlich.«

Ich torkelte hinaus in den Windfang, zog den Mantel über und sagte, dass ich einkaufen musste. Es war schon spät, das Alkoholgeschäft schloss bald.

»Darf ich mitkommen?«, fragte Fabian.

»Heute nicht.«

Ich war schon halb draußen. Und ich wollte nicht, dass Fabian sah, wie ich mit zitternden Händen zwischen den Weinflaschen suchte. Oder wie ich im Auto den Verschluss abschraubte und die ersten Schlucke in mich hineinkippte, noch bevor ich den Motor startete.

»Ich bin bald zurück, mein Schatz.«

Einige Tage später fuhren wir mit Ola zu einem Hof außerhalb von Malmö, wo Fabian einen Sportwagen Probe fahren durfte. Er strahlte vor Freude, und ich trank bis zum Abend keinen Tropfen Alkohol.

Am Freitag fuhr die ganze Familie Andersson mit den Fahrrädern an unserem Fenster vorbei, mit Picknickkorb und Decken. Sie hatten Sonne in den Augen und sahen aus, als wäre nichts passiert.

»Morgen ist Hoffest«, sagte Fabian. »Schön, dass wir nicht hingehen müssen.«

Das war genau das, was ich hören wollte. Ich hatte befürchtet, dass Fabian schon eine zu enge Bindung zu Micke aufgebaut hatte. Wie viele Rückschläge würde er noch wegstecken?

»Was würdest du denn davon halten, wenn wir umziehen?«, fragte ich. »Weg von allem hier. Und woanders von vorn anfangen.«

Er grübelte eine Weile, bis sich plötzlich sein Gesicht aufhellte.

»Nach Kalifornien? Zu Papa?«

Ich nahm die Weinflasche vom Küchentisch. Las das Etikett, ohne zu registrieren, was drauf stand.

»Das geht nicht.«

»Wie?« Fabian schnellte blitzartig vor wie eine Schlange. »Wir wollten doch Geld sparen. Fürs Haus kriegen wir mehrere Millionen, und dann können wir…«

»Hör auf!«

Ich konnte nicht mehr. Meine Ohren rauschten, und hinter den Augen war nichts als drückende Finsternis. Ich erhob mich mühsam vom Stuhl, und die Worte purzelten aus meinem Mund.

»Wir können nicht bei deinem Papa wohnen. Er sitzt im Gefängnis!«

Fabian sah aus, als hätte ich ihm ins Gesicht geschlagen. Er ballte die Hände vor dem Mund zu Fäusten und sackte in sich zusammen.

»Entschuldige, mein Schatz. Ich hätte dir schon längst die Wahrheit sagen sollen.«

Ich hasste mich selbst, aber jetzt war es zumindest raus.

»Und die Autowerkstatt?«

Seine Schultern bebten, und er presste die Handflächen gegeneinander.

»Es gibt keine Werkstatt«, sagte ich. »Dein Papa hat in einer Bar gearbeitet, als wir uns begegnet sind. Aber er ist nirgendwo länger geblieben. Er war ein richtiger Krawallmacher. In seinem tiefsten Inneren hatte er ein Herz aus Gold, aber irgendwie hat er immer wieder Schwierigkeiten bekommen. Ich dachte, ich könnte ihm helfen und ihn glücklich machen, indem ich ihn liebte, aber das hat nicht funktioniert. Es geht nicht, jemanden nur durch Liebe zu retten.«

Fabian schlug die Hände so heftig auf den Tisch, als hätte er ein Insekt gefangen, das er nicht entwischen lassen wollte. Er gab ein brummendes Geräusch von sich und schaukelte vor und zurück.

»Tut mir leid, mein Kleiner.«

Er kämpfte mit sich selbst. Die Stirn rot und verschwitzt, die Armmuskeln angespannt.

»Aber was ist mit den Fotos? Mit meiner Großmutter?«

Ich hatte alle Grenzen überschritten, als ich ihm diese Bilder gegeben hatte. Er hatte monatelang darum gebeten und war bei ihrem Anblick geradezu euphorisch geworden.

»Das auf dem Foto ist gar nicht dein Papa«, gestand ich ihm jetzt. »Das ist ein amerikanischer Schauspieler.«

Fabians Gesicht war wie zerknittert. Ein Rotzfaden hing an seiner Nase, und er biss sich auf die Lippe.

Ich war die schlechteste Mutter der Welt.

»Was deine Großmutter betrifft, habe ich nicht gelogen«, sagte ich. »Sie sitzt bestimmt noch immer im Schaukelstuhl und spielt Mundharmonika.«

Ich reichte ihm die Küchenrolle, damit er sich schnäuzen konnte.

»Es tut mir so leid, aber es geht uns besser ohne deinen Papa.«

Fabian sagte gar nichts.

Er warf das verrotzte Tuch in die überfüllte Spüle und ging mit schweren Schritten in den Flur hinaus. Ich wartete auf den Knall seiner Zimmertür, aber der kam nicht. Was machte er nur? Ich ging in den Windfang, und da saß er auf dem Fußboden und schnürte seine Schuhe.

»Wo willst du hin?«

»Ich geh Rad fahren.«

Er sah mich nicht an. Sein ganzer Körper war angespannt, geladen vor unterdrückter Wut. Er erhob sich rasch und ruckhaft. Als er die Haustür zuschlug, erwog ich, ihm zu folgen. Ich hatte so furchtbare Angst, dass er eine Dummheit begehen würde, dass er jemandem Schaden zufügen könnte, vielleicht sogar sich selbst.

Abends bat ich ihn um Verzeihung. Besoffen und verzweifelt saß ich an seiner Seite und lallte, was für eine schreckliche Mutter ich sei und dass er etwas viel Besseres verdient hätte, bis die

Rollen vertauscht wurden und Fabian mich tröstete und versicherte, dass alles gut werden würde.

Ich schlief mit der Stirn auf dem Küchentisch ein. Als ich aufwachte, hatte ich wohl höchstens eine Stunde geschlafen, denn es war tiefste Nacht. Langsam schleppte ich mich ins Badezimmer, um den säuerlichen Geschmack loszuwerden. Im Flur hörte ich ein seltsames Geräusch vor dem Haus. Es klang wie Schritte.

Die Diebe? Waren wir jetzt an der Reihe?

Ich lief zurück in die Küche und schnappte mir ein Fleischmesser. Mein ganzer Arm zitterte, als ich von einem Fenster zum anderen ging und in die Nacht hinausspähte.

Nirgendwo irgendetwas.

Aus Fabians Zimmer war lautes Schnarchen zu hören.

Dann knackte etwas, vielleicht ein Ast, der abbrach. Es kam von der Gartenseite.

Ich hatte mich in diesem Haus immer sicher gefühlt. Die Angst im Dunkeln, die ich als Kind gehabt hatte, war längst verschwunden, und in Köpinge hatte ich mich daran gewöhnt, die Türen nicht abzusperren. Das Leben hatte mich gelehrt, dass die größten Bedrohungen von innen kommen.

Ohne nachzudenken, öffnete ich die Glastür zum Garten. Meine Sandaletten standen auf dem Plastikteppich, und ich kämpfte mich durch die Finsternis, während das Messer in meiner Hand zitterte.

»Hallo? Ist da wer?«

Am Zaun sickerte Licht von der Straßenlaterne auf den Hof. Unser Gartentor stand offen. Womöglich hatte ich vergessen, es zuzumachen. Oder Fabian. Oder …

Ich hastete zur Einfahrt, vorbei am Schuppen und der alten Rostlaube von Auto.

»Hallo? Ist da wer?«

Zwischen den schwarzen Schatten war eine Gestalt zu erahnen. Die Umrisse eines Mannes.

Automatisch hob ich das Messer.

»*Shit*, was machst du da?«, fragte Ola.

Seine hellen Augen leuchteten in der Dunkelheit.

»Du bist das?«

Er starrte das große Messer an.

»Ich kann nicht schlafen«, sagte er. »Was machst du da eigentlich? Willst du mich umbringen?«

»Ich dachte, ich hätte was gehört«, sagte ich und senkte das Messer.

Plötzlich war ich mir unsicher. Gab es die Geräusche nur in meinem Kopf?

Ola drehte eine Runde um den Innenhof und sah zum Fahrradweg, zur Ringstraße und über die Zäune der anderen Häuser. Die ganze Krachmacherstraße schlief tief und fest.

»Scheint alles ruhig zu sein«, meinte er.

»Dann hab ich mir das wohl nur eingebildet.«

Ola betrachtete das Messer in meiner Hand. Sein Duft stieg mir in die Nase.

»Danke noch mal«, sagte ich. »Für die Überraschung. Fabian hört gar nicht mehr auf, von diesem Auto zu reden.«

Er strich sich das Haar zurück und lächelte.

Doch dann wurde sein Blick auf einmal besorgt.

»Wie geht es dir eigentlich?«

Das war keine einfache Frage. Keine von denen, auf die man *danke, gut* antwortet, bevor man weitergeht. Die Frage traf mich in meinem Innersten und wühlte so viele Schichten auf.

Ich schluckte. Ich konnte nichts sagen.

»Komm«, sagte er. »Ich bring dich ins Haus.«

Jede Zelle in meinem Körper schrie Nein. Es war eine unglaublich schlechte Idee. Trotzdem landete meine freie Hand in Olas, und unsere Blicke verbanden sich, als wir zurück durch den Garten gingen.

»Du solltest heute Nacht nicht allein sein.«

60. MIKAEL

Nach dem Unfall
Dienstag, den 17. Oktober 2017

Die Stunden verstreichen. Tag und Nacht, Licht und Dunkelheit. Hinter den Rollos und Jalousien steht die Zeit still.

Sienna kocht Essen, das niemand von uns isst.

»Ich will Mama hier haben«, sagt Bella.

Ich verlasse das Zimmer, damit sie nicht sehen muss, wie ich zerbreche. Der Whisky ist bald ausgetrunken, aber es gibt anderes im Barschrank, womit man den schlimmsten Lärm betäuben kann.

Zur Mittagszeit klopfen die Maklerkollegen von Bianca an die Tür. Sie haben Take-away-Essen und große Blumensträuße dabei, Spielsachen für die Kinder und schöne Worte über Bianca. Die meisten von ihnen habe ich noch nie gesehen, und es fühlt sich seltsam an, wenn sie weinen und mich in den Arm nehmen.

Ich verstehe, dass es ein Zeichen von Fürsorge ist, und ich sollte dankbar sein, aber im Moment bringe ich es nicht fertig, unter Menschen zu sein. Ich kann mich gerade mal auf den Beinen halten.

Eine Stunde später kommt mein Chef. Auch er bringt Blumen und eine handgeschriebene Karte mit Grüßen von der ganzen Schule.

»Ich kann es gar nicht fassen«, sagt er. »So was passiert doch nicht.«

Genau. So etwas passiert doch nicht. Das widerfährt höchstens anderen.

Und dann passiert es trotzdem.

»Ist Mama jetzt im Himmel?«, fragt Bella. »Wie die Mama von Pippi?«

Ich wünschte, ich könnte an so etwas glauben.

Zum allerersten Mal erlebe ich eine Form von Gottessehnsucht.

»Keiner weiß, wo eure Mama ist«, sagt Sienna und umarmt Bella. »Manche glauben, dass man in den Himmel kommt, wenn man tot ist. Vielleicht ist das ja so.«

Bella sieht verblüfft aus.

»Was glaubst du, wo Mama ist?«, fragt sie.

»Ich glaube, dass sie hier ist.« Sienna umfasst mit einer Geste das ganze Zimmer. »Hier bei uns.«

Das ist ein tröstlicher Gedanke, aber ich spüre nichts in dem Zimmer. Keine Anwesenheit, keine Bianca. Nur Leere.

An einem der vielen Sträuße auf dem Tisch hängt eine kleine Karte mit einer Taube auf der Vorderseite. Mit verschnörkelter Handschrift steht darauf:

Ruhe in Frieden.

Jacqueline und Fabian

Ich starre die Karte eine ganze Weile an, bis ich sie abreiße und zu einem unförmigen Ball zerknülle.

Als es wieder an der Tür klingelt, bitte ich Sienna zu öffnen.

»Ich packe es nicht.«

Sienna ist ein Fels in der Brandung. Ohne sie wäre hier das reinste Chaos.

Sie nimmt Bella und William mit zur Haustür. Ich höre sie reden und erkenne die Stimmen.

»Es sind deine Kollegen«, sagt Sienna.

Sie fragt mich, ob ich sie empfangen kann, und ich sage, dass es schon gehen wird. Ganz kurz.

Im Windfang stehen Majros und Roine mit gesenktem Blick und einer kleinen Topfpflanze.

»Wir wollten dir nur unser Beileid aussprechen.«

»Wir denken an dich«, sagt Roine. »An euch alle.«

Er zupft an seinem Schnurrbart herum, während Majros den Blumentopf überreicht.

»Danke.«

»Das ist aber lieb«, sagt Sienna.

»Mach dir bitte keine Sorgen wegen der Schule«, meint Majros zu mir. »Bleib bei deiner Familie. Kümmere dich um deine Kinder.«

Ich murmele eine Antwort. Für meine Kollegen ist es sicher auch nicht einfach. Wer weiß schon, wie man sich in einer solchen Situation verhalten soll?

»Ich habe gelesen, dass die Polizei das Ermittlungsverfahren eingestellt hat«, sagt Roine. »Das kommt mir seltsam vor. Ich habe gestern bei der Polizei angerufen und meine Nummer hinterlassen. Sie haben gesagt, dass sie sich bei mir melden würden.«

»Bei dir?«

Er nickt.

»Roine war am Freitag auch bei Ica«, ergänzt Majros. »Er hat Fabian Selander und seine Mutter gesehen.«

Mir kommt es so vor, als würde mein Gehirn plötzlich scharf gestellt. Roine war also auch bei Ica?

»Ehrlich gesagt habe ich versucht, sie zu meiden«, sagt er. »Aber Fabian hat mich entdeckt, daher haben wir uns zumindest gegrüßt.«

»Wo denn? Im Geschäft?«

Mein Interesse kühlt schlagartig ab. Warum sollte es die Polizei kümmern, dass Roine Fabian und Jacqueline bei Ica gesehen hat?

»Draußen auf dem Parkplatz«, fährt er fort. »Sie standen mit vollgepackten Tüten vor einem Auto.«

»Wir haben ihr Auto eben in der Einfahrt gesehen«, sagt Majros.

Roine nickt.

»Es war genau dieser BMW.«

Ich werde allmählich müde. Vermutlich merkt Roine das, denn er fängt meinen Blick auf und spricht lauter.

»Wusstest du, dass ein Mann im Auto war? Nicht nur Fabian und seine Mutter saßen drin.«

Irgendwas in mir löst sich. Mir wird schwindelig.

»Wie?«

»Ich habe ihn sofort wiedererkannt«, sagt Roine und zieht wieder an seinem Bart. »Es war einer von euren Nachbarn.«

Ich verkrampfe mich. Jedes einzelne Blutgefäß in meinem Körper zieht sich zusammen.

»Ola Nilsson?«

»Ja, genau, Ola Nilsson«, sagt Roine. »Er hat vor einigen Jahren die Baufinanzierung für unser Haus bewilligt.«

»Bist du dir sicher? Warum hast du nicht die Polizei benachrichtigt?«

Ich stütze mich mit der Hand an der Wand ab. Sienna lockt die Kinder mit sich die Treppe hinauf.

»Das habe ich ja getan, gestern. Ich dachte, die würden gleich zurückrufen, aber heute habe ich auf der Website der *Sydsvenskan* gelesen, dass die Ermittlungen eingestellt wurden. Deshalb dachte ich, die wissen das schon alles. Aber dann habe ich Majros gefragt, was sie darüber denkt.«

Roine und Majros arbeiten zusammen an der Schule, seit sie frisch gebackene Lehrer sind. Unter den Schülern gibt es ein paar böse Gerüchte, dass sie mehr als nur Kollegen seien.

»Ich dachte, es ist am besten, wenn wir mit dir reden«, ergänzte Majros. »Damit die Polizei nicht etwas Wichtiges übersieht.«

Ich wühle das Handy aus meiner Tasche hervor. Muss sofort mit der Polizei reden. Warum haben die das bei ihren Ermittlungen nicht herausgefunden?

»Bist du dir ganz sicher?«, vergewissere ich mich bei Roine.

»Sonst hätte ich ja nie etwas gesagt. Dieser Ola Nilsson saß im Auto und hat darauf gewartet, dass Fabians Mutter die Einkäufe einlädt.«

Ich kann es vor mir sehen. Ola war da.

Das verändert alles.

»Wo im Auto saß er?«

»Vorne«, sagt Roine. »Auf dem Fahrersitz.«

61. MIKAEL

Vor dem Unfall
Sommer 2017

William saß mit verschränkten Armen auf dem Flurteppich.

»Ich will da nicht hingehen. Ich demonstriere.«

Mitten in dem ganzen Stress konnte ich mir ein Lachen nicht verkneifen.

»Du meinst wohl, du *protestierst*«, sagte Bianca.

»Komm schon. Wir bleiben nur ein paar Stunden. Das gehört leider dazu, wenn man in so einer Siedlung wohnt.«

Ehrlich gesagt hätte ich es mich sogar einiges kosten lassen, um nicht schon wieder zu einem Hoffest gehen zu müssen.

»Ich will Fabian nicht sehen«, bockte William, der noch immer auf dem Teppich saß. »Ihr werdet mich zwingen, mit ihm zu spielen.«

»Das war aber nicht gerade nett ausgedrückt«, sagte ich.

William verzog den Mund.

»Fabian kommt sowieso nicht«, erklärte Bianca und half William beim Aufstehen.

Eine Minute später überquerte sie in hochhackigen Schuhen die Krachmacherstraße mit einem Kind an jeder Hand.

Ich schlurfte hinterher und versuchte, den Rucksack mit warmer Kleidung, Tablets und Spielsachen zu schließen.

Gun-Britt öffnete uns die Tür und sagte:

»So soll es sein. Hoffest im Sommer. Die Sonne scheint, und das Gras ist grün. Die Ordnung ist wiederhergestellt.«

Åke stand in Lederschürze da und grillte Rippchen. Der Schweiß lief ihm über das Gesicht, und seine Grillzange hatte die Größe eines Wagenhebers.

»Ein Pils?«, fragte er und reichte mir eine Flasche.

Während wir aßen, schwafelte er herum wie immer. Dabei ließ er sich über alles aus vom Fernsehprogramm über Kochen und Politik bis hin zu Klatsch und Tratsch. Pflichtschuldigst lachte ich an den richtigen Stellen und gab halbwegs witzige Kommentare ab. Bianca hatte genug mit der Essensversorgung der Kinder zu tun, und Ola schien schlechte Laune zu haben.

Nach dem Essen ging ich mit Åke hinaus auf den Innenhof. Er sah sich um und zündete sich eine Zigarre an.

»Gun-Britt mag es nicht, wenn ich rauche«, sagte er und paffte vor sich hin.

Ich wedelte den Rauch mit der Hand weg.

»Sie wird den Geruch bemerken.«

»Keine Chance«, meinte Åke lachend. »Ihre Nase ist schon seit zwanzig Jahren im Eimer. Sie würde es nicht mal merken, wenn ich ihr ins Gesicht furzen würde.«

Er lachte und hustete abwechselnd. Ich sehnte mich nach meinem Bett und der Stille.

»Sieh mal einer an«, sagte Åke.

Fabian kam auf seinem Fahrrad um die Ecke.

»Hallo!«, sagte ich.

Er sah uns an und drehte eine Runde im Innenhof. Dann

murmelte er ebenfalls ein Hallo und fuhr wieder auf die Ringstraße hinaus.

»Also, dieser Junge«, brummte Åke. »Dreht hier seine Runden mit dem Fahrrad wie ein Dorftrottel. Er kann einem leidtun.«

»Hör auf«, sagte ich. »Er hat es sicher nicht so leicht im Leben.«

Ich hatte dieses ganze blöde Gerede so verdammt satt.

»Das sage ich ja. Seine Mutter hat keine Zeit für ihn«, sagte Åke. »Da sollte irgendjemand mal was unternehmen.«

»Fabian ist ein cleverer Junge«, sagte ich. »Du machst dir sicher unnötig Gedanken.«

Genau genommen machte er sich vermutlich überhaupt keine Gedanken.

Er stieß eine qualmende Rauchwolke aus, drückte die Zigarre aus und warf den Rest in den Gully.

Als wir wieder auf der Terrasse waren, schenkte er mir Whisky nach. Ich brauchte das. Einfach alles loslassen.

Die Straßenlaterne auf dem Hof ging an, und die Dämmerung sank herab. Im Sofa auf der Terrasse saß William und spielte auf seinem iPad, während Bella auf dem Rasen herumlief.

Ola hatte noch immer nicht viel gesagt. Er leerte einen Drink nach dem anderen, seine Nase rötete sich, und sein Blick wurde immer trüber.

Spätabends kamen wir auf die schrecklichen Ereignisse der letzten Woche zu sprechen. Am Donnerstag waren auf einer Flaniermeile in Barcelona über hundert Menschen von einem Lkw niedergemäht worden, und am Freitagnachmittag kam die Nachricht von einem Mann, der auf einem Marktplatz in der zweitgrößten Stadt Finnlands mit einem Messer auf mehrere Menschen losgegangen war.

»Es ist überall das Gleiche«, meinte Åke. »Man ist nirgends mehr sicher.«

Wieder einmal musste ich für Besonnenheit und gesunden Menschenverstand eintreten. Eine undankbare Aufgabe, die meine Geduld allmählich überstrapazierte.

Ola hielt sich zurück. Mehrmals warf ich ihm einen Blick zu, erwartete, dass er etwas einwarf, aber er schwieg nachdenklich. Irgendetwas beschäftigte ihn.

Ich dachte daran, wie er völlig enthemmt den Schlagstock gegen Liam in der Garage erhoben hatte.

Erst als die Diskussion zur schwedischen Verteidigungspolitik umschwenkte und Åke eine nostalgische Anekdote aus seiner Wehrdienstzeit erzählte, um den Verfall der Gesellschaft zu illustrieren, erwachte Ola aus seiner Erstarrung. Er stellte das Glas weg und beugte sich mehrmals über den Tisch, bis es ihm schließlich gelang, das Wort zu ergreifen.

»Warum ist Jacqueline heute Abend nicht eingeladen?«, fragte er.

Alle anderen verstummten. Ich sah Åke an, der Bianca ansah, die auf den Tisch sah.

»Na ja, es ist ja so, dass …«, setzte Gun-Britt an. »Ich dachte, du würdest es verstehen.«

»Natürlich verstehe ich das«, konterte Ola. »Ich bin schließlich nicht blöd.«

Sein Ton war aggressiv, und er lallte.

»Hier sitzt ihr und redet vom guten nachbarschaftlichen Verhältnis und wie toll alles ist. Dabei sind Jacqueline und Fabian heute allein. Wie passt das zusammen?«

»Ja, aber …«

»Wisst ihr, wie man so was nennt?«, fuhr er Åke an. »Mobbing!«

»Also bitte«, entgegnete Gun-Britt. »Jacqueline hat sich selbst in diese Situation gebracht. Wie man sich bettet, so liegt man.«

Mit einer heftigen Bewegung schraubte Ola die Ginflasche auf und schenkte sich so schwungvoll ein, dass nur die eine Hälfte im Glas landete und die andere auf der Tischdecke.

»Aber es braucht zwei für einen Tango«, meinte Ola und fixierte mich mit dem Blick. »Und im Bett.«

Hatte ich richtig gehört?

Bianca legte die Hand auf den Mund und starrte erschrocken Ola an, der den Gin herunterkippte.

»Ich weiß nicht, was du dir einbildest«, erwiderte ich. »Aber Jacqueline und ich waren nicht miteinander im Bett. Was zwischen uns passiert ist, war ein Versehen, das sich nie wiederholen wird.«

Ola stellte sein Glas auf den Tisch und schnaufte.

»Du sollst nicht mich davon überzeugen«, sagte er und sah zu Bianca.

Glaubte sie auch, dass Jacqueline und ich eine Affäre hatten? Hatte sie mit Ola darüber gesprochen?

»Ich habe es verdammt satt, dass du dich in meine …«, setzte ich an, doch Bianca unterbrach mich.

»Verteidigst du etwa Jacqueline?«, sagte sie zu Ola. »Tut sie dir leid? Seitdem wir hergezogen sind, hast du mich vor ihr gewarnt und behauptet, sie wäre ein männermordendes Monster.«

Ola drückte Daumen und Zeigefinger an die Augenbrauen.

»An etwas Klatsch und Tratsch ist noch niemand gestorben.

Das hier ist was anderes. Als hätten Jacqueline und Fabian es nicht schon schwer genug!«

Bianca schob den Stuhl nach hinten.

»Ich glaube, wir verabschieden uns jetzt.«

Sie sah mich an.

»Kommst du mit?«

Gleichzeitig erhob sich Ola auf der anderen Seite des Tisches.

»Was du Jacqueline angetan hast, ist total krank«, sagte er zu Bianca. »Du hast ihr Leben zerstört.«

Er spuckte die Worte förmlich aus.

»Habt ihr schon gehört, was sie getan hat?«

Åke und Gun-Britt waren ausnahmsweise stumm.

»Du hast doch selbst gesagt ...«, wandte Bianca ein, aber er unterbrach sie.

»Sie hat dir einen Gefallen getan! Sie wollte nett sein, und du hast dafür gesorgt, dass sie rausgeschmissen wurde!«

Ola schwankte und fegte mit einer unbedachten Handbewegung eine Bierflasche zu Boden. Gun-Britt machte sich sofort daran, die Scherben aufzusammeln.

»Du solltest wohl besser nichts mehr trinken«, meinte Åke.

Gun-Britt pflichtete ihm bei.

»Jetzt ist es Zeit zu gehen.«

Während Bianca die Sachen der Kinder zusammensuchte, wollte ich mich an Ola vorbeidrängen, der auffuhr und mir den Weg versperrte.

»Pass auf«, sagte ich ruhig.

Dabei war ich im Grunde kurz vorm Überkochen.

»Kümmere dich in Zukunft einfach nicht mehr um Jacqueline und Fabian«, sagte Ola.

Wieder dachte ich daran, wie er Liam geschlagen hatte, an das Blut auf dem Garagenboden.

»Du kannst ganz beruhigt sein«, erwiderte ich. »Ich habe genug von euch allen.«

Ich drehte mich um und wollte mit Bianca und den Kindern rübergehen, doch als ich Biancas Gesichtsausdruck sah, wusste ich sofort, dass irgendetwas nicht stimmte.

»Wo ist Bella? Ich finde sie nicht!«

Ich versuchte, Ruhe zu bewahren. Es war nicht lange her, dass ich Bella im Garten gesehen hatte. Sie konnte nicht weit weg sein.

»Sie war eben noch hier.«

»Wo? Wann?«, fragte Bianca und zog William aus dem Sofa hoch. »Hast du deine Schwester gesehen?«

»Was?«

Als Bianca ihm das iPad aus den Händen riss, sah William mich erstaunt an.

»Sie hat doch Papa Bescheid gesagt.«

»Hat sie das?«

Ich hatte nichts mitbekommen.

»Sie wollte zum Spielplatz gehen. Papa hat gesagt, sie darf.«

Daran konnte ich mich beim besten Willen nicht erinnern.

»Zum Spielplatz?«, wiederholte Bianca. »Um diese Uhrzeit?«

Åke und Gun-Britt starrten mich an. Ola auch.

»Ganz allein?«, fragte Bianca. »Es ist doch dunkel.«

Sie sah mich an, als wäre ich ein Fremder.

»Sie war nicht allein«, sagte William. »Fabian war dabei.«

62. MIKAEL

Nach dem Unfall
Dienstag, den 17. Oktober 2017

Ungefähr eine Stunde später, nachdem Roine und Majros unser Haus verlassen haben, sitze ich hinter dem Steuer des Volvos. Ich fahre in hohem Tempo durch den Ort und höre so laut Dropkick Murphys, dass der Wagen rumpelt. Die Scheibenwischer laufen auf Hochtouren, und die Welt wird durch Regen und Tränen getrübt.

Hat Ola Bianca angefahren? Roine ist in diesem Punkt unerschütterlich. Er hat auf dem Fahrersitz des BMW Ola gesehen und niemand anders.

Die Polizei wollte seine Zeugenaussage nicht aufnehmen. Die Ermittler sind mit anderen Dingen beschäftigt. Als ich mit der Telefonzentrale sprach, haben sie mir versichert, dass mich bald jemand zurückruft. Aber ich werde nicht warten.

Ich folge dem Fjelievägen nach Lund und parke unerlaubterweise vor dem Polizeirevier. Der Regen trommelt auf den Asphalt, und die Leute laufen über die Straße, einige mit Regenschirm, andere haben sich den Pullover über den Kopf gezogen.

Warum haben Jacqueline und Fabian nicht erzählt, dass

Ola am Steuer gesessen hat? Er muss sie ziemlich in der Hand haben.

Ich stürme zur steinernen Treppe an der Ecke des Gebäudes, als ein uniformierter Polizist aus der Tür tritt und auf der Treppenstufe über mir stehen bleibt.

»Peter?«

Zum Schutz gegen den Regen hebe ich die Hände und muss mich nach hinten lehnen, um sein Gesicht zu erkennen.

»Was machst du hier?«, fragt er. »Ich habe gehört, dass die Ermittlungen eingestellt wurden.«

»Ich muss mit jemand Verantwortlichem sprechen. Ich habe neue Informationen. Es gibt einen Zeugen, der …«

Unvermittelt packt er mich am Arm, schiebt mich die Treppe hinunter und über den Zebrastreifen.

»Was machst du da?«

Ich sehe mich um, aber natürlich wird sich niemand einmischen, wenn ein Polizist in Uniform mich direkt vor dem Polizeirevier am Arm wegführt.

Er stapft mit seinen großen Stiefeln in eine Wasserpfütze, als er mich in die Gasse hinter dem blauen Bankgebäude manövriert.

»War es das wert?«, will er wissen.

»Wovon redest du?«

Der Regen fällt auf sein grobschlächtiges Gesicht, aber er scheint es gar nicht zu merken. Er blinzelt nicht einmal.

»Jacqueline. War sie das wert? Klar, sie ist gut im Bett, aber Bianca ist tot. Deine Kinder haben ihre Mama verloren.«

»Halt's Maul«, sage ich.

Peter spuckt zwischen den Zähnen hindurch auf den Boden.

»Wenn du deinen Schwanz besser im Griff gehabt hättest,

dann wäre nichts passiert. Wie willst du das deinen Kindern erklären? Papa hat die Nachbarin gevögelt, und jetzt hat die Nachbarin Mama umgebracht. Was wolltest du von ihr, verdammt? Du wusstest doch, dass sie nicht frei ist.«

Seine Augen brennen vor Eifersucht.

Ich versuche zu erklären.

»Ich habe nie mit Jacqueline geschlafen. Wir haben uns ein Mal geküsst, an Silvester. Das war ein blödes Versehen, aber mehr auch nicht. Ich würde nie meine Familie aufs Spiel setzen. Lässt du mich jetzt bitte gehen?«

Peter fährt sich mit der Hand über das nasse Haar und mustert mich.

»Du siehst beschissen aus«, sagt er. »Und du stinkst nach Alkohol. Du kannst froh sein, dass ich dich davon abgehalten habe, ins Polizeirevier zu gehen. Die hätten dich vermutlich wegen Trunkenheit am Steuer belangt.«

Durch die Regenmassen sehe ich den Volvo, der schräg gegenüber mit zwei Reifen auf dem Bürgersteig steht.

»Aber ich muss mit jemandem reden«, beharre ich. »Nicht Jacqueline hat Bianca angefahren. Es war Ola. Einer meiner Kollegen hat ihn gesehen. Die Ermittlungen müssen wieder aufgenommen werden.«

Peter legt seine Hände auf den Gürtel.

»Du hast gar nix kapiert!«

»Was meinst du?«

»Jacqueline und ich haben an dem Abend gesimst, als ihr anderen auf dem Hoffest wart«, sagte Peter. »Als meine Nachtschicht vorbei war, bin ich zu ihr nach Hause gefahren. Da hat Fabian sich verplappert. Natürlich sollte ich eigentlich nichts davon erfahren.«

»Was erfahren?«

Peter macht eine Pause.

Ich bekomme einen faden Geschmack im Mund.

»Fabian war verzweifelt und dachte, er müsste ins Heim. Er hat versucht, mir zu vermitteln, dass Bella gelogen und alles erfunden hätte. Er hat wohl gedacht, ich würde ihm irgendwie aus der Klemme helfen.«

»Welche Klemme? Wovon redest du?«

Der Regen nimmt zu, und das dröhnende Geräusch zwingt Peter, lauter zu sprechen.

»Es war nicht das erste Mal, dass Fabian so was getan hat«, fährt er fort. »Davor war es die Enkelin von diesem Bengt.«

Ich drehe mein Gesicht zum Himmel, während sich die plätschernde Regenwand immer dichter um mich schließt.

Vor meinem inneren Auge entsteht ein entsetzliches Bild.

Bella und Fabian auf dem Spielplatz.

Was zum Teufel hat er getan?

63. FABIAN

Vor dem Unfall
Sommer 2017

Wir sind nicht zum Hoffest eingeladen. Mir ist das genau null Komma null Promille egal, die können ihr Scheißfest allein feiern. Aber meine Mutter tut mir leid.

Als ich in die Grundschule ging, gab es eine Regel: Wenn man eine Geburtstagsfeier machte, musste man entweder *alle* einladen oder niemanden.

Vilda hatte im April Geburtstag. Sie plante keine Feier, sondern eine *Party* mit Tanzen und Stiller Post. Ich bekam eine Einladungskarte wie alle anderen auch. Vilda befolgte die Schulregeln. Aber noch am selben Abend rief ihre Mutter an, die offenbar eine großartige Anwältin war und im Schulforum saß. Sie erklärte, dass ich nur unter einer Bedingung kommen dürfe: wenn meine Mutter mich begleite.

Wir haben das Gefühl, dass wir nicht die Verantwortung für Fabian übernehmen können.

Meine Mutter war wahnsinnig wütend, aber befürchtete, dass es nur noch schlimmer werden würde, wenn sie sich dazu äußerte.

Einige Stunden vor der Party bekam ich Kopfschmerzen,

und mir wurde am ganzen Körper heiß. Ich bat meine Mutter, für mich abzusagen.

Zwei Wochen später verschwand Vildas Lieblingsgeschenk, ein Paar weiße Nikeschuhe mit goldenen Schnürsenkeln, aus der Schulgarderobe. Sie tauchten nie wieder auf.

Es ist trotz allem eine gute Regel. Entweder lädt man alle ein oder niemanden.

Während die anderen auf dem Hoffest bei Åke und Gun-Britt sind, drehe ich ein paar Runden mit dem Fahrrad ums Viertel. Ich höre ihr Gelächter, und mein Magen verkrampft sich. Nach einer Weile treten Micke und Åke vors Haus, und Åke zündet sich eine eklige Zigarre an. Ich fahre rüber zur Gemeindewiese und durch die Unterführung.

Die letzte Woche Sommerferien. Bald muss ich zurück in die Schule. Das einzig Gute daran ist, dass ich wieder Zeit mit Micke verbringen kann.

Dieses blöde Gerücht, das Mama gehört hat, dass Micke einen Schüler in Stockholm verprügelt haben soll, muss eine Lüge sein. Bestimmt wurde es von denselben Idioten in die Welt gesetzt, die nach der Sache mit Andy Scheiße erzählt haben. Micke ist fair zu denen, die fair sind. Gerecht. Einige können es offenbar nicht vertragen, dass er nicht genauso feige ist wie die anderen Lehrer.

Ich mache mir Sorgen um meine Mutter. Sie muss aufhören, so viel zu trinken. Wenn die Leute anfangen zu reden, weiß man nie, was passiert.

Ich glaube, dass sie Micke vermisst. Seit dem Rumgeknutsche an Silvester haben sie kaum miteinander gesprochen. Ich wünschte, ich könnte irgendwas tun. Vielleicht sollte ich mit Micke reden?

Heute früh saß Ola bei uns auf dem Sofa. Ich glaube, er ist die ganze Nacht da gewesen. Klar, er war nett. Er hat mich einen M3 fahren lassen. Aber es wäre echt schlimm, wenn meine Mutter wieder mit ihm zusammenkommt. Eigentlich ist er echt gestört. Meine Mutter und er waren nur kurz zusammen, aber es hat gereicht, damit ich ihn durchschaut habe.

Ich fahre und fahre. In welche Richtung ich mich auch drehe, es fühlt sich an, als hätte ich Gegenwind. Als ich wieder in die Krachmacherstraße einbiege, kommt Bella aus Gun-Britts und Åkes Garten.

»Hallo, Fabian!«

Sie glitzert in ihrem Paillettenkleid und den Ballerinas, sagt, dass sie zum Spielplatz gehen will.

»Kannst du mich auf der Schaukel anschubsen?«

Ich zögere ein bisschen. Keine Erwachsenen sind zu sehen. Darf sie wirklich ganz allein so weit gehen? Es wird bald dunkel.

»Du musst erst deine Eltern fragen.«

Ich stelle mein Fahrrad in den Schuppen und warte, während Bella Micke und Bianca fragt. Es dauert nicht lange, bis sie zurückkommt. Sie hüpft hin und her, und das Haar tanzt auf ihrem Rücken.

»Ich darf! Papa hat gesagt, es ist okay.«

Sie nimmt mich an der Hand und rennt den kleinen Weg entlang.

Ich habe keine Wahl. Ich muss mitkommen. Jetzt darf ich sie nicht aus den Augen lassen.

»Du musst mich mega-superviel anschubsen«, sagt sie und klettert auf die Schaukel.

Gerade als ich Bella anschubsen will, entdecke ich die Clique an der Seilbahn. Ein großer Junge klammert sich am Sitz fest, während zwei andere ihn vor und zurück ziehen.

Es ist der Basecap-Typ mit seinen Kumpels.

»Komm, Bella. Wir gehen wieder zurück.«

»Nein!« Enttäuscht funkelt sie mich an. »Ich will schaukeln. Du hast es mir versprochen!«

Ich gebe der Schaukel einen Schubs und spähe hinüber zur Seilbahn. Verdammt, schon zu spät. Der Typ mit der Basecap ist von der Seilbahn abgesprungen, und schon kommen sie auf uns zu.

»Ist das deine Schwester?«, fragt der Typ mit der Basecap.

Bella begreift sofort, dass irgendwas nicht stimmt.

»Oder deine Freundin?«, will der Kumpel mit der Adidasmütze wissen.

Ich packe Bella unter den Armen, um sie von der Schaukel zu heben.

»Nein«, sagt sie. »Ich will weiterschaukeln.«

Sie windet sich aus meinem Griff und hält sich an der Schaukel fest.

»Sie will schaukeln«, äfft der Basecap-Typ sie nach. »Will sie nicht lieber mit der Seilbahn fahren?«

Bella verstummt und wirft einen langen Blick hinüber zur Seilbahn. Ich weiß, dass sie sie nicht mag. Die Seilbahn ist ziemlich hoch, und man kann ganz schön schnell werden. Ich war bestimmt zehn Jahre alt, bevor ich mich das erste Mal getraut habe, damit zu fahren. Bella ist erst fünf.

»Komm schon«, sagt die Adidasmütze. »Wir lassen sie das mal ausprobieren.«

»Nein«, sagt Bella. »Ich will nicht.«

»Los, nimm sie mit, Fabian«, sagt der Typ mit der Basecap.

Bella strampelt, während ich versuche, sie zu packen.

»Das ist nicht gefährlich. Versprochen.«

Eine Runde mit der Seilbahn, dann sind wir die Idioten los.

»Komm schon«, sagen die Jungs. »Sonst willst du vielleicht fahren, Fabian? Nackt. Mit dem Kopf nach unten.«

Sie lachen. Der mit der Adidasmütze versetzt mir einen harten Stoß in die Seite, sodass ich das Gleichgewicht verliere.

Bella ist vor Schreck wie gelähmt. Schließlich nickt sie und erklärt sich bereit, meinetwegen mit der Seilbahn zu fahren.

Sobald ich sie von der Schaukel heruntergehoben habe, überlegt sie es sich anders.

»Ich will nicht, Fabian!«

»Wer fährt jetzt?«, fragt der Mützentyp, der offenbar die Geduld verliert. »Du oder sie? Deine Entscheidung.«

Bella fängt an zu weinen.

Ich wünschte, ich könnte irgendwas tun, aber ich werde auf gar keinen Fall nackt mit der Seilbahn fahren und dann auf einem Video im Internet landen – *der Nacktspacko auf der Seilbahn*. Manchmal muss man etwas opfern, um seine eigene Haut zu retten, auch wenn es gemein ist.

»Tut mir leid«, flüstere ich Bella zu.

Dann trage ich sie zur Seilbahn. Sie tritt und schlägt wild um sich, aber ich habe sie fest im Griff.

Als ich sie auf die Rampe setze, laufen ihr die Tränen übers Gesicht.

»Das ist nicht schlimm«, flüstere ich. »Es geht ganz schnell. Dann lassen sie uns in Ruhe.«

»Ich will aber nicht.«

»Wer entscheidet hier, Fabian?«, sagt der Typ mit der Basecap. »Du oder deine kleine Schwester?«

Obwohl es mir widerstrebt, schubse ich Bella auf die Rampe.

»Nur eine kurze Runde. Halt dich ordentlich fest und lass erst los, wenn die Seilbahn angehalten hat.«

Ihr Blick tut mir weh. Aber manchmal muss man Dinge tun, die man nicht tun will. So funktioniert es.

»Los, heb sie hoch!«, ruft der Basecap-Typ.

Ich greife nach dem Sitz, der angefahren kommt. Währenddessen trippelt Bella in kleinen Kreisen auf der Rampe herum. Sie kann nicht weg. Es sind zwei oder drei Meter zum Erdboden, und ich blockiere die Treppenstufen.

Mir schnürt es die Kehle zu, als ich sie auf den Sitz zwinge. Sie packt das Seil und hebt ihre kleinen Füße.

64. JACQUELINE

Vor dem Unfall
Sommer 2017

Es wurde ein verdammt langer Samstag. Morgens kochte Ola Kaffee und fragte, ob er bleiben solle. Er könne beim Hoffest absagen. Aber im klaren Licht der Nüchternheit wollte ich ihn so schnell wie möglich loswerden.

»Ruf an, wenn was ist«, sagte er, ehe er ging. »Egal, was.«

Die Reue saß schon als bohrender Schmerz im Magen.

Vom Regal in der Küche starrte mich die Weinflasche an. Ich floh ins Schlafzimmer, auf den Badewannenrand, auf den Rasen, aber der Durst verfolgte mich. Schon vor dem Mittagessen gab ich nach.

»Mama ...«, sagte Fabian.

Dieselben Augen wie damals, als er noch klein war.

Ich schämte mich in Grund und Boden. Wie schwach und jämmerlich ich war!

»Ich weiß. Ich sollte nicht ... Ich werde ...«

Meine Versprechen waren nichts als heiße Luft. Ich saß wieder am Küchentisch und beugte mich über ein weiteres Glas Wein.

»Das letzte«, sagte ich.

Oder zumindest eines der letzten.

Fabian wandte mir den Rücken zu.

»Wo willst du hin?«

»Ich geh Rad fahren.«

Was hätte ich sagen sollen? Ich verstand ihn ja. Ich war auch immer geflohen.

Ich hatte nur so eine verdammte Angst, dass er es bald nicht mehr packen würde, dass er sämtliche Grenzen überschreiten würde, ein für alle Mal.

Während der Abend sich über die Krachmacherstraße senkte, saß ich am Fenster. Durch den Spalt in den Jalousien sah ich Micke und Åke auf dem Hof, Zigarrenrauch stieg in kleinen Wölkchen zum Himmel.

Ich musste weg von hier.

Aber diesmal würde ich nicht fliehen. Ich musste die Macht über mein Leben gewinnen.

Als es zu dämmern begann, stand Fabian wieder vor dem Fenster. Die Schwere in meiner Brust landete weich. Das Atmen fiel mir leichter.

Auf einmal war da draußen noch jemand.

Wer war das? Und wo gingen sie hin?

Ich reckte den Hals und sah Bella über den Hof rennen. Sie hielt Fabian an der Hand. Seine Schritte waren entschlossen, er hatte etwas Klares im Blick. Sie verschwanden auf dem Gehweg.

Die Unruhe rumorte in mir. Bald würde es dunkel werden. Wenn es etwas gab, wovor ich Angst hatte, dann davor, Fabian mit Bella allein zu lassen.

Ich wankte zum Flurfenster, aber sie waren nicht mehr zu sehen. Im Badezimmer spritzte ich mir Wasser ins Gesicht, ehe ich in der kühlen Abenddämmerung auf den Hof hinauslief.

Ich schaffte es gerade um die Ecke.

Da kam mir Bella entgegen, heulend und mit Flecken an Händen und Knien. Die Haare waren zerzaust, das Kleid schmutzig vom Sand. Ihre Augen große, schreiende Wunden.

»Nein!«, sagte ich. »Nein, nein!«

Ich ging in die Hocke und hielt sie fest. Strich ihr über den Rücken und versuchte, sie zu beruhigen.

Ich erinnerte mich an Alice. Wie sie in Bengts kräftigen Armen mit den Zähnen geklappert hatte, an jenem verräterisch schönen Sommertag am Pool. Jetzt hielt ich Bella genauso, umarmte sie fest, bis sie aufhörte zu zittern.

»Du darfst niemandem davon erzählen«, sagte ich. »Fabian landet dann vielleicht im Kinderheim. Das ist wie ein Gefängnis.«

Bella schluchzte an meiner Schulter.

»Versprichst du mir das?«, fragte ich.

Sie nickte.

In der nächsten Sekunde kam Fabian atemlos angelaufen.

»Was hast du getan, verdammt?«, fragte ich.

»Tut mir leid.«

Er stand keuchend da, die Hände auf die Oberschenkel gestützt. Er beugte sich zu Bella hinunter und entschuldigte sich immer wieder.

»Fass sie nicht an!«, sagte ich und stieß ihn weg. »Was stimmt eigentlich nicht mit dir?«

»Ich musste doch. Ich wollte nicht …«

»Du musstest? Verdammt, Fabian!«

»Das war nicht meine Absicht …«

Ich schrie ihn an, er solle seine Fresse halten. Dann schloss ich die Augen und atmete tief durch. Es war so, als würde ich mich von der Wirklichkeit verabschieden. Um in etwas Neues, noch Dunkleres einzutreten.

»Bella! Bella! Da ist sie!«

Micke und Bianca stürmten auf den Innenhof.

»Bella!«

Biancas Absätze klapperten auf dem Asphalt.

Als sie Bella umarmte, verwandelte sich ihre Freude in maßlose Wut.

»Sie ist erst fünf!«, schrie sie mich an.

»Ich habe sie am Spielplatz gefunden«, log ich. »Wir sind sofort hierhergegangen.«

Ich suchte Mickes Blick. Ahnte er etwas?

»Kapiert ihr nicht, wie daneben das ist?«, fragte Bianca.

»Du begreifst doch wohl, dass ihr nicht einfach so weggehen könnt«, sagte Micke zu Fabian, der nickte, ohne jemanden anzusehen.

»Total krank«, sagte Bianca. »Bitte, haltet euch von uns fern! Wir sind zufällig Nachbarn, das bedeutet aber nicht, dass wir irgendwas miteinander zu tun haben müssen.«

Es hatte keinen Sinn zu widersprechen. Ich konnte nur auf Bellas Schweigen hoffen.

»Hauptsache, mit Bella ist alles in Ordnung«, sagte Micke.

Bianca glotzte ihn an.

»Ja, Gott sei Dank.«

Ein Stück entfernt stand William mit einem blinkenden iPad unter der Straßenlaterne und wartete.

»Ich gehe jetzt nach Hause«, sagte Bianca zu Micke.

Sie trug Bella auf der Hüfte und nahm William an die Hand.

»Komme gleich«, sagte Micke, der stehen geblieben war.

Ich schickte Fabian hinein. Ohne Widerrede verschwand er im Haus.

Ich wollte kotzen.

Alles war meine Schuld. Ich wusste es ja. In meinem Inneren war mir klar, dass so etwas passieren konnte. Dennoch hatte ich nichts dagegen unternommen. Hatte mich nur ohne Sinn und Verstand betrunken und mich selbst bemitleidet.

Im Kopf drehte sich alles, und ich sah Micke an.

»Ich weiß nicht, was ich sagen soll. Tut mir leid.«

Er steckte die Hände in die Hosentaschen.

»Ist schon okay. Bianca hat Panik gekriegt, als wir Bella nicht gefunden haben.«

»Ich meinte nicht nur das«, sagte ich.

Er nickte.

»Ich weiß.«

Ich musste es ihm erzählen. Das war das einzig Richtige.

»Du ... ich ...«

Die Wörter in meinem Mund quollen auf.

Micke wartete geduldig. Ich wagte kaum, ihn anzusehen. Das beruhigende Lächeln, seine Lippen. Ich konnte noch immer den Geschmack wahrnehmen.

»Ich glaube, ich pack es nicht mehr«, sagte ich.

Es purzelte einfach aus mir heraus. Ich musste es loswerden.

Er nahm die Hände aus den Taschen und sah mich beunruhigt an.

»Was meinst du?«

»Komm kurz mit«, sagte ich und legte die Hand aufs Gartentor.

Wir konnten nicht dort stehen bleiben, wo uns die anderen sehen konnten.

Micke zögerte, sah sich um.

»Okay«, sagte er. »Aber nur ganz kurz.«

Er folgte mir in den Garten, und wir setzten uns aufs Rattansofa hinter dem Haus. Der Wind war im Lauf des Abends aufgefrischt, und die Grashüpfer zirpten. Das Mondauge am dunklen Himmel blickte auf uns herab.

Ich dachte an Bella. Sie war so klein. Diesen Vorfall würde sie ihr Leben lang mit sich herumtragen. Würde sich irgendetwas verändern, wenn ich alles erzählte? Ich war mir da nicht so sicher.

Micke sah mich nachdenklich an.

»Ich bin schon immer vor allem geflohen«, sagte ich. »Wenn es schwierig wurde, hab ich meine Sachen gepackt und bin abgehauen. Manchmal hat Fabian irgendwas angestellt, und ich habe keinen anderen Ausweg gesehen. Ich weiß nicht, wie man es sonst macht. Wie man bleibt, wie man alles gut hinkriegt. Ich bin so jemand, der alles versaut und dann geht.«

Ich hatte das Gefühl, wieder an einer Weggabelung zu stehen. Vielleicht der letzten.

Micke strich sich über die Nase.

»Man kann sich immer verändern. Ein anderer Mensch werden«, sagte er.

Ich wünschte, es wäre so einfach.

»Ich bin nicht gut im Abschiednehmen«, sagte ich.

Denn das war doch ein Abschied, oder?

Wenn Micke die Wahrheit erfuhr, würde er mich für immer hassen.

»Manchmal ist es gut, etwas abzuschließen«, sagte er. »Und woanders neu anzufangen.«

»Hm, Fabian findet das aber nicht.«

Was hatte ich nur falsch gemacht mit ihm? Ob es etwas Erbliches war? Sein Vater war erwiesenermaßen ein frauenfeindliches und gewalttätiges Arschloch. Vielleicht ließ sich die Genetik nicht besiegen.

»Wenn Fabian nicht gewesen wäre, hätte ich Köpinge längst verlassen«, sagte ich. »Du weißt ja, er kommt mit Veränderungen nicht klar.«

Wie lange würde Bella den Mund halten? Das Risiko war groß, dass sie Bianca schon alles erzählt hatte. Sie würde unfassbar wütend werden.

»Was ist mit Peter?«, fragte Micke. »Es ist schon eine Weile her, dass ich ihn zuletzt hier gesehen habe.«

»Er ist weg. Für immer, hoffe ich.«

Micke musste nichts sagen. Seine Augen verrieten alles.

»Das ist mein größtes Talent im Leben«, sagte ich. »Männer zu finden, die mir nicht guttun. Wie viel leichter alles geworden wäre, wenn ich mir stattdessen jemanden wie dich ausgesucht hätte.«

Er presste seine Hände auf die Knie. Sein Blick flatterte, und seine Stimme wurde leise.

»Ich liebe Bianca. Ich wollte dir gegenüber nie den Eindruck erwecken, als wäre es anders. Es tut mir leid.«

Er wich meinem Blick aus.

»Es muss dir nicht leidtun«, sagte ich.

Meine innere Stimme meldete sich wieder zu Wort, und die Schuld brannte in der Brust. Ich musste es ihm erzählen. Die Wahrheit würde ohnehin ans Licht kommen.

»Fliehen funktioniert nicht«, sagte Micke. »Ich habe es auch versucht.«

Plötzlich sah er mir in die Augen.

Er vertraute mir.

»Ich weiß«, sagte ich. »Ich habe gehört, was in Stockholm passiert ist.«

»Wie? Wo hast du das gehört?«

»Du weißt, wie es hier läuft«, sagte ich.

Micke lächelte resigniert, sah sich um und wollte wissen, was ich gehört hatte.

»Keine Details oder so. Nur dass dir gekündigt wurde, weil du auf einen Schüler losgegangen bist.«

Er senkte die Schultern und sah aus, als würde er gleich zusammenbrechen.

»Ich habe die Situation völlig falsch eingeschätzt. Es war ein großer Kerl, der ein paar Schüler geschubst hat, und ich habe versucht, ihn daran zu hindern. Ich habe ihn angeschrien, dass er aufhören soll, aber er ist vollkommen durchgedreht. Schließlich bin ich auf ihn losgegangen. Dabei ist er unglücklich gefallen, hat sich das Handgelenk gebrochen und einen Zahn ausgeschlagen.«

Das klang nicht ganz so, wie Ola es mir geschildert hatte.

Ich dachte an den Vorfall mit Andy in der Köpingeskolan und wie Micke Fabian verteidigt hatte.

»Es war ein Unfall«, sagte ich, um ihn zu trösten. »Du hast richtig gehandelt. Hättest du dastehen und zuschauen sollen, wie dieser Schüler geschubst und geschlagen wurde?«

Ich traute mich nicht, anzusprechen, wie er die Einbrecher in der Garage behandelt hatte. Da hatte Ola sicher auch übertrieben.

»Im Nachhinein habe ich erfahren, dass der Junge, den ich geschlagen habe, den Großteil seiner Schulzeit gemobbt worden ist«, sagte Micke leise. »Er wurde geschlagen und ange-spuckt und musste das Schlimmste erdulden, was man sich nur vorstellen kann. Offenbar wussten das *alle* in der Schule.«

»Oh.«

Es war viel schlimmer, als ich gedacht hatte. Plötzlich sah ich Micke mit anderen Augen, als denjenigen, der er war. Als einen Mann, dessen gute Absichten fürchterliche Konsequenzen nach sich gezogen hatten. Vor so etwas kann man nie fliehen.

»Nach einigen Jahren hatte der Junge genug und hat sich gewehrt, als ein paar jüngere Schüler auf ihn losgingen. End-lich hatte er sich getraut, und da kam ich und habe ihm das Handgelenk gebrochen.«

»Aber das konntest du doch nicht wissen«, sagte ich.

»Ich hätte es wissen müssen. Alle anderen wussten es ja. Als ich versuchte, es zu erklären und mich zu entschuldigen, woll-ten weder der Schüler noch seine Eltern es akzeptieren.«

»Scheiße.«

Micke beugte sich vor. Der Mondschein traf ihn von der Seite, und eine kleine Brise raschelte in der Hecke hinter uns.

»Drei Wochen später hat der Junge beschlossen, sich das Leben zu nehmen. Er wurde nur dreizehn Jahre alt.«

Was für ein Albtraum! Mir schwindelte bei dem Gedanken. In letzter Zeit hatte ich befürchtet, dass Fabian dasselbe tun könnte.

Micke legte die Hände vors Gesicht, und ich berührte vor-sichtig seinen Rücken.

»Danach habe ich Bianca überredet, nach Schonen zu zie-hen«, sagte er. »Ich bin vor dem Ganzen geflohen.«

In dieser Hinsicht waren wir uns ähnlicher, als ich mir hätte vorstellen können.

»Es ist so seltsam«, sagte ich. »Als Fabian geboren wurde, dachte ich nur an die vielen schönen Stunden, die vor uns lagen. Ich würde ihm dabei zusehen, wie er aufwächst und glücklich wird. Vor allem anderen habe ich die Augen verschlossen. Vor dem Schwierigen.«

»Das klingt sehr menschlich«, meinte Micke.

Vielleicht hatte er recht. Aber ich wollte nicht mehr die Augen verschließen. Es gab noch immer eine Chance, alles zu retten. Natürlich tat mir Bella leid, und ich verurteilte Fabian für seine Tat. Aber wenn die Wahrheit ans Licht käme, würde in der Beziehung zwischen Fabian und mir ein Riss entstehen, der sich vermutlich nie wieder kitten ließ. Wenn es drauf ankommt, steht man trotz allem sich selbst und seiner Familie am nächsten.

»Ich trinke zu viel, Micke. Ich hab es nicht mehr im Griff.«

Er richtete sich auf, und ich zog meine Hand weg.

»Du kannst dir Hilfe holen. Professionelle Hilfe.«

Er hatte natürlich geahnt, was mit mir los war. Bestimmt wurde in Köpinge über mich geredet.

»Was passiert so lange mit Fabian? Wenn ich mehrere Wochen in eine Klinik muss? Wo soll er hin?«

»Es muss eine Lösung geben«, sagte Micke. »Ich kann mit der Schulpsychologin reden.«

»Nein!«

Das durfte er auf gar keinen Fall.

»Ich wollte nur, dass du Bescheid weißt«, sagte ich. »Wenn wir eines Tages weg sind, dann habe ich die Sache auf meine Art gelöst.«

»Das geht nicht, du kannst nicht immer weglaufen, Jacqueline. Wo wollt ihr denn hin? Ruf lieber das Jugendamt an und hol dir Hilfe.«

»Das würde Fabian mir nie verzeihen. Das wäre der allerschlimmste Verrat, wenn er in eine Pflegefamilie oder in ein Heim müsste. Er würde nie wieder mit mir reden.«

Micke wusste, dass ich die Wahrheit sagte, weil er einen engeren Kontakt zu Fabian aufgebaut hatte.

»Ich wünschte, ich könnte irgendetwas tun«, sagte er.

Manchmal hatte ich mich darüber geärgert, dass er sich zutraute, die ganze Welt zu retten und alles wieder in Ordnung zu bringen. Jetzt wurde mir warm ums Herz angesichts seiner Fürsorge.

»Stell dir vor, wir hätten uns kennengelernt, als ich jünger war. Vor dem Ganzen hier«, sagte ich.

Als ich den Arm hinter den Kopf legte, streifte ich versehentlich seine Hand. Es kribbelte im Bauch.

»Wenn wir uns kennengelernt hätten, als du jung warst, hättest du mich keines Blickes gewürdigt«, gab Micke zurück.

Wir lächelten beide.

»*True*. Leider.«

Seine Augen funkelten wie Sterne in der Nacht. Der Mond hatte den halben Himmel verschluckt, und die Krachmacherstraße duftete nach Magie.

Ich betrachtete seinen Mund.

65. MIKAEL

Vor dem Unfall
Sommer 2017

Ich ließ Jacqueline auf dem Rattansofa zurück und hastete zurück über den Hof. Schlich die Treppe hinauf und sah in die Kinderzimmer, wo Bella und William süß in ihren Betten schlummerten. Ich flüsterte in die Dunkelheit, dass ich sie liebhatte.

Im Doppelbett saß Bianca. Sie hatte sich die Decke um die Knie gewickelt.

»Wo warst du?«

Sie klang nicht wütend, sondern in erster Linie müde.

»Jacqueline und ich haben uns ausgesprochen«, sagte ich.

Bianca kuschelte sich unter die Decke, während ich mir die Partyklamotten auszog. Der Gestank von Åkes Zigarre war darin hängen geblieben.

»Tut mir leid, dass ich so eine Panik bekommen habe«, meinte Bianca. »Ich habe schreckliche Szenen vor mir gesehen. Aber mit Bella ist alles in Ordnung. Ich habe sie gefragt, ob Fabian irgendwas Blödes getan hat, aber sie ist offenbar nur von der Seilbahn gefallen.«

»Fabian braucht wirklich Hilfe«, sagte ich. »Ich werde mich darum kümmern, wenn die Schule wieder anfängt.«

Irgendwas musste passieren, ehe es zu spät war.

Ich setzte mich auf die Bettkante und zog die Strümpfe aus.

»Was hat Jacqueline gesagt?«, wollte Bianca wissen.

Ich drehte mich um und sah sie an.

»Sie ist Alkoholikerin. Sie braucht auch Hilfe.«

Bianca sah mich nachdenklich an. Ihr Mund zuckte ein wenig.

»Von dir?«

»Auf gar keinen Fall«, sagte ich. »Wir haben nichts mehr mit ihnen zu schaffen. Ich hätte dir von Anfang an zuhören sollen.«

Sie sah erleichtert aus. Ihre Hand landete auf meinem Knie.

Es war ein Abschluss gewesen, als ich in Jacquelines Garten vom Sofa aufgestanden war. Sie hatte gesagt, dass sie keine Abschiede ertragen könne, also hatten wir uns nur angesehen, ohne etwas zu sagen. Wir wussten beide, dass es ein Abschied war.

»Ola war heute Abend ja total besoffen«, sagte Bianca. »Er hat sich so verändert. Ich kann mir gar nicht mehr vorstellen, dass ich ihn mal ganz gut leiden konnte.«

Er war total neben der Spur. Erst der Gewaltexzess in der Garage und jetzt das. Ich wurde total wütend, wenn ich daran dachte.

»Was er über mich und Jacqueline gesagt hat, ist nicht wahr. Das weißt du, oder? Da war nie etwas zwischen uns. Dieser Kuss war ein furchtbarer Fehler.«

Bianca presste die Lippen aufeinander. Ihre Wimpern bebten. Ich hasste mich, weil ich ihr das angetan hatte.

Wenn wir weiterkommen wollten, musste die ganze Wahrheit ans Licht.

»An Silvester ist auch etwas vorgefallen«, fuhr ich fort. »Ich hätte dir schon längst davon erzählen sollen.«

Wenn Bianca mir jetzt verzieh, würde ich nie wieder an uns zweifeln.

Ich wusste, dass ein Kuss ein Leben zerstören kann. Nie wieder würde ich zulassen, dass jemand mir einen einzigen Moment stahl. Genau das hatte ich auch zu Jacqueline gesagt. Es ist nie zu spät, um sich zu verändern.

»Um Mitternacht«, sagte ich. »Als Jacqueline und ich uns das Feuerwerk angeschaut haben.«

Bianca hielt meinen Blick fest. Dann legte sie die Hand auf meinen Ellbogen und unterbrach mich.

»Ich weiß schon. Ola hat es mir erzählt. Er hat euch von seinem Fenster aus gesehen.«

Die Tränen brannten in meinen Augen.

Ich wollte nicht ohne Bianca leben.

»Das war ein Fehler. Ich liebe dich. Das habe ich immer getan.«

Sie rückte näher zu mir, öffnete sich, und wir umarmten uns. Unsere Augen waren für immer miteinander verbunden.

»Ich liebe dich auch«, sagte sie.

Alles wurde ganz leicht. Die Rippen im Brustkorb richteten sich auf, und meine Blutgefäße erweiterten sich. Das Herz hatte wieder genug Raum, und die Lunge breitete sich aus. Die Luft strömte frei durch den Körper.

»Wir sollten von hier wegziehen«, sagte Bianca.

»Ein Neuanfang?«, flüsterte ich.

Sie lachte beinahe.

Ich lehnte mich zurück und legte die Hand an ihre Wange.

»Kannst du mir jemals verzeihen?«

Die Stimme zerbröckelte zu Staub.

Wir sahen uns eine ganze Weile an. Es war so still, dass wir unseren eigenen Atem hörten.

»Ich verzeihe dir.«

Alle Uhren blieben stehen, ein anderes Universum öffnete sich. Es war nach wenigen Sekunden vorbei, aber es würde nie enden.

»Ich habe dich vermisst«, flüsterte ich.

Bianca bohrte ihre Nägel in meinen Rücken, als wollte sie mich nie wieder loslassen.

»*Fürimmer*«, sagte sie.

66. JACQUELINE

Vor dem Unfall
Sommer 2017

Was tut man, wenn einem klar wird, dass beim eigenen Kind etwas wirklich nicht stimmt? Bevor das alles passierte, im Frühling, ja, vor nur einer Woche oder so, wusste ich genau, was ich tun sollte. Ich dachte, ich hätte alle Antworten. Aber wenn es um das eigene Kind geht, ist nichts so einfach.

Es war natürlich eine Störung, eine Art Fehlschaltung im Gehirn. Ich hatte Fabian dazu erzogen, alle Menschen zu respektieren. Wie oft hatten wir nicht darüber gesprochen, dass alle Mädchen ein Recht auf ihren eigenen Körper haben, und darüber, wo die Grenzen verlaufen. Bestimmt waren nur wenige fünfzehnjährige Jungs so hart gedrillt worden wie er. Der Gedanke an Alice war immer in meinem Hinterkopf gewesen.

Aber war eigentlich irgendetwas nur schwarz oder weiß? Micke war auf diesen Jungen in Stockholm losgegangen, weil er ein paar jüngere Schüler schützen wollte. Oft hat man nicht das Gesamtbild vor Augen. Dann zieht man leicht voreilige Schlüsse und verurteilt jemanden zu Unrecht.

Micke würde immer mit den Konsequenzen leben müssen.

Dasselbe galt für mich.

Vielleicht würde Bella verraten, was auf dem Spielplatz passiert war. Vielleicht würde sie den Mund halten. In jedem Fall hoffte ich, dass sie aus dem Ganzen möglichst unbeschadet herauskommen würde.

An diesem schrecklichen Samstag Ende August, nachdem Micke und ich uns spätabends ein letztes Mal verabschiedet hatten, kam Peter in die Krachmacherstraße, und in seiner Stimme lag große Aggressivität.

Fabian ließ ihn herein und versuchte, im Flur ruhig mit ihm zu reden, während ich mich im Badezimmer eingeschlossen hatte. Ich saß auf dem Badewannenrand, hatte die Hände auf die Ohren gepresst und floh auf die einzige Art, die mir noch blieb.

»Verschwinde!«, schrie ich. »Es ist Schluss! Ich will dich nicht mehr sehen!«

Peter klopfte und trat gegen die Badtür.

»Öffne endlich, verdammt! Bist du mit jemandem da drinnen, oder wie?«

Schließlich erzählte Fabian, was passiert war. Dass er Bella mit zum Spielplatz genommen und ihr wehgetan habe.

»Mama sagt, dass mich das Jugendamt abholt.«

»Das tun die bestimmt«, meinte Peter.

»Aber ich wurde gezwungen. Ich habe sie nur auf die Seilbahn gesetzt. Kannst du nichts machen? Du bist doch Polizist.«

Er war am Boden zerstört. Ich hatte ihn noch nie so verzweifelt erlebt.

Das musste ein Ende haben.

Sobald Peter aufgegeben hatte und verschwunden war, griff ich zum Handy und schrieb ihm eine Nachricht:

Wenn du nicht aufhörst, dich bei mir zu melden, zeige ich dich bei der Polizei an.

Am nächsten Morgen begann mein neues Leben.

Ich hatte mich entschieden, als ich die Verzweiflung in Fabians Stimme gehört hatte. Oder eigentlich schon früher am Abend, als ich mit Micke gesprochen hatte. Im Grunde genommen hatte ich es in dem Moment gewusst, als er sich aus dem Rattansofa erhob und mich zurückließ, allein im Mondschein.

»Das geht nicht«, hatte er gesagt.

Die Essenz meines Lebens.

Da fasste ich einen Entschluss. Es musste gehen.

Ich stand an einer letzten Weggabelung, und es gab nur einen Weg, den ich gehen konnte. Ich durfte nicht weitere Jahre aufs Spiel setzen. Es durfte keine weiteren Fehltritte geben. Ich wollte mich nicht ducken, ich würde mich nicht mehr unterdrücken lassen, weder von Männern noch vom Alkohol.

Ich würde nicht fliehen. Ich würde das Richtige tun.

Es war gemein und zynisch von mir, die Schuld jemandem anders in die Schuhe zu schieben, aber Fabian würde mir nie verzeihen, wenn er die Wahrheit erfuhr. Er würde es nicht verstehen. Aus seiner Sicht war ich bestimmt schwach und albern, weil ich eine Behandlung brauchte. Aber ich musste den Entschluss fassen und mich am Schlafittchen packen, weil wir wussten, welche Opfer wir bringen müssten, wenn ich mich in einer Entzugsklinik anmelden würde.

Aber so konnte es nicht weitergehen. Fabian und ich brauchten beide Hilfe.

Wie ein Bluthund durchsuchte ich jedes Zimmer, stellte das ganze Haus auf den Kopf. Das Spülbecken färbte sich rot, und auf der Arbeitsplatte sammelten sich die leeren Flaschen.

Nach einer Weile kam Fabian aus seinem Zimmer.

»Was machst du, Mama?«

Er hielt sich die Nase zu.

»Jetzt ist Schluss damit.«

Als die Kloake den letzten Rest Wein geschluckt hatte, spülte ich mit dampfend heißem Wasser nach.

Fabian setzte sich an den Küchentisch und stützte sich auf die Ellbogen. Sein Haar hing herunter, und er machte ein gequältes Gesicht.

»Das, was gestern passiert ist«, sagte er. »Es war nicht so, wie du denkst.«

Ich wandte mich ab, während der Wasserdampf aus der Spüle emporstieg. Ich wusste nicht, wie ich mit seiner Aussage umgehen sollte. Es ekelte mich, ihn darüber sprechen zu hören.

»Ich habe Bella gezwungen, Seilbahn zu fahren«, fuhr Fabian fort. »Da waren ein paar Jungs von der Schule, die mich dazu genötigt haben. Aber ...«

Ich drehte den Wasserhahn ab, und die letzten Dampfwolken schwebten davon.

Ich sah ihn wieder an.

»Was meinst du?«

»Ich habe sie auf die Seilbahn gesetzt und dann angeschubst. Wenn sie sich ordentlich festgehalten hätte, wäre es nie passiert. Aber sie hat losgelassen. Und ist mitten in die Sandgrube gefallen.«

Er klang traurig, aber durch und durch aufrichtig.

Hatte ich voreilige Schlüsse gezogen und die Situation falsch eingeschätzt? Das konnte doch nicht sein. Dann hätte er doch viel stärker protestiert.

»Tut mir leid«, sagte er. »Das war gemein. Aber ich habe Bella nicht angefasst. Das würde ich nie tun.«

Ich glaubte ihm nicht. Das schmerzte mich vielleicht noch mehr als alles andere, aber ich konnte mich nicht auf ihn verlassen. Ich wusste, wozu er fähig war.

»Warum hast du gestern nichts gesagt?«

Seine Augen waren Ruinen.

»Das ging nicht. Du hast nicht zugehört. Ich habe versucht, es Peter zu erklären, aber er hat mir auch nicht geglaubt. Keiner glaubt mir.«

Der Schmerz strahlte in den ganzen Körper aus.

Ich wollte nichts lieber, als ihm zu glauben. Ich war betrunken und durcheinander gewesen, als ich ihn mit Bella davongehen sah. Später, als sie zurückgelaufen kam, traurig und schmutzig, hatte es in meinem Gehirn nur eine einzige Erklärung gegeben.

Jetzt wusste ich nicht mehr, was ich glauben sollte.

Ich wusste nur, dass ich Hilfe brauchte.

Am Montag stand ich früh auf und telefonierte. Ich rief erst in der Rehaklinik für Suchtkranke an und dann beim Jugendamt der Gemeinde Köpinge.

Ich faltete die Hände und flehte die höheren Mächte an, dass Fabian mir verzeihen möge.

Falls er jemals die Wahrheit erfahren sollte.

67. MIKAEL

Nach dem Unfall
Dienstag, den 17. Oktober 2017

Der Regen hat praktisch aufgehört, aber sein Geruch hängt noch in der Luft, als ich auf unserer Einfahrt aus dem Auto steige.

Ungeduldig stecke ich den Schlüssel ins Schloss. Reiße mir schon im Flur die Jacke vom Leib und stürme die Treppe hinauf.

Bellas Bett ist leer, aber im anderen Kinderzimmer sitzt Sienna in einem Schaukelstuhl, während die beiden Kinder neben ihr in Williams Bett liegen.

Sienna signalisiert mir, dass ich leise sein soll.

Die Kinder schlafen fest, ihre Münder wirken friedlich. Ich lege die Hände auf den Rücken und sehe ihnen dabei zu, wie sie still und ruhig atmen. Gleichzeitig durchdringt mich die Erkenntnis, dass ihr zukünftiges Leben für immer verändert sein wird. Meine Kinder haben keine Mutter mehr. William ist schon alt genug, um jederzeit vor Trauer zu zerbrechen. Für Bella wartet die Hölle hinter der nächsten Ecke.

Sienna stellt sich neben mich. Auf ihren Wangen sind Tränenspuren zu sehen.

»Du solltest auch versuchen zu schlafen«, flüstert sie.

Ich betrachte William und Bella und weiß, dass sie recht hat.

»Vorher muss ich aber noch was erledigen«, sage ich.

»Bist du dir sicher?«

Ich bin ehrlich.

»Nein.«

Doch ich gehe zurück auf den Hof.

Unter der Laterne steht der Nieselregen beinahe still, und hinter den Jalousien in Jacquelines Küche ist es hell.

Ich umrunde den BMW und hämmere gegen die Haustür, bis meine Hand schmerzt.

»Jacqueline! Fabian! Macht auf!«

Ich überquere den Rasen, reibe meine Knöchel und klopfe an die Glastür auf der Rückseite des Hauses.

»Los, jetzt öffnet schon! Ich weiß, dass ihr zu Hause seid.«

Als ich die Nase gegen die Scheibe presse, erahne ich eine Gestalt im Dunkeln.

»Fabian! Ich muss mit dir reden.«

Durch das beschlagene Glas sieht er mich verschlafen an. Nimmt die Ohrstöpsel heraus und schließt auf. Ich reiße die Tür so heftig auf, dass Fabian mit nach draußen stolpert und seine Ohrstöpsel auf den Boden fallen.

»Was ist los? Meine Mutter ist nicht zu Hause.«

Er weicht zurück an die Hauswand. Ich balle die Hand zur Faust, und es zuckt in meinem Arm.

Ich denke an Andy vor der Schultoilette und an den großen Jungen auf dem Schulhof in Stockholm, an den Jungen, den es nicht mehr gibt.

Ich habe die Gewalt in mir.

»Ich weiß, was du Bella angetan hast«, sage ich.

»Nein.«

Fabian keucht. Seine Wangen sind weiß, und er presst sich an die Hauswand.

»Ich weiß, was du auf dem Spielplatz angestellt hast, während des Hoffestes.«

Fabian sieht sich nach einem Fluchtweg um. Er hebt die Hände hoch. Dieselben Hände, die Bella angefasst haben.

»Was meinst du?«

Er späht über meine Schulter, und gerade als ich den Kopf drehe, reißt er sich von der Wand los und läuft weg. Ich mache drei schnelle Schritte, fange ihn von hinten ein und drehe seinen linken Arm auf den Rücken.

»Hör auf, hör auf!«

Das Adrenalin schießt durch meinen Körper. Ich kann nicht aufhören. Stattdessen schubse ich Fabian zurück zur Tür und stoße ihn ins Haus.

»Sie ist fünf Jahre alt! Kapierst du nicht, wie krank das ist?«

»Aber ich habe sie nicht angefasst!«

Meine Hand bleibt an seinem Kinn hängen, und ich drücke ihn an die Wand, dass er kaum noch Luft bekommt.

»Du musst mir glauben«, stöhnt er. »Es stimmt, dass ich gemein zu Bella war. Auf dem Spielplatz waren ein paar Jungs von der Schule, die mich gezwungen haben. Ich habe sie zur Seilbahn getragen und …«

Er holt wieder Luft und schluckt.

»Sie wollte nicht mit der Seilbahn fahren, aber ich hab ihr gesagt, dass sie sich festhalten soll. Das war alles. Ich habe nichts gemacht!«

»Du lügst. Peter hat gesagt, dass du an Bella herumgefummelt hast.«

»Peter?«

Fabians Blick wird unsicher, und ich lockere meinen Griff ein bisschen mehr.

»Du hast es ihm noch in derselben Nacht gestanden.«

»Nein, ich habe Peter gefragt, was seiner Meinung nach mit mir passieren würde. Meine Mutter war so wütend, und ich hatte eine Scheißangst, dass das Jugendamt mich abholen würde. Ich habe versucht, Peter zu erklären, dass ich Bella nie angefasst habe, aber er ist total ausgeflippt, weil meine Mutter sich im Badezimmer eingeschlossen hatte und nicht mit ihm reden wollte.«

Ich lockere weiter meinen Griff. Die Kraft verlässt mich.

»Ich verspreche und schwöre es«, sagt Fabian. »Ich habe nichts getan.«

Ich weiß nicht, was ich glauben soll.

»Peter schien sich seiner Sache ziemlich sicher.«

»Vielleicht hatte Bianca denselben Verdacht«, sagte Fabian. »Hat sie deshalb das Jugendamt eingeschaltet? Die sind nämlich hergekommen und haben mich mitgenommen, in ein Wohnheim mitten im Wald. Das war das Schlimmste, was ich je erlebt habe.«

Bei der bloßen Erinnerung schaudert er.

Aber er muss sich irren.

»Bianca hat keine Meldung beim Jugendamt gemacht«, sage ich.

Ich hätte es sofort von ihr erfahren, wenn jemand ihr erzählt hätte, dass Fabian sich an Bella vergriffen hat. Bella hätte auch etwas gesagt.

Fabian atmet schwer und angestrengt. Verwirrt sieht er mich an.

»Ich weiß, dass Ola am Freitag auch dabei war«, sage ich. »War er es, der Bianca angefahren hat?«

»Nein, nur meine Mutter und ich haben im Auto gesessen.«

Er behauptet, dass er nie lügt, aber ich habe meine Zweifel.

»Ich weiß, dass Ola im Auto gesessen hat. Es gibt Leute, die ihn gesehen haben.«

Fabian schüttelt den Kopf.

»Wir haben ihn auf dem Parkplatz bei Ica getroffen. Er wollte den BMW Probe sitzen. Aber er war nicht im Wagen, als wir losgefahren sind.«

Meine Hand schwingt nach vorn. Ich stoße sie gegen Fabians Brust.

»Du lügst!«

Es knackt und kracht unter meiner Hand. Meine ganze Wut geht in die Knöchel über.

Fabian wimmert.

»Es stimmt, dass Ola sich ins Auto gesetzt hat, aber er ist wieder ausgestiegen, als wir losfahren wollten.«

Die Gedanken rasen hin und her. Warum hätte er im einen Moment im Auto sitzen und im nächsten Moment wieder aussteigen sollen?

»Kapierst du es nicht? Bianca ist tot!«

Ich drücke die Faust fester gegen seine Brust.

»Es war ein Unfall.«

»Das ist unmöglich. Ihr müsst Bianca gesehen haben. Warum habt ihr nicht gebremst?«

Fabian windet sich und schnauft laut.

»Falsches Pedal. Ich glaube, meine Mutter ist aufs falsche Pedal getreten.«

»Dummes Zeug!«

»Das Auto war langsamer geworden«, sagt Fabian. »Wir wollten bremsen, aber es passiert ja schnell mal, dass man aufs falsche Pedal tritt. Dass man aus Versehen gegen das Gaspedal kommt.«

Das ist eine Rekonstruktion im Nachhinein. Fabian weiß nicht, wie man Auto fährt. Ein routinierter Fahrer tritt nicht auf das falsche Pedal.

»Und jetzt raus mit der Wahrheit«, sage ich und umfasse mit beiden Händen seinen Hals.

Meine enge Brust fühlt sich an, als würde sich darin ein Aal winden, während Fabian wimmert. Ich hasse Gewalt, aber am Ende habe ich das Gefühl, als bliebe mir nichts anderes übrig.

Ein Geräusch. Ein Schlüssel im Schloss und der knarrende Fußboden im Windfang.

Fabian und ich sehen uns unverwandt an, und ich lasse sofort seinen Hals los. Er saugt die Lunge voller Luft und senkt den Blick.

Für einen kurzen Moment vergesse ich meine Kinder, alles, was noch da ist. In meinen Gedanken existiert nur noch Bianca. Und alles ist verloren.

»Du kannst ja doch lügen«, sage ich. »Du hast gelogen, als du behauptet hast, du würdest es nicht fertigbringen zu lügen.«

»Tut mir leid. Ich werde nicht mehr lügen.«

Vom Flur aus ruft Jacqueline nach ihm, aber Fabian sieht nicht auf.

»Ich war der Fahrer des Wagens«, sagt er.

68. MIKAEL

Vor dem Unfall
Herbst 2017

Eine Woche nach dem Hoffest ging die Schule wieder los. Ich stand am Kopierer vor dem Klassenzimmer der Neunten, während die Schüler allmählich eintrafen, sonnengebräunt und ausgepowert nach den langen Sommerferien.

Ich habe diese Jahreszeit schon immer gemocht, wenn der Herbst noch jung ist und ein neues Schuljahr vor einem liegt. Es hat etwas Befreiendes, eine neue Phase in Angriff zu nehmen, aufzuräumen und wieder anzufangen.

»Hast du schon gehört?«

Kenneth schlich sich von hinten an. Sah sich um und senkte die Stimme.

»Hast du schon das Neueste von Fabian Selander gehört?«

»Was denn?«

Kenneth war Fabians Klassenlehrer.

»Du kennst doch seine Mutter. Ich dachte, du wüsstest Bescheid.«

Was war denn jetzt los? Ich ignorierte den scheppernden Kopierer, der immer mehr Papierbögen auf den Boden ausspuckte.

»Fabian ist nicht mehr an unserer Schule«, sagte Kenneth. »Er ist abgemeldet.«

Dann hatte Jacqueline es also doch getan. Das Einzige, was sie konnte. Hatte ihre Sachen gepackt und war geflohen.

»Seine Mutter ist auf Entzug«, fuhr Kenneth fort. »In der Reha.«

In einer Fachklinik?

Das hatte ich nicht gewagt zu hoffen.

»Klingt doch ganz vernünftig«, sagte ich. »Aber was ist mit Fabian? Wo ist er abgeblieben?«

Kenneth legte sich die Hand auf den Bauch und sah sich noch einmal um.

»Vom Jugendamt in Obhut genommen.«

Bald wusste es halb Köpinge. Das Gerücht besagte, dass Fabian in ein Wohnheim für Jugendliche tief in den Wäldern Småland gebracht worden sei, während Jacqueline ihre Entziehungskur mache.

»Klar, sie trinkt bestimmt zu viel«, sagte Gun-Britt. »Aber diese Frau hat noch größere Probleme.«

Sie und Åke waren unaufgefordert zu uns herübergekommen, um nachzufragen, was nach dem Hoffest passiert sei.

»Ola ist seitdem wie vom Erdboden verschluckt«, meinte Gun-Britt.

Wir hatten auch nichts gehört. Ich vermisste ihn nicht sonderlich. Als Bianca ihn einmal vor der Bank entdeckt hatte, hatte er sich umgedreht und war eilig weggegangen.

»Man hätte ja zumindest eine Entschuldigung erwartet«, sagte Åke.

»Er war eindeutig betrunken«, stimmte Gun-Britt zu.

Sobald sie gegangen waren, setzte ich mich mit meinem Laptop aufs Sofa, rief die Website von Hemnet auf und suchte nach Wohnungen in Lund.

»Schau dir mal diese Vierzimmerwohnung am Sofiaparken an.«

Bianca nahm neben mir Platz.

»Sehr schön.«

»Und auch noch zu einem erschwinglichen Preis.«

Bianca beugte sich vor und zoomte das Bild näher. Sie sah wirklich froh aus. Die schlimmste Krise lag hinter uns. Vielleicht konnten wir uns neu erfinden. Die Abende im Rålambshovsparken, die Nächte auf Sardinien.

»Ich habe viel Gutes über diese Gegend gehört«, sagte sie.

Ich lächelte.

»Und die Nachbarn?«

Sie lachte und steckte die Hände unter meine Arme.

Am Abend lasen wir zu viert im Doppelbett eine Gutenachtgeschichte.

Bella und William in der Mitte, Bianca und ich außen.

»Ich liebe euch«, sagte ich mitten in der Geschichte.

»Ach, Papa, das wissen wir schon«, sagte Bella. »Lies jetzt weiter.«

Bianca und ich sahen uns über die Köpfe der Kinder hinweg an. Ich verstand nicht, wie ich mir je etwas anderes hatte vorstellen können.

Ende September fuhren Bianca und ich auf ein Wellnesswochenende nach Ystad. An der Strandpromenade küsste sie mich wie damals, als wir jung waren, während eine große Apfelsinensonne ihre letzten Strahlen am Horizont der Ostsee versprühte.

Es war eine Art Heimkehr, ein Zurückfinden. Wieder diese starke Anziehungskraft, die ständig meine Hände in Biancas Richtung lenkte. Ich konnte nicht genug bekommen von ihrer Haut, ihrer Nähe, ihren Worten in meinen Ohren.

Am Sonntag lagen wir eng umschlungen im Bett mit Champagner in einem Eiskübel und Erdbeergeschmack auf der Zunge. In der Ecke knisterte das Kaminfeuer, und vor den Panoramafenstern erstreckte sich die Welt, blau und unendlich. Die Zukunft wartete auf uns.

69. JACQUELINE

Vor dem Unfall
Herbst 2017

Nach sechs Wochen in der Suchtklinik ging ich wackelig wie ein neugeborenes Kälbchen hinaus in die Freiheit. Der Himmel war sehnsuchtsblau, das Licht so unendlich hell, und die Luft schmeckte nach Herbst.

Ich durfte im Auto des Jugendamts mitfahren, um Fabian nach Hause zu holen. Hundert Kilometer Wald und ständig vor sich hinplätschernde Musik aus dem Radio. Seit dem grausamen Morgen, als sie kamen und ihn mitnahmen, hatte ich ihn nicht mehr gesehen. Nur zwei Mal hatte ich kurz von der Klinik aus mit ihm telefoniert, Fabian hatte kaum die Zähne auseinandergebracht. Meine größte Angst war, dass er für immer zugemacht hatte. Fabian konnte so verdammt nachtragend sein.

Er stand auf dem Kiesweg und wartete. Alles, was er mitgehabt hatte, war in einem Rucksack und einer Papiertüte von Ullared verstaut. Die Schultern hingen herab, und er blickte erst auf, als wir geparkt hatten und ich mit unsicheren Schritten über die Auffahrt lief.

»Ich will nie wieder hierher«, sagte er mit finsterem Blick.

Ich wollte nur die Arme um ihn legen, ihn ganz fest an mich

drücken und flüstern, dass alles gut werden würde. Der körperliche Abstand war sicher ein Teil unseres Problems. Dass ich ihn nie wie eine Mutter berühren, ihn umarmen durfte.

»Versprich es mir«, sagte er. »Versprich mir, dass du mich nie wieder wegschickst.«

Natürlich versprach ich es ihm. Und diesmal würde ich mein Versprechen halten.

Die ersten Tage saß Fabian meist hinter verschlossener Tür in seinem Zimmer. Ich machte verschiedene Vorschläge, die er alle ablehnte. Er wollte nicht einmal Fahrrad fahren.

Niemand von der Schule rief an, und als sich das Jugendamt meldete, erzählte ich, dass wir demnächst umziehen würden.

Ich konnte nicht in der Krachmacherstraße bleiben. Mit Ola würde ich schon zurechtkommen, aber jeden Tag Bianca und Micke sehen zu müssen, das ging nicht.

Der Durst war verschwunden. Ich spürte kein Bedürfnis mehr danach, die Wirklichkeit zu verdrängen. Sogar die Einsamkeit war erträglich, weil ich wusste, dass ich ein Ziel hatte.

Natürlich hätte ich nie das verdammte Auto kaufen sollen. Alles wäre anders gewesen, wenn ich den alten, viel kleineren Wagen mit weniger PS behalten hätte. Dabei hatte ich immer die Eltern verflucht, die versuchen, sich die Liebe ihrer Kinder zu erkaufen. Aber nur so konnte ich Fabian aus dem Haus locken. Zum ersten Mal in diesem Herbst glitzerte die Zukunft in seinem Blick, als wir aus dem Autohaus rollten.

»Ein BMW 323. Ist das wahr, Mama? Gehört der uns?«

»Ja. Dir und mir.«

Beeindruckt ließ er seine Hand über das Armaturenbrett in Holzoptik gleiten.

»Was für ein Traumauto!«

Schweigend fuhren wir zurück nach Köpinge und bogen bei Ica auf die Ringstraße ein. Die Bäume am Fluss hatten schon ihr Herbstkleid an.

»Geht es dir jetzt besser?«, fragte Fabian.

»Viel besser.«

»Hast du aufgehört zu trinken?«

So etwas von seinem Kind hören zu müssen … Das führte mir so deutlich vor Augen, dass ich ihm wehgetan hatte.

»Ich verspreche es dir«, sagte ich.

Nie wieder.

Ich stellte den BMW an der Krachmacherstraße ab. Schaltete den Motor aus und ließ die Musik weiterlaufen. Dann lehnte ich mich zurück und atmete, bis die Scheiben beschlagen waren. Bald sahen wir nichts mehr. Eine Fruchtblase gegen die restliche Welt.

»Mama?«, sagte Fabian.

»Hm.«

»Es war schon Biancas Schuld, dass ich in diesem ekligen Heim gelandet bin, oder? Sie hat uns beim Jugendamt angezeigt.«

Ich dehnte die Stille aus. Was sollte ich sagen? Fabian würde mir nie verzeihen, wenn er erfuhr, dass ich selbst um die Entziehungskur gebeten und ihn ins Wohnheim geschickt hatte.

»Mach dir keine Sorgen«, sagte ich. »Du musst nie wieder dorthin. Ich werde dich nicht noch einmal verlassen.«

Ich versprach es ihm.

Mein ganzes Leben bestand aus Versprechen, die ich nicht halten konnte. Diesmal würde ich ihn nicht enttäuschen.

Fabian lächelte. Er begann mir wieder zu vertrauen.

Ich zog mich zurück. Schaltete die Lampen aus und ließ die Jalousien herunter.

Ich wollte niemandem begegnen. In Köpinge würde ich immer die Säuferin und die unfähige Mutter bleiben. Hier gab es keine neuen Chancen für eine wie mich.

Mit Micke verhielt es sich natürlich anders. Wir wussten, wie wir zueinander standen. Es hatte ganz andere Gründe, dass ich ihn nicht treffen wollte.

Eines Abends sah ich, wie er und William auf dem Hofplatz Hockey spielten. Während meines Aufenthalts in der Reha-klinik hatte ich viel an ihn gedacht. Von ihm geträumt. In der Therapie über ihn gesprochen. Aus Micke und mir würde nie etwas werden, das hatte ich jetzt akzeptiert.

Ich nahm Kontakt mit einer Maklerin auf, die eine vorläu-fige Bewertung des Hauses vornahm. Es würde sich leicht ver-kaufen lassen, das konnte sie garantieren. Die Astrid-Lindgren-Wohnanlagen in Köpinge waren sehr begehrt.

Jeden Tag putzte Fabian den BMW mit beeindruckender Geduld. Und als es dämmerte, setzten wir uns ins Auto und drehten den Motor hoch, während wir die unendlichen Land-straßen der schonischen Ebene entlangfuhren.

»Heute ist Freitag, der Dreizehnte«, sagte Fabian.

Wir saßen im BMW und fuhren zum Ica-Supermarkt.

»Du glaubst doch nicht etwa an solchen Quatsch?«

»Ich habe gelesen, dass am Freitag, dem Dreizehnten, mehr Unfälle passieren als sonst«, sagte er. »Es gibt entsprechende Statistiken.«

»Unsinn«, sagte ich. »Ab heute wird Freitag, der Dreizehnte, mein Glückstag sein.«

Bald streiften wir bei Ica zwischen den Regalen umher. Fabian strich einen Posten nach dem anderen auf unserer Liste, während ich versuchte, mich, so gut es ging, hinter dem Einkaufswagen zu verstecken.

Ich zahlte an der Kasse, doch als Fabian den Wagen nach draußen schob, wäre er beinahe mit Ola zusammengestoßen.

»Bist du zurück?«, fragte er mich. »Schön, dich zu sehen.«

Er musterte mich, als sähe er mich zum ersten Mal.

»Du siehst gesund aus.«

»Es fühlt sich gut an.«

Ola durfte von meinen Plänen, Köpinge zu verlassen, auf gar keinen Fall etwas erfahren. In Kürze würden Fabian und ich spurlos verschwunden sein. Falls jemand nach uns suchte, würde er in einer Sackgasse landen.

»Mama.«

Fabian stupste mich an.

»Wir haben Eis in den Einkaufstaschen.«

»Okay, okay«, sagte Ola.

Er folgte uns hinaus auf den Parkplatz und wartete, während Fabian den Einkaufswagen zurückstellte.

»Hat Peter sich einen neuen Wagen zugelegt?«, fragte Ola und bewunderte den glänzenden BMW.

»Peter?«, gab ich zurück. »Welcher Peter?«

Ola lächelte hintergründig.

»Sieh mal einer an.«

»Peter ist Geschichte.«

Genau wie du.

Aber das sagte ich nicht. Ola war eine Klette. Solange ich hier war, würde er versuchen, sich an mir festzuklammern. Deshalb musste ich ohne Vorwarnung verschwinden.

»Das ist unserer«, sagte Fabian stolz und strich über die Motorhaube des BMW.

»Durftest du schon damit fahren?«, fragte Ola.

Fabian lachte.

Ich ging um das Auto herum, weil ich die Einkaufstüten einladen wollte, und als ich den Wagen per Fernbedienung öffnete, setzte sich Ola hinter das Steuer.

»Hast du den Jungen noch nicht Probe fahren lassen, Jackie?«

»Natürlich nicht.«

»Ach, komm«, sagte Ola. »Er hat doch schon einen M3 gefahren.«

»Aber nicht im Straßenverkehr«, meinte Fabian. »Man kann Punkte im Verkehrsregister kriegen, und dann wird der Führerscheinantrag abgelehnt.«

Auf einmal drückte Ola den Startknopf. Es reichte, dass der Schlüssel sich in der Nähe befand.

»Was machst du da?«, fragte ich und stellte mich an die Autotür. »Raus mit dir.«

Ola gab mehrmals Gas und zeigte Fabian die verschiedenen Pedale.

»Schau mal hier. Gas, Bremse, Kupplung.«

Fabian benahm sich wie ein Kind an Weihnachten.

Das war ein Teil von Olas neuer Taktik: sich bei Fabian beliebt zu machen. Als wir uns damals kennenlernten, war es genau umgekehrt gewesen.

»Ich meine es ernst, Ola. Geh jetzt!«

Er schaltete den Motor aus und grinste.

Als er aus dem Auto stieg, blieb er direkt vor mir stehen. Ich weigerte mich, auch nur einen Millimeter zurückzuweichen, und irgendwann ging er davon.

»Jetzt fahren wir, Mama.«

Fabian klang mürrisch.

Eben noch hatte er so glücklich ausgesehen.

»Komm«, sagte ich.

Es waren schließlich nur drei Minuten bis nach Hause, und er durfte höchstens sechzig fahren.

»Echt jetzt?«, fragte Fabian.

»Nur dies eine Mal«, sagte ich, als er auf dem Fahrersitz Platz nahm.

Es gab ohnehin keine Polizisten in Köpinge und keine Verkehrskontrollen. In weniger als einem Jahr durfte Fabian Begleitetes Fahren beantragen. Was konnte denn schlimmstenfalls passieren?

70. MIKAEL

Nach dem Unfall
Dienstag, den 17. Oktober 2017

»Still, Fabian. Sag nichts mehr!«

Jacqueline bleibt im Flur stehen. Ihre Stimme klingt verzweifelt.

»Ist das wahr?«, frage ich.

Sie ist ganz weiß im Gesicht.

»Hat Fabian Bianca angefahren?«, will ich wissen.

Jacqueline sagt nichts, aber das Schweigen ist auch eine Antwort.

»Hast du ihn den Wagen fahren lassen? Bist du total gestört?«

»Das war ein Unfall«, stottert Fabian. »Ich habe das Fahrrad aus dem Augenwinkel gesehen und habe versucht zu bremsen. Ich muss auf das falsche Pedal getreten sein.«

Jacqueline dreht sich um, und ich stürme hinter ihr her in die Küche.

»Jacqueline? Verdammt! Warum habt ihr nicht gleich die Wahrheit gesagt?«

Sie weicht zurück.

»Ich hatte solche Angst, dass sie mir Fabian wieder wegnehmen. Da war es besser zu sagen, dass ich gefahren bin.«

»Bianca ist tot!«, sage ich.

»Es vergeht nicht eine Sekunde, ohne dass ich daran denke«, versichert Jacqueline. »Alles ist so schnell gegangen. Wir haben uns in dem Moment entschieden, als wir aus dem Auto stiegen.«

Mein Kopf quillt über vor Bildern. Bianca auf dem Asphalt mit geschlossenen Augen. Unsere Nächte auf Sardinien. Ihr Lachen in meinem Ohr. *Fürimmer.* Eng umschlungen am Feuer in Ystad mit der Zukunft wie ein Meer vor uns. Der hirntote Körper im Klinikbett.

Jacqueline stößt mit der Hüfte gegen den Küchentisch und zieht ungeschickt einen Küchenstuhl heraus, auf den sie sich fallen lässt.

»Wir dachten, sie ist nur leicht verletzt«, sagt sie und birgt ihr Gesicht in den Händen. »Nicht, dass sie …«

»Ihr habt sie getötet. Ihr habt Bianca ermordet.«

Jacqueline reißt die Augen auf.

»Spinnst du? Das war ein Unfall!«

Wir sehen uns an, und ich weiß weder ein noch aus.

»Du dachtest, Bianca hätte dich beim Jugendamt gemeldet und es wäre ihre Schuld, dass sie dich auf Entziehungskur und Fabian ins Heim geschickt haben.«

»Nein«, protestiert Jacqueline.

»Ich würde Bianca nie mit Absicht Schaden zufügen«, sagt Fabian, der auf der Türschwelle erschienen ist.

Er hat rote Flecken am Hals. Beinahe hätte ich ihn erwürgt. Meine Hände zittern noch immer.

»Werden die mich jetzt wieder in dieses schreckliche Heim schicken?«

Er sieht verzweifelt aus. Seine Hände bewegen sich spastisch um seinen Oberkörper, zum Hals und zum Kinn.

»Immer mit der Ruhe, mein Schatz«, sagt Jacqueline.

Sie will um den Tisch herumgehen, aber ich halte sie fest.

»Du hast geglaubt, dass Fabian sich an Bella vergriffen hat«, sage ich. »Aber du wolltest Bianca und mir nicht davon erzählen. Du hast neben mir auf dem Rattansofa gesessen und dich selbst bemitleidet. Kein Wort darüber, was Fabian angerichtet hat.«

»Aber ich habe nichts getan«, sagt Fabian.

Ich fixiere Jacqueline mit dem Blick.

»Du hast es aber geglaubt.«

Sie blinzelt nervös.

»Ich wollte es dir erzählen. Deshalb habe ich dich gebeten, noch mitzukommen. Aber es ging einfach nicht.«

»Ich schwöre«, sagt Fabian. »Ich habe nichts getan.«

Jacqueline macht eine resignierte Handbewegung.

»Ich wusste nicht ein noch aus. Ich wollte nur meinen Jungen schützen. Das habe ich alles nur für Fabian getan.«

Die Verletzlichkeit glänzt in ihren hellen Augen, und meine Wut nimmt allmählich ab. Die Gefühle strömen aus dem Körper, bis nur noch ein leerer Ballon aus Haut und Knochen übrig ist.

»Wie konntest du ihn nur fahren lassen?«, sage ich den Tränen nahe. »Er ist erst fünfzehn.«

Jacqueline streicht sich mit den Fingern durchs Haar, sodass die Locken über ihre schmalen Schultern fallen.

»Das werde ich mir nie verzeihen.«

»Es war nicht die Idee meiner Mutter«, sagt Fabian. »Ola hat mir gezeigt, was ich machen soll. Meine Mutter wollte nicht, aber Ola fand das albern.«

Er knetet weiter seine Hände.

»Entschuldigung, Entschuldigung«, brabbelt er. »Ich will nicht zurück in dieses Heim. Da sterbe ich lieber!«

Er haut die Fäuste gegen seine Hüften und hyperventiliert.

»Hör auf, Fabian!«

Jacqueline versucht, seine Hände festzuhalten.

»Ich will nicht, Mama! Ich will nicht!«

»Fabian, bitte.«

Jacqueline hebt mühsam seine Arme hoch, bis sein Körper langsam nachgibt. Fabian entspannt einen Muskel nach dem anderen, und Jacqueline lockert den Griff. So bleiben sie stehen, verschwitzt und mitgenommen wie nach einem harten Ringkampf.

Das Leben bekommt tiefe Risse. Ein Abgrund tut sich auf, und ich stürze kopfüber ins Auge des Kraters hinab.

Manchmal gibt es niemanden, dem man die Schuld zuschieben kann.

Das Leben wird zerstört, Menschen verschwinden. Nichts ist so wie zuvor, und niemand weiß, warum.

Und ich falle immer tiefer.

71. FABIAN

Nach dem Unfall
Winter 2017

Der Makler fährt einen Porsche 911 Carrera. Ich kann nicht ertragen, dass er mich anglotzt. Er ist einer von denen, die sich selbst ein bisschen zu toll finden. Dabei sieht er aus wie ein Schlagerfuzzi und geht wie ein Fußballspieler.

Ich ziehe die Kapuze hoch und verstecke mich, als er ein oranges *Zu verkaufen*-Schild ins Blumenbeet steckt. Die ganze Zeit hat er mich im Blick.

Pfeifend geht er zurück über den Innenhof.

»Na, Junge«, sagt er.

Er kommt direkt auf mich zu, aber ich sage nichts, sehe nicht in seine Richtung.

»Du wohnst da drüben, oder? In der Nummer fünfzehn?«

»Mm«, antworte ich.

Er ist total sonnengebräunt. Das sieht echt nicht normal aus.

»Am Sonntag machen wir eine Besichtigung. Ich wüsste es zu schätzen, wenn ihr drinbleiben könntet«, sagt er. »Einige potenzielle Käufer sind ein bisschen empfindlich, wenn es um die Nachbarn geht.«

Das Lächeln scheint in seinem Gesicht festgewachsen zu sein.

Er kann nicht aufhören zu grinsen, obwohl er mich ansieht, als wäre es ihm am liebsten, wenn ich für immer verschwinden würde. Vorsichtig schiebe ich die Hand in meine Jackentasche und befühle den Schraubendreher. Ich weiß nicht, wie viel es genau kostet, einen Porsche neu lackieren zu lassen, aber der alberne Makler wird kaum billiger davonkommen als Ola mit seinem Mercedes damals.

»Noch einen schönen Nachmittag«, wünscht der Makler.

Während er zu seinem Auto stapft, hebt er die Hand und winkt in Richtung von Haus Nummer vierzehn. Dort drinnen, halb hinter einer großen Topfpflanze versteckt, steht Ola am Fenster und winkt zurück.

Eine Zeit lang habe ich mich geärgert, weil die Einbrecher ihm nichts getan haben. Er hätte es verdient. Aber am Ende hat sich doch alles gefunden. Jetzt zieht Ola weg, und ich bin mir ziemlich sicher, dass er uns nicht mehr belästigen wird. Ich hätte von Anfang an mehr auf mein eigenes Können vertrauen sollen.

Man kann nicht rumlaufen und ans Schicksal, an Gott oder ans Karma glauben. Wenn man will, dass etwas passiert, muss man es selbst in die Hand nehmen.

Wie bei Hugin und Munin.

Nach dem Unfall mit den Katzen dauerte es nicht lange, bis Ola beschloss, von der Krachmacherstraße wegzuziehen.

Der Makler wischt sich unsichtbaren Staub von der Schulter und öffnet seinen Porsche per Knopfdruck. Im Beet neben dem *Zu verkaufen*-Schild steht ein kleines Holzkreuz mit gravierten Goldplaketten. Darunter ruhen Hugin und Munin für immer.

Neunundneunzig Tage. So lange ist meine Mutter jetzt schon nüchtern. Sie verspricht, dass sie nie wieder trinken wird, aber ich gebe nicht viel darauf. Ständig versprechen die Leute Dinge, die sie nicht halten können. So macht man das, so überlebt man. Man verspricht Dinge und lügt.

Meine Mutter lügt ziemlich viel, aber sie ist nicht sonderlich gut darin. Sie hat gelogen, als sie sagte, dass Bianca uns beim Jugendamt angezeigt hätte. Ich weiß, dass sie selbst dort angerufen hat. Ich bin doch nicht blöd. Aber ich glaube, ich kann ihr verzeihen. Irgendwann werde ich ihr wohl auch verzeihen, dass sie mich in dieses widerliche Gefängnis geschickt hat.

In sieben Monaten und zwei Wochen darf ich mit dem Begleiteten Fahren anfangen. Aber auf Kalifornien pfeife ich. Was soll ich da? Die USA sind ein Scheißland mit jeder Menge Gewalt und Waffen, Armut und anderem Mist. Und mein sogenannter Vater ist ein verdammter Loser.

Der BMW ist jedenfalls wieder heil. Die Versicherung hat den Großteil übernommen, und wir haben ihn aus der Werkstatt zurückbekommen. Ich stehe in der Einfahrt und wasche ihn, der Schwamm schäumt in meiner Hand, und es tropft auf meine Hose.

Vor dem Küchenfenster steht meine Mutter auf einem Holzschemel. Sie sprüht Glasreiniger auf die Scheibe, und der Abzieher quietscht beim Putzen. Während der Schmutz herunterläuft, summt meine Mutter ein Lied, das ich kenne. Es ist Ewigkeiten her, dass ich sie zuletzt singen gehört habe.

Als Micke durch sein Gartentor tritt, bemerkt er mich erst nicht. Er bleibt stehen und betrachtet meine Mutter, die ihre Fesseln streckt und das Fenster mit großen Bewegungen reinigt. Sein Blick ist unmissverständlich.

»Hallo«, sage ich und wedele mit dem Schwamm, und es spritzt in alle Richtungen.

Erstaunt zuckt Micke zusammen und winkt zurück. Dann verschwindet er in die Garage.

Ich muss Geduld haben. Seit Biancas Tod sind erst wenige Monate vergangen. Wenn ich ihm nur ein bisschen mehr Zeit gebe, wird alles gut werden.

Sie werden auf jeden Fall nicht von hier wegziehen. Und wir auch nicht. Ich habe meine Mutter davon abgebracht, und sie hat der Maklerin mitgeteilt, dass wir noch warten.

Im Frühling kehrt Micke zurück an die Schule. Der Rektor sagt, dass ich mich in den letzten Wochen ungewöhnlich gut betragen habe, und das macht mich ein bisschen nervös. Ich darf nicht zu ordentlich werden, denn dann darf ich vielleicht meinen Mentor nicht behalten.

Wenn man an das Schicksal und so einen Scheiß glaubt, könnte man sagen, dass das Schicksal dafür gesorgt hat, dass Micke in Bengts früheres Haus in der Krachmacherstraße gezogen ist.

Micke ist gut. Ich mag ihn.

Nicht, dass ich ihm vertrauen würde. Ich vertraue niemandem. Aber ich glaube trotzdem, dass Micke richtig für uns ist. Für meine Mutter und mich.

Die Zukunft fühlt sich ziemlich hell an. Ich habe einen Traum, etwas, woran ich mich festhalte, und diesmal werde ich nicht so schnell loslassen.

Lange habe ich gedacht, dass Bengt mein fester Punkt werden würde. Er war nicht wie alle anderen. Er hat mich wie einen ganz normalen Menschen behandelt, und ich konnte so sein, wie ich bin.

Aber auch Bengt hat mich unterschätzt. Er hat nicht begriffen, dass ich manches bemerke, was anderen entgeht. Mehrmals habe ich sie zusammen gesehen, wenn sie glaubten, sie wären allein. Meine Mutter und Bengt, wie sie sich geküsst, umarmt und befummelt haben.

In jedem Millimeter meines Körpers sang es. Meine Mutter und Bengt. Vielleicht würde ich endlich eine *richtige* Familie bekommen, einen Vater.

Aber als ich Bengt verriet, dass ich es wusste, als ich ihm erzählte, dass ich sie zusammen gesehen hatte, wurde er zu einer Art Schatten, zu einer hohlen Hülle seiner selbst. Seine Antwort auf meine Frage, ob meine Mutter und ich bei ihm einziehen könnten, war ein gemeines Lachen.

Mein Kleiner. Was für eine Fantasie du hast.

Was glaubte ich eigentlich? Ich ginge wohl herum und bildete mir lauter Dinge ein. Er mochte meine Mutter nicht *auf diese Art.*

Bengt trampelte auf meiner Mutter herum. Er brach ihr das Herz, als wäre es nichts.

Und dann passierte diese Sache mit Alice. Wir saßen im Pool, und ich fragte, ob ich mir ihre Scheide angucken dürfe. Ich war neugierig, das war alles. Sie sagte, das sei kein Problem, und es schien ihr auch nicht wehzutun. Erst als Bengt mich anschrie, wurde sie traurig.

Danach veränderte sich alles. Auch Bengt. Er sagte nichts, aber es war nicht zu übersehen.

Doch das, was dann passierte, war eher ein Zufall.

Es war ein richtig schöner schwedischer Sommertag. Der Himmel hellblau, und in der Thujahecke zwitscherten die Vögel.

Bengt hatte eine Leiter an den Hausgiebel gelehnt und stand ganz oben am Ortgang mit Malerfarbe und Pinsel. Er lächelte, als er mich entdeckte. Ich ließ mir nichts anmerken. Alles, was es brauchte, war ein schneller und entschlossener Tritt von der Seite.

Nachdem ich das Auto gewaschen habe, ziehe ich mich um und gehe an meiner Mutter vorbei in die Küche. Inzwischen sitzt sie nur noch selten am Tisch, die Jalousien sind hochgezogen, und es riecht frisch.

Meine Mutter hat eine Sprühflasche in der einen und einen Lappen in der anderen Hand. Ihr Lächeln erreicht ihre Augen.

»Wo willst du hin?«, fragt sie.

»Ich geh Rad fahren.«

Ich nehme den Weg am Supermarkt und am Schulhof vorbei, runter in die Unterführung und auf der anderen Seite wieder hoch. Auf der Gemeindewiese liegt der Schnee wie eine dünne Schicht Puder, und die kahlen Baumkronen haben eine glitzernde harsche Diamantoberfläche bekommen.

Vom Spielplatz höre ich Gelächter und fröhliche Rufe.

Auf der Rampe an der Seilbahn steht William startbereit, und neben ihm auf einer Schaukel sitzt Bella und zappelt mit den Beinen.

Ich stelle das Fahrrad ab und sage Hallo.

Bella strahlt. Es ist lange her, dass wir uns zuletzt gesehen haben.

»Kannst du mich anschubsen?«, fragt sie.

»Natürlich.«

Verstohlen sehe ich hinüber zur Seilbahn, wo William gerade abgesprungen ist. Dann stoße ich die Schaukel an. Mit aller Kraft schleudere ich Bella nach oben in den gleichmäßig grauen Himmel.

»Bis ins Weltall!«

William setzt sich mit hängendem Kopf auf die Schaukel daneben. Er tritt in den Sand, aber er sagt nichts.

Ich begreife, warum er mich angepisst hat. Das ist es nicht. Ich hätte dasselbe getan. Manchmal musst du zwischen dir und jemand anders wählen, und dann entscheidest du dich immer für dich selbst. Alle normalen Menschen tun das.

»Soll ich dich auch anschubsen?«, frage ich.

William sieht mich skeptisch unter dem Mützenrand an. Ich lächele. Nur ein Amateur würde beim erstbesten Köder anbeißen. Die Beute muss in Sicherheit gewiegt werden. Erst wenn er es am wenigsten ahnt, rammt man ihm das Messer in den Rücken und dreht um.

»Fang mich, Fabian!«, ruft Bella und lässt die Schaukel los.

Ich gehe ein bisschen in die Knie und strecke die Arme aus. Als Bella springt, fange ich sie auf. Ich mag ihre Nähe.

»Ich wünschte, du wärst mein großer Bruder«, sagt sie.

Ich halte ihre Hand, während wir zur Seilbahn gehen.

»Vielleicht kann ich das ja werden.«

»Jaaa!«

Bella hat tausende von Sternen im Gesicht.

Sie sieht ihrer Mutter so ähnlich.

Meine Erinnerung an Bianca ist allerdings eine andere. Das Entsetzen in ihren Augen, als hätte sie begriffen. Eine Hundertstelsekunde lang begegnete ich ihrem Blick, aber das reichte. Sie wusste es. Sie hatte verstanden. Eine Hundertstelsekunde, dann gab ich Gas.

DANKSAGUNG

Ein großes Dankeschön an Astri, Matilda und die ganze Ahlander Agency. Ich bedanke mich bei Teresa, John, Lisa und allen anderen bei Ester Bonnier. Ohne euch hätte es kein Buch gegeben. Außerdem danke ich Emma Lindström, Birgitta Ekstrand, Monika Wiesler und allen anderen, die mich mit wertvoller Hilfe unterstützt haben.

Leseprobe

aus

DIE WAHRHEIT

von Mattias Edvardsson

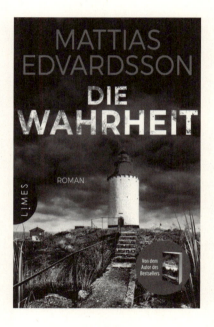

Erscheinungstermin:
Frühjahr 2023 im Limes Verlag

BERICHT DER ERSTEN POLIZEISTREIFE AM TATORT

Die Streife Larsen und Hemström fährt zur angegebenen Adresse in Lund, nachdem der Bewohner des Hauses nicht an seinem Arbeitsplatz erschienen ist.

Das große Backsteingebäude liegt ein wenig zurückgesetzt, auf der Einfahrt parkt ein Auto der Marke Tesla. Ich öffne das Gartentor und betätige die Klingel neben der Haustür, während PM Hemström das Autokennzeichen des Teslas überprüft.

Ich spähe durch die verglaste Haustür. Im Flur hängen ein Sakko und ein paar Jacken. Auf einem niedrigen Regal steht ein Paar Schuhe. Ich klingele mehrmals, doch niemand öffnet.

Zusammen mit PM Hemström gehe ich einmal ums Gebäude. Wir haben den Eindruck, dass niemand zu Hause ist. Alle Lampen sind ausgeschaltet und sämtliche Jalousien heruntergelassen, doch dann bemerke ich am Küchenfenster einen Spalt zwischen den Lamellen der Jalousie.

PM Hemström hilft mir, ein paar Äste zur Seite zu schieben, damit ich das Blumenbeet betreten kann. Ich recke mich, um besser zu sehen. Als ich mit meiner Taschenlampe durch den Spalt zwischen den Lamellen leuchte, fällt mein Blick auf eine perfekt aufgeräumte Küche. Zwei Trinkgläser stehen auf der Küchenarbeitsplatte, über einer Stuhllehne hängt eine schwarze Strickjacke.

Erst als ich den Lichtkegel auf den Fußboden richte, entdecke ich eine Person, die in stabiler Seitenlage neben dem Tisch liegt. Nur die Umrisse sind zu erkennen, das Gesicht ist von mir abgewandt. Ich klopfe an die Fensterscheibe und versuche, Aufmerksamkeit zu erregen, doch niemand reagiert.

PM Hemström gibt über Funk durch, dass wir eine Person angetroffen haben, zu der wir keinen Kontakt bekommen, woraufhin wir die Anweisung erhalten, das Haus zu betreten, um die Situation zu klären.

Ich schlage die Scheibe in der Haustür ein, stecke die Hand hinein und öffne von innen. Ich betrete das Haus, dicht gefolgt von PM Hemström. Wir leuchten mit unseren Taschenlampen, bis wir an der Wand einen Lichtschalter entdecken.

Dann gehen wir geradeaus durch den Flur zur Küche, Dabei machen wir uns bemerkbar und rufen, dass wir von der Polizei sind. Eine Frau liegt reglos auf dem Küchenfußboden. Während PM Hemström mit der Taschenlampe leuchtet, untersuche ich sie und stelle schon bald fest, dass sie tot ist.

Gemeinsam beschließen wir, das restliche Haus zu durchsuchen. PM Hemström sieht im Wohnzimmer nach, während ich die Badezimmertür und die Tür zum begehbaren Kleiderschrank öffne. Dabei stoße ich auf nichts Auffälliges.

Über die Treppe im Flur gelangen wir ins Obergeschoss. Ich lasse den Lichtkegel über die Wände wandern und stelle fest, dass es drei Türen gibt.

PM Hemström inspiziert die Toilette, während ich zur ersten Tür gehe. Sie steht einige Zentimeter offen, und ich schiebe sie mit dem Fuß auf, während ich den Lichtkegel ins Zimmer richte.

Die Jalousien sind heruntergelassen und alle Lampen ausgeschaltet. An der Wand steht ein Bett, auf dem eine weitere Leiche liegt.

Ludvig Larsen, im Dienst

KARLA

Zehn Wochen früher

Das Haus ist gigantisch. Wenn ich auf dem Gartenweg vor der Tür stehe, versperrt das Dach den kompletten Himmel. Die Vorhänge sind zugezogen, und von einem der Fensterbretter starren zwei schwarze Vögel auf mich herab. Rechts und links der Haustür wachen zwei Löwen aus Bronze.

Kaum zu glauben, dass hier nur zwei Menschen wohnen. Aber das hat Lena von der Reinigungsfirma mir so gesagt, und sie hat ja wohl keinen Grund zu lügen. Obwohl ihr Blick seltsam geflackert hat, als sie von den Kunden in dem großen Haus in der Linnégatan erzählt hat. Steven und Regina Rytter.

Ehe ich klingele, sehe ich noch mal im Handy nach, ob die Adresse stimmt. Dann hole ich tief Luft, während der Gong durchs Haus schallt. Als der Mann öffnet, muss ich mich räuspern, ehe ich ein paar unzusammenhängende Worte hervorbringe.

»Richtig«, sagt er und lächelt. »Ich habe gehört, dass die Firma jemand Neues schicken wollte.«

Lena im Büro hat recht. Er sieht wirklich aus wie ein Filmstar.

»Ich heiße Karla«, sage ich.

Ich probiere, meinen Dialekt zu unterdrücken, doch das funktioniert offenbar nicht besonders gut.

»Aus Norrland?«, fragt der Mann, der aussieht, als wäre er zwischen vierzig und fünfzig.

»Ja«, antworte ich halb ironisch.

Er lächelt trotzdem, und sein Händedruck ist warm und fest.

»Steven Rytter«, sagt er. »Ich werde Ihnen zeigen, wo die Putzsachen stehen.«

Ich stelle meine Schuhe aufs Regal und folge ihm durch einen breiten Flur mit Spiegeln und einem Kronleuchter. Die Möbel sind rustikal und etwas altmodisch, die Decken hoch, und das Geländer der großzügigen Treppe ist mit hübschen Schnörkeln versehen, vermutlich handgeschnitzt.

»Wie schön es hier ist«, sage ich, bereue es aber schon im nächsten Moment. Ich bin hier, um zu arbeiten, nichts anderes.

Steven Rytter scheint meine Bemerkung gar nicht gehört zu haben und öffnet die Tür zu einer Kammer mit Besen, Staubsauger, Wischmopp und etlichen Putzmitteln und Sprays.

»Falls irgendwas fehlen oder ausgehen sollte, geben Sie mir einfach Bescheid, dann besorge ich es. Sie kommen weiterhin montags und mittwochs, oder?«

Ich nicke. Montags und mittwochs. Jedes Mal vier Stunden. Es klang total übertrieben, als Lena mir von dem Auftrag erzählt hat. Ich meine, wer beschäftigt schon zweimal wöchentlich eine Reinigungskraft? Aber nun ist mir klar, dass es Zeit braucht, ein so großes Haus zu putzen.

»Studieren Sie?«

Steven Rytter nimmt mich in Augenschein, noch immer lächelnd.

Vielleicht klingt es albern, aber mir wird innerlich ganz

warm. Ich – eine Studentin? Endlich ist es so weit. Und offenbar sieht man es mir sogar an.

»Ich werde Jura studieren«, erkläre ich so stolz, dass es beinahe etwas arrogant klingt. »Das Putzen ist nur ein Nebenjob.«

Selbst wenn ich den Studienzuschuss komplett in Anspruch nehme, sind die Lehrbücher sauteuer, und der Wohnungsmarkt in Lund ist in den letzten Jahren völlig gaga. Die Leute bezahlen zehntausend Kronen im Monat für eine Einzimmerwohnung. Ich habe unglaubliches Glück, dass ich diesen Job gefunden habe.

»Jura ist interessant«, sagt Steven Rytter. »Ich habe damals auch darüber nachgedacht, mich dann aber letzten Endes für Medizin entschieden.«

»Sind Sie Arzt?«

Steven Rytter nickt lächelnd. Er sieht tatsächlich aus, als käme er direkt aus *Grey's Anatomy.*

»Schauen Sie sich ruhig um«, sagt er und lässt mich allein in der Besenkammer zurück.

Ein oder zwei Minuten stehe ich ratlos vor den ganzen Putzmitteln. Ich drücke an ein paar Geräten herum, bei einigen weiß ich nicht einmal, wie und wofür man sie verwendet. Aber das kann doch nicht so schwer sein, oder? Zu Hause habe ich die Wohnung geputzt, seit ich vier war.

Ich trage einen Eimer, Schwämme und Bürsten in den Flur. Steven Rytter kniet mit einem Schuhlöffel in der Hand vor der Haustür.

»Soll ich alle Böden feucht wischen?«, frage ich.

In manchen Räumen gibt es auf Hochglanz lackierte Dielenböden, die bestimmt empfindlich gegen Nässe sind.

»Machen Sie es so, wie Sie es für richtig halten«, sagt Steven

Rytter und zieht sich seine Schuhe an. »Wischen Sie sie feucht, wenn Sie denken, dass es nötig ist.«

Die anderen Kunden, zu denen ich diese Woche gegangen bin, haben mir bis ins letzte Detail erklärt, wie ich putzen soll. Einige haben von ihren Häusern und Wohnungen gesprochen, als seien es ihre Kinder, aber Steven Rytter wirkt beinahe desinteressiert. Das ist natürlich ganz angenehm. Acht Stunden pro Woche in diesem Haus bedeutet leicht verdientes Geld.

Steven Rytter steht auf und streicht sein Hemd glatt. Für einen kurzen Moment haben wir Blickkontakt, doch er schaut gleich wieder weg und räuspert sich.

»Hat die Reinigungsfirma meine Frau erwähnt?«

Ich sehe Lenas zögernde Miene vor mir, erinnere mich aber nur, dass die Frau Regina heißt.

»Nein, warum?«

Er geht zur Treppe und bedeutet mir mit einer Geste, ihm zu folgen.

»Sie liegt da oben.«

Das klingt seltsam.

Ich bleibe auf der untersten Treppenstufe stehen.

Steven Rytter dreht sich um, seine Hand ruht auf dem Treppengeländer. Jetzt wirkt er nicht mehr so filmstarmäßig. Er hat den Kopf gesenkt und ist ein wenig in sich zusammengesackt.

»Meine Frau ist krank«, sagt er.

BILL

Noch nie habe ich die Miete zu spät überwiesen. Andere Rechnungen lassen sich vielleicht aufschieben, aber Miete und Strom müssen rechtzeitig bezahlt werden. Das hat mein Vater mir beigebracht.

Miranda hätte durchgedreht, wenn sie davon gewusst hätte. Vor einigen Jahren habe ich einen Brief von einem Inkassounternehmen bekommen. Es stellte sich als ein Versehen heraus, aber Miranda benahm sich, als wäre es der Weltuntergang.

»Ein paar Sachen kriegt doch wohl jeder hin«, sagte sie. »Pünktlich kommen, sich fürs Essen bedanken und nie etwas kaufen, was man sich nicht leisten kann.«

Ihr sozialer Hintergrund unterscheidet sich deutlich von meinem.

Für Miranda war fast alles ganz einfach.

Sie hat unsere Wohnung gefunden, eine Dreizimmerwohnung am Karhögstorg in Järnåkra. Vierter Stock, ziemlich zentral.

Jetzt steht die Balkontür offen, die Sonne scheint, und ich sitze auf dem Sofa, das Laptop auf dem Schoß. Ich logge mich erneut bei meiner Onlinebank ein, um mir die Nullen auf dem Konto anzusehen.

Ohne Miranda wäre ich wohl nie in Lund gelandet. Sie war in Lund geboren und aufgewachsen, durch ihre Familie und ihren Freundeskreis hier verwurzelt und konnte sich nicht einmal im Traum vorstellen, woanders zu wohnen.

Meine eigene Kindheit war ein einziger Umzug von einem Ort zum anderen gewesen. Wenn mich die Leute fragen, wo ich herkomme, nenne ich einen Ort in Östergötland, aber eigentlich nur, um irgendeine Antwort parat zu haben. Im Grunde habe ich mich immer entwurzelt gefühlt.

Ich bin auch mit Lund nicht sonderlich verbunden, aber es ist Sallys Zuhause. Ich weiß, wie es sich für ein Kind anfühlt, aus der gewohnten Umgebung gerissen zu werden. Das will ich Sally nicht antun. Unter keinen Umständen. Wir bleiben in Lund.

Miranda und ich wollten eigentlich heiraten. Ich hatte schon um ihre Hand angehalten, als wir Sally erwarteten, aber die Trauung wurde verschoben. Miranda träumte von einer Märchenhochzeit mit einem bombastischen Fest, doch dazu fehlten uns die finanziellen Mittel. Und irgendwann war es zu spät zum Heiraten.

Lange Zeit war Miranda die Haupternährerin. Ich habe an der Uni Filmwissenschaft studiert, in einem Kino gejobbt, Rezensionen geschrieben und ein paar halbwegs gute Texte für ein Internetmagazin. Beinahe zehn Jahre lang stand ich an der Kinokasse, riss Eintrittskarten ab und füllte bunte Pappkartons mit Popcorn. Das Kino kam gut über die Runden. Wir überlebten die mörderische Konkurrenz, erst The Pirate Bay und später Netflix und HBO, aber als Miranda erkrankte, musste ich immer mehr Abendschichten absagen, weil ich mich um Sally kümmern musste. Anfangs war meine Chefin verständnisvoll und mitfühlend (alles andere wäre ja noch schöner gewesen!), aber als ich nach meiner Krankschreibung im Winter zurückkam, waren kaum noch Arbeitsschichten zu vergeben, und vor drei Monaten wurde mir offiziell gekündigt.

Die Zahlungserinnerung wegen der Miete kam vor einer Woche per Post und versetzte mich in totale Panik. Seitdem suche ich überall in der Stadt nach einem Job. Meine Sachbearbeiterin im Arbeitsamt ist zwar sehr nett und ermutigt mich, aber ich bezweifle stark, dass sie mir eine Stelle besorgen wird. Dabei bin ich kein hoffnungsloser Fall, ich kann viele Dinge ganz gut, bin serviceorientiert und positiv, und obwohl Miranda behauptete, ich hätte zwei linke Hände, kann ich ordentlich zupacken. Ich bin bereit, jeden beliebigen Job anzunehmen, solange ich abends und am Wochenende zu Hause bei Sally sein kann, doch in dieser Stadt wimmelt es nur so von jungen, hungrigen Studenten mit Bestnoten und beeindruckendem Lebenslauf. Und das Arbeitsamt ist auch nicht mehr das, was es mal war. Sogar meine Sachbearbeiterin sagt, dass sich die meisten Leute ihre Jobs selbst beschaffen. Eigeninitiative und gute Kontakte – darauf kommt es an. Deshalb sitze ich ja auch vor dem Computer und hake auf meiner Excelliste die Unternehmen in Lund ab.

Als Sally von der Schule nach Hause kommt, habe ich Pfannkuchen gebacken. Sie bestreicht sie mit einer dicken Schicht Marmelade, rollt sie zusammen und isst sie mit den Fingern.

Ich setze mich ihr gegenüber und frage mich, wo ich meine Hände lassen soll.

»Ich habe mir etwas überlegt«, sage ich schließlich.

Sally leckt sich über den Mund, allerdings ist die Marmelade weit oben am Ohr gelandet.

Sie weiß, dass wir wenig Geld haben. Auch wenn ich versucht habe, es vor ihr zu verbergen, habe ich den Verdacht, dass sie die Situation durchschaut hat. Seit Wochen kein McDonald's, kein O'boy-Schokopulver im Vorratsschrank. Vor zwei Monaten waren wir zuletzt im Kino.

»Ich habe mir überlegt, dass wir einen Untermieter suchen«, sage ich, nehme die Hände vom Tisch und lege sie auf meine Knie. »Nur über den Sommer oder so.«

»Ein Untermieter? Was ist das?«

»Jemand, der eine Wohnmöglichkeit braucht. Vielleicht ein Student.«

»Und der soll hier wohnen?«, fragt Sally. »Zu Hause bei uns?«

»Wir müssen uns Küche und Badezimmer teilen. Weil du sowieso jede Nacht bei mir schläfst, habe ich mir gedacht, dass wir deine Sachen ins Schlafzimmer stellen könnten. Nur für eine Weile. Über den Sommer vielleicht.«

Eigentlich ist es der denkbar schlechteste Zeitpunkt. Viele Studenten verlassen Lund Anfang Juni. Die meisten müssen im Sommer keine Miete für ihre Wohnheimzimmer zahlen. Aber ich kann nicht warten.

Sally schiebt sich den letzten Rest ihrer Pfannkuchenrolle in den Mund.

»Dann muss es aber eine Untermieterin sein.«

»Eine Frau?«

Sie kaut mit offenem Mund.

»Ja, ein bisschen wie Mama.«

Ich sehe weg. Es brennt hinter meinen Augenlidern.

Dabei heule ich eigentlich nie.

Weder Miranda noch ich konnten gut Gefühle zeigen. Nach der ersten Untersuchung im Krankenhaus saßen wir abends am Küchentisch, nachdem Sally eingeschlafen war. Sehr sachlich und ohne irgendwelche Emotionen teilte mir

Miranda die Vermutung der Ärzte mit. So als würde es um eine banale Erkältung gehen. Wir nickten uns zu, ihre Ruhe wirkte ansteckend, und gemeinsam beschlossen wir, dass alles gut werden würde.

Das Ganze wäre sicher viel schlimmer für Sally gewesen, wenn wir nicht in der darauffolgenden Zeit unser inneres Gleichgewicht hätten wahren können. Nicht einmal auf der Beerdigung verlor ich die Fassung.

Doch jetzt, wo wir riskieren, die Wohnung zu verlieren, kann ich mich nicht mehr zurückhalten. Ich stehe abrupt auf und bedecke mein Gesicht mit den Händen, während ich ins Badezimmer laufe.

Später am Abend poste ich die Anzeige auf Facebook. *Zimmer vorübergehend zu vermieten.*

Wie immer kommt Sally nachts zu mir. Kurz nach Mitternacht werde ich von den schleichenden Schritten ihrer kleinen Füße geweckt. Wortlos kriecht sie auf Mirandas Seite, und kurz darauf tastet ihre Hand unter der Decke.

»Papa?«

»Ich bin hier«, flüstere ich. »Schlaf gut, mein Schatz.«

»Okay«, sagte Sally wie jedes Mal.

Es dauert nie lange, bis ihre Hand sich in meiner entspannt und ihr Atem schwerer wird.

Das Einzige, was mir etwas bedeutet, ist, dass Sally sich geborgen fühlt.

Wenn Sie wissen möchten,
wie es weitergeht, lesen Sie
Mattias Edvardsson
Die Wahrheit

ISBN 978-3-8090-2758-4 / ISBN 978-3-641-29385-7 (E-Book)
Limes

Verborgen hinter Lügen, liegt eine Wahrheit, die nie ans Licht kommen sollte …

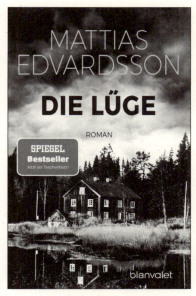

560 Seiten. ISBN 978-3-7341-0865-5

Lund, Schweden: Adam, Ulrika und Stella sind eine ganz normale Familie. Adam ist Pfarrer, Ulrika Anwältin und Stella ihre rebellierende Tochter. Kurz nach ihrem 19. Geburtstag wird ein Mann erstochen aufgefunden und Stella als Mordverdächtige verhaftet. Doch woher hätte sie den undurchsichtigen und wesentlich älteren Geschäftsmann kennen sollen und vor allem, welche Gründe könnte sie gehabt haben, ihn zu töten? Jetzt müssen Adam und Ulrika sich fragen, wie gut sie ihr eigenes Kind wirklich kennen – und wie weit sie gehen würden, um es zu schützen …

Lesen Sie mehr unter: **www.blanvalet.de**

Ein Mord ohne Leiche und ein fataler Schuldspruch – doch die wahre Geschichte wartet noch darauf, erzählt zu werden …

464 Seiten. ISBN 978-3-7341-1009-2

Lund, Schweden: Vier Literaturstudenten treffen auf den gefeierten Autor Leo Stark. Schnell geraten sie in den Bann des manipulativen Schriftstellers, der sie gleichermaßen fasziniert wie abstößt. Doch eines Nachts verschwindet Stark spurlos. Und obwohl keine Leiche gefunden wird, spricht man den Studenten Adrian des Mordes schuldig.
Jahre später beschließt dessen Freund Zack, ein Buch über das Verbrechen von damals zu schreiben für das Adrian acht Jahre ins Gefängnis musste. Doch bei seinen Recherchen stößt er auf den Widerstand seiner ehemaligen Studienfreunde. Alle scheinen sie etwas vor Zack zu verbergen.
Und dann taucht plötzlich Leo Starks Leiche auf …

Lesen Sie mehr unter: **www.blanvalet.de**